中国基本单位统计年鉴 2015

国家统计局普查中心 编

CHINA BASIC STATISTICAL UNITS YEARBOOK

中国统计出版社
China Statistics Press

图书在版编目（CIP）数据

中国基本单位统计年鉴. 2015 / 国家统计局普查中心编. -- 北京 : 中国统计出版社, 2015.9
ISBN 978-7-5037-7567-3

Ⅰ. ①中… Ⅱ. ①国… Ⅲ. ①统计资料－中国－2015－年鉴 Ⅳ. ①C832-54

中国版本图书馆 CIP 数据核字(2015)第 199613 号

中国基本单位统计年鉴—2015

作　者/国家统计局普查中心
责任编辑/王振宇
封面设计/杨　超　李雪燕
出版发行/中国统计出版社
通信地址/北京市丰台区西三环南路甲 6 号　邮政编码/100073
电　话/邮购（010）63376909　书店（010）68783171
网　址/ http://www.zgtjcbs.com
印　刷/河北天普润印刷厂
经　销/新华书店
开　本/880×1230㎜　1/16
字　数/516 千字
印　张/17.75
版　别/2015 年 11 月第 1 版
版　次/2015 年 11 月第 1 次印刷
定　价/220.00 元（附光盘）

本书附同版本 CD-ROM 一张，光盘内容以书面文字为准。
如有印装差错，由本社发行部调换。

《中国基本单位统计年鉴-2015》
编辑委员会

编 者 说 明

一、《中国基本单位统计年鉴－2015》是一部反映中华人民共和国各类基本单位情况的资料性工具书。本书分为两部分：第一部分是全国各类法人单位按地区、国民经济行业等进行各种分组汇总而成的综合资料；第二部分是全国各类企业法人单位按地区、国民经济行业、登记注册类型、营业状态等进行各种分组汇总而成的综合资料。

二、1996 年数据来源于第一次全国基本单位普查资料，2001 年数据来源于第二次全国基本单位普查资料，2004 年数据来源于第一次全国经济普查资料，2008 年数据来源于第二次全国经济普查资料，2013 年数据来源于第三次全国经济普查资料，其他年份的数据来源于基本单位年度统计资料。

三、资料的汇总范围为我国境内从事经济社会活动的法人单位，未包括香港、澳门特别行政区和台湾省。

《中国基本单位统计年鉴－2015》内容系统、翔实，具有较强的实用性，可作为各级政府和经济管理部门进行宏观管理、制定政策的参考，也是企业生产经营及投资决策和科研机构、大专院校进行科研及教学活动的辅助资料。

恳请广大读者对本书提出宝贵意见。

目　录

第一部分　全部法人单位综合资料

第二部分　企业法人单位综合资料

第一部分

全部法人单位综合资料

1-1 按行业(门类)分组的法人单位数

单位：个

行业门类	代码	法人单位数					
		1996年	1997年	1998年	1999年	2000年	2001年
总计	--	**4402276**	**4344278**	**4417508**	**4221995**	**4366141**	**5107015**
农、林、牧、渔业	A	148029	148269	147656	142055	142140	171526
采矿业	B	100362	99578	102265	91026	90484	71409
制造业	C	1256323	1221878	1290304	1192280	1243607	1220587
电力、热力、燃气及水生产和供应业	D	30543	29864	30299	30031	30841	36982
建筑业	E	126710	125476	125541	112973	118240	123187
批发和零售业	H	681853	678488	668847	654887	693108	807454
交通运输、仓储和邮政业	F	63808	62871	62941	57772	59711	82162
住宿和餐饮业	I	81444	71835	79270	78804	83014	100768
信息传输、软件和信息技术服务业	G	20381	18545	22141	22826	25425	57420
金融业	J	73824	74054	73941	69029	70228	63996
房地产业	K	39693	40903	44606	44051	48363	92417
租赁和商务服务业	L	96609	109537	100411	97410	107229	234265
科学研究和技术服务业	M	42048	41299	43264	42608	45003	75666
水利、环境和公共设施管理业	N	29508	28661	30273	29315	30189	51007
居民服务、修理和其他服务业	O	52677	45707	51786	48898	54366	94655
教育	P	215358	219281	215530	214042	218304	307817
卫生和社会工作	Q	112326	112810	112695	112375	114388	200360
文化、体育和娱乐业	R	41064	36522	41388	40094	41060	57410
公共管理、社会保障和社会组织	S	1185790	1174810	1170475	1137752	1146645	1254546
国际组织	T	3926	3890	3875	3767	3796	3381

注：2004年和2008年农、林、牧、渔业法人单位数为兼营第二、三产业的农、林、牧、渔业法人单位；2013年农、林、牧、渔业法人单位数为农、林、牧、渔服务业和兼营第二、三产业的农、林、牧、渔业法人单位；2013年法人单位数不包括金融业、铁路运输业和无分组标识的部分数据（下同）。

1-1 续表 1

单位：个

行业门类	代码	法人单位数						
		2002年	2003年	2004年	2005年	2006年	2007年	2008年
总计	--	**5170849**	**5214144**	**5168303**	**5647823**	**6068912**	**6495064**	**7098765**
农、林、牧、渔业	A	170953	156033	1835	68800	78205	98546	2023
采矿业	B	70851	72538	82353	89430	93967	97678	97315
制造业	C	1239549	1298870	1328964	1451556	1579406	1702455	1818370
电力、热力燃气及水生产和供应业	D	37136	33570	39830	43148	45922	49052	57923
建筑业	E	129062	132059	128193	149471	170180	190517	226768
批发和零售业	H	829029	840241	883653	994953	1122489	1246042	1403141
交通运输、仓储和邮政业	F	83489	85991	80375	91565	104635	117228	157589
住宿和餐饮业	I	102244	103537	92869	101853	109892	118173	145297
信息传输、软件和信息技术服务业	G	59368	58307	72913	85499	100614	115101	153290
金融业	J	64806	64802	23793	26828	29201	31815	28668
房地产业	K	96795	98943	129197	148059	165865	187444	214391
租赁和商务服务业	L	242109	219567	249192	291498	331904	368763	427001
科学研究和技术服务业	M	78356	110685	136555	153076	166240	176677	201689
水利、环境和公共设施管理业	N	51426	47847	44352	46847	48811	50953	57553
居民服务、修理和其他服务业	O	96244	64391	83606	93947	102228	110525	120467
教育	P	308320	304056	299418	305446	308760	312339	335065
卫生和社会工作	Q	200761	198879	181877	183760	185014	187376	206480
文化、体育和娱乐业	R	57891	77717	64741	69490	72873	76430	81878
公共管理、社会保障和社会组织	S	1250166	1243967	1244587	1252597	1252706	1257950	1363857
国际组织	T	2294	2144	—	—	—	—	—

1-1 续表 2

单位：个

行业门类	代码	法人单位数					
		2009年	2010年	2011年	2012年	2013年	2014年
总计	--	**8003868**	**8754588**	**9593729**	**10616530**	**10825611**	**13701440**
农、林、牧、渔业	A	184764	242429	321086	440853	161824	951045
采矿业	B	103403	104065	105490	107596	89112	101673
制造业	C	1959254	2098370	2240315	2380759	2252225	2616671
电力、热力、燃气及水生产和供应业	D	62038	64151	66652	69947	70409	79679
建筑业	E	261694	302232	346026	391392	347519	464975
批发和零售业	H	1670315	1965118	2276295	2630690	2810531	3513338
交通运输、仓储和邮政业	F	175914	195829	219630	249832	262048	323044
住宿和餐饮业	I	154895	164762	172070	186837	199592	235337
信息传输、软件和信息技术服务业	G	176326	191182	208867	245669	226107	289162
金融业	J	36907	45512	55513	67554	—	91583
房地产业	K	244043	284726	323985	356717	343924	419618
租赁和商务服务业	L	511666	590478	687575	813851	916953	1161947
科学研究和技术服务业	M	233221	256865	283777	324932	455778	544309
水利、环境和公共设施管理业	N	61740	64794	69186	75981	84803	97522
居民服务、修理和其他服务业	O	141936	158152	175813	196880	190692	242251
教育	P	342003	342408	346390	355072	413908	444038
卫生和社会工作	Q	209016	205778	205173	206885	249567	265537
文化、体育和娱乐业	R	90891	95633	102775	121126	230544	263384
公共管理、社会保障和社会组织	S	1383842	1382104	1387111	1393957	1520075	1596327
国际组织	T	—	—	—	—	—	—

1-2　按三次产业、地区分组的法人单位数

(2014年)　　单位：个

地　区	法人单位数	第一产业	第二产业	第三产业
全　国	**13701440**	**773414**	**3244154**	**9683872**
北　京	660703	8949	53433	598321
天　津	264151	5155	62959	196037
河　北	530948	34108	135975	360865
山　西	304890	61120	39551	204219
内蒙古	208636	22892	29682	156062
辽　宁	500312	17652	122603	360057
吉　林	172127	12662	34021	125444
黑龙江	209042	17734	37463	153845
上　海	434106	6321	97354	330431
江　苏	1344793	22794	469994	852005
浙　江	1235667	57578	454354	723735
安　徽	467775	37105	108915	321755
福　建	566075	30243	146990	388842
江　西	326563	26282	72526	227755
山　东	1042834	34118	258436	750280
河　南	623772	34473	139984	449315
湖　北	567795	35773	107631	424391
湖　南	424939	15675	82262	327002
广　东	1295271	23233	394595	877443
广　西	334563	45757	41540	247266
海　南	63619	9122	7796	46701
重　庆	378003	55400	65200	257403
四　川	462084	27765	81202	353117
贵　州	209860	30956	40490	138414
云　南	279007	31186	39945	207876
西　藏	26143	568	3693	21882
陕　西	310150	18798	54308	237044
甘　肃	173848	23298	22514	128036
青　海	52074	8954	7302	35818
宁　夏	54607	6678	7953	39976
新　疆	177083	11065	23483	142535

1-3 按地区、开业(成立)

地区	法人单位数	1949年及以前	1950-1977年	1978-1991年	1992-1995年	1996年	1997年	1998年	1999年	2000年	2001年	2002年
全国	**13701440**	**86283**	**433357**	**783965**	**343330**	**108013**	**105925**	**173222**	**170735**	**255973**	**307603**	**343850**
北京	660703	785	4082	16555	16550	4643	5131	7959	9513	14140	18102	20697
天津	264151	845	2100	7818	6979	2111	2186	3074	3112	5218	6281	6432
河北	530948	18988	26365	38358	8867	4212	3281	5416	4989	8843	9455	11625
山西	304890	5280	21189	25979	5300	1590	1818	3196	2694	3883	4866	6613
内蒙古	208636	1450	11778	11652	2976	1250	1426	1987	1906	3176	3659	4283
辽宁	500312	2576	14384	30038	14352	4118	4302	7010	7921	11242	12490	13800
吉林	172127	1701	11167	14361	3996	1412	1102	2275	2143	3798	4637	4280
黑龙江	209042	2045	12348	16493	5087	1807	1472	2871	2724	5000	6409	5490
上海	434106	561	2447	10231	18524	5149	5649	7540	8038	11192	14210	18273
江苏	1344793	2297	13474	39454	26000	8057	8776	18409	14490	25962	36115	38958
浙江	1235667	5032	12936	42839	28384	9469	9921	14329	15834	23948	28033	34351
安徽	467775	1519	10358	15664	8899	2864	2797	3434	3499	5966	6506	8398
福建	566075	2963	12840	32377	15451	5109	5546	7373	7339	11274	11182	13467
江西	326563	2013	16677	28055	6491	2235	1813	3150	2853	5603	6555	7063
山东	1042834	5563	20023	80359	18701	6047	6067	10921	10564	16876	22987	23026
河南	623772	5620	35714	62393	16178	6791	5319	10959	8373	14477	15630	14793
湖北	567795	2348	16840	34303	10972	4761	3690	6309	5517	9452	12158	13029
湖南	424939	2299	20484	43577	15498	4161	3624	8892	4593	8873	11273	10754
广东	1295271	4532	22635	43170	39990	10171	11354	18684	28541	22850	27894	32766
广西	334563	2704	18803	22146	10477	4045	2915	2536	2487	3430	4241	7618
海南	63619	189	4112	3143	2461	551	450	629	651	879	1218	1410
重庆	378003	1033	4968	7580	6043	1733	2259	3465	2407	4149	7236	6578
四川	462084	2207	40963	44695	19606	4597	4571	7414	6056	9428	12211	12026
贵州	209860	1249	7459	12812	11846	1065	1166	1854	1695	2504	2889	3414
云南	279007	1168	10434	15050	5351	2107	2327	2916	3176	10478	4806	5398
西藏	26143	563	2546	5292	885	543	222	347	598	386	315	846
陕西	310150	3264	21209	28084	7658	3764	3517	4788	4079	5400	6794	7195
甘肃	173848	2525	14384	23270	4066	1508	1319	2311	1823	2910	3861	4204
青海	52074	645	4505	6271	920	291	279	505	464	840	1115	1233
宁夏	54607	355	2777	4786	1079	527	382	715	583	996	815	1174
新疆	177083	1964	13356	17160	3743	1325	1244	1954	2073	2800	3660	4656

时间分组的法人单位数

单位：个

2003年	2004年	2005年	2006年	2007年	2008年	2009年	2010年	2011年	2012年	2013年	2014年	无开业年份
407078	**418534**	**478806**	**548722**	**552547**	**641990**	**845219**	**1073755**	**1243052**	**1381035**	**1556040**	**1387104**	**55302**
25240	29405	32457	33472	37366	43337	52909	60904	67301	70801	72346	16055	953
7910	8206	9402	11742	11916	13997	17407	22037	27739	27531	30547	28468	1093
12331	13321	15452	19333	17487	20601	31456	38285	45693	51654	71073	51895	1968
6340	6901	7887	9533	11931	14544	18396	19929	23725	27525	28981	45234	1556
4480	5003	6322	8598	7865	9288	13248	17100	18276	20903	24852	26419	739
16559	18117	19989	22122	22927	25190	32159	43066	44731	42422	38783	49377	2637
5381	5228	7256	8011	7584	7650	11058	13941	16018	17124	16968	4635	401
6004	6168	6794	7083	7621	10398	14421	17612	18064	21324	24696	5990	1121
22738	25723	26723	23620	20476	22186	28552	33971	34852	36455	32499	24195	302
46815	42863	46517	58874	58846	62343	87711	124625	131321	138341	129339	181302	3904
38348	36690	39859	49381	51151	52453	68932	85771	102583	103937	186302	188858	6326
10110	12413	13782	18537	19143	23421	27806	39189	45444	52993	60005	71782	3246
16926	17080	19549	23054	22376	27064	35669	46660	53838	55533	52900	64794	5711
8908	7386	9596	11048	10090	12675	18889	25301	27326	34278	27370	50114	1074
28372	28995	33190	38992	37531	46999	64120	80630	87469	91042	108179	175087	1094
18477	17645	28602	28875	23876	34342	42146	47111	48335	51488	60490	22025	4113
14296	14718	18041	18899	17930	25057	33489	41331	47322	56013	92328	67173	1819
13304	13400	16925	18122	16583	18905	26108	36091	39522	42503	44097	2218	3133
40000	44163	48095	56078	57627	63431	86292	104056	128872	146627	165235	85971	6237
7139	6325	8344	8531	9655	10871	16559	20221	29498	42662	40528	52460	368
1649	1700	2007	2303	2533	3206	3827	6004	6851	7360	7661	2603	222
7878	8544	8249	9011	12345	11727	15029	28698	52045	56786	57465	62403	372
16750	16368	17538	18780	21417	23957	26541	31915	36337	40032	36512	11200	963
4641	4955	4897	6376	7188	8485	9905	13271	16656	37759	34796	12011	967
6508	6522	7238	9312	8605	11536	16526	19958	25164	29033	26629	47581	1184
399	509	791	641	725	1163	1107	1338	1842	1920	2046	76	1043
7555	7448	9276	11123	11340	15082	20476	24703	29354	30894	26896	19156	1095
4598	4358	5075	5801	6048	7486	9047	11673	13458	17840	23238	2533	512
1209	1144	1236	1468	1769	1960	2366	3375	4459	4959	5724	5220	117
1552	1649	1560	1811	1950	2284	3373	3963	4623	6121	7770	3624	138
4661	5587	6157	8191	8646	10352	9695	11026	14334	17175	19785	6645	894

1-4 按地区、机构类型分组的法人单位数

(2014年)

单位：个

地区	法人单位数	企业法人	事业法人	机关法人	社会团体	其他
全国	**13701440**	**10617154**	**828440**	**259357**	**294691**	**1701798**
北京	660703	619279	12139	2179	5709	21397
天津	264151	240190	6921	2064	2192	12784
河北	530948	388801	35371	12529	8546	85701
山西	304890	171179	27799	9057	7366	89489
内蒙古	208636	134578	18500	7605	9200	38753
辽宁	500312	401336	30884	9638	9318	49136
吉林	172127	113983	19409	5886	4360	28489
黑龙江	209042	132421	21753	9756	6121	38991
上海	434106	403109	7832	1673	3372	18120
江苏	1344793	1184337	40678	10803	22564	86411
浙江	1235667	1080455	31597	8260	19556	95799
安徽	467775	363443	22794	9095	11645	60798
福建	566075	457591	29242	9092	18640	51510
江西	326563	222139	33100	9760	10955	50609
山东	1042834	819061	41210	12420	15909	154234
河南	623772	399985	67030	14299	7123	135335
湖北	567795	429641	42640	9874	13447	72193
湖南	424939	277672	44420	12946	11693	78208
广东	1295271	1102077	46317	11742	22505	112630
广西	334563	230232	42819	10555	10249	40708
海南	63619	43752	4310	1600	1687	12270
重庆	378003	316677	17928	4037	7369	31992
四川	462084	260661	62155	20105	19946	99217
贵州	209860	147403	20901	7190	5546	28820
云南	279007	192072	22575	11337	12190	40833
西藏	26143	9030	2372	5797	644	8300
陕西	310150	207718	30708	9863	6864	54997
甘肃	173848	93913	20178	7056	9952	42749
青海	52074	29731	4457	2984	2099	12803
宁夏	54607	33919	3223	1466	1678	14321
新疆	177083	110769	17178	8689	6246	34201

1-5　按行业(大类)分组的法人单位数

(2014年)　　单位：个

行业大类	代码	法人单位数	从事单一活动或位于一个地点的法人单位	从事多种活动或位于多个地点的法人单位
总计	--	**13701440**	**13191989**	**509451**
农、林、牧、渔业	A	**951045**	**946701**	**4344**
农业	01	394838	393258	1580
林业	02	69051	68246	805
畜牧业	03	248462	247662	800
渔业	04	61063	60838	225
农、林、牧、渔服务业	05	177631	176697	934
采矿业	B	**101673**	**99531**	**2142**
煤炭开采和洗选业	06	20533	19644	889
石油和天然气开采业	07	588	545	43
黑色金属矿采选业	08	16077	15736	341
有色金属矿采选业	09	11109	10860	249
非金属矿采选业	10	48098	47568	530
开采辅助活动	11	3125	3058	67
其他采矿业	12	2143	2120	23
制造业	C	**2616671**	**2573318**	**43353**
农副食品加工业	13	119068	116399	2669
食品制造业	14	55492	53685	1807
酒、饮料和精制茶制造业	15	44575	43186	1389
烟草制品业	16	455	411	44
纺织业	17	125283	123416	1867
纺织服装、服饰业	18	145920	143548	2372
皮革、毛皮、羽毛及其制品和制鞋业	19	69782	68925	857
木材加工和木、竹、藤、棕、草制品业	20	81178	80462	716
家具制造业	21	55923	54882	1041
造纸和纸制品业	22	61970	61402	568
印刷和记录媒介复制业	23	75048	73963	1085
文教、工美、体育和娱乐用品制造业	24	88505	87136	1369
石油加工及炼焦	25	7623	7344	279
化学原料和化学制品制造业	26	113984	111368	2616
医药制造业	27	21459	20684	775
化学纤维制造业	28	6723	6646	77
橡胶和塑料制品业	29	158703	156838	1865
非金属矿物制品业	30	246046	242924	3122
黑色金属冶炼和压延加工业	31	41423	40754	669
有色金属冶炼和压延加工业	32	28890	28437	453
金属制品业	33	222245	219568	2677
通用设备制造业	34	246953	243101	3852

1-5 续表 1

单位：个

行业大类	代码	法人单位数	从事单一活动或位于一个地点的法人单位	从事多种活动或位于多个地点的法人单位
专用设备制造业	35	166838	164374	2464
汽车制造业	36	62546	61426	1120
铁路、船舶、航空航天和其他运输设备制造业	37	30208	29544	664
电气机械和器材制造业	38	159576	156132	3444
计算机、通信和其他电子设备制造业	39	86373	84580	1793
仪器仪表制造业	40	34225	33353	872
其他制造业	41	32761	32445	316
废弃资源综合利用业	42	11177	11006	171
金属制品、机械和设备修理业	43	15719	15379	340
电力、热力、燃气及水生产和供应业	**D**	**79679**	**75079**	**4600**
电力、热力生产和供应业	44	51643	48806	2837
燃气生产和供应业	45	7005	6270	735
水的生产和供应业	46	21031	20003	1028
建筑业	**E**	**464975**	**444314**	**20661**
房屋建筑业	47	93498	85234	8264
土木工程建筑业	48	81674	77134	4540
建筑安装业	49	80559	77284	3275
建筑装饰和其他建筑业	50	209244	204662	4582
批发和零售业	**F**	**3513338**	**3416757**	**96581**
批发业	51	2180624	2131932	48692
零售业	52	1332714	1284825	47889
交通运输、仓储和邮政业	**G**	**323044**	**307740**	**15304**
铁路运输业	53	3291	3098	193
道路运输业	54	171802	164938	6864
水上运输业	55	12678	12125	553
航空运输业	56	1759	1590	169
管道运输业	57	366	335	31
装卸搬运和运输代理业	58	86788	82557	4231
仓储业	59	31017	30043	974
邮政业	60	15343	13054	2289
住宿和餐饮业	**H**	**235337**	**224447**	**10890**
住宿业	61	82909	79287	3622
餐饮业	62	152428	145160	7268
信息传输、软件和信息技术服务业	**I**	**289162**	**281422**	**7740**
电信、广播电视和卫星传输服务	63	17750	15114	2636
互联网和相关服务	64	35086	34415	671
软件和信息技术服务业	65	236326	231893	4433

1-5 续表 2 单位：个

行业大类	代码	法人单位数	从事单一活动或位于一个地点的法人单位	从事多种活动或位于多个地点的法人单位
金融业	J	**91583**	**76254**	**15329**
货币金融服务	66	34856	27222	7634
资本市场服务	67	29396	28696	700
保险业	68	15609	8903	6706
其他金融业	69	11722	11433	289
房地产业	K	**419618**	**396401**	**23217**
房地产业	70	419618	396401	23217
租赁和商务服务业	L	**1161947**	**1135648**	**26299**
租赁业	71	71362	70439	923
商务服务业	72	1090585	1065209	25376
科学研究和技术服务业	M	**544309**	**530501**	**13808**
研究和试验发展	73	56891	55870	1021
专业技术服务业	74	257642	247634	10008
科技推广和应用服务业	75	229776	226997	2779
水利、环境和公共设施管理业	N	**97522**	**94250**	**3272**
水利管理业	76	26494	25340	1154
生态保护和环境治理业	77	11150	10810	340
公共设施管理业	78	59878	58100	1778
居民服务、修理和其他服务业	O	**242251**	**236368**	**5883**
居民服务业	79	95853	92716	3137
机动车、电子产品和日用产品修理业	80	88745	86849	1896
其他服务业	81	57653	56803	850
教育	P	**444038**	**412083**	**31955**
教育	82	444038	412083	31955
卫生和社会工作	Q	**265537**	**249208**	**16329**
卫生	83	216700	200793	15907
社会工作	84	48837	48415	422
文化、体育和娱乐业	R	**263384**	**259423**	**3961**
新闻和出版业	85	8967	8578	389
广播、电视、电影和影视录音制作业	86	22117	21050	1067
文化艺术业	87	80521	79674	847
体育	88	20144	19575	569
娱乐业	89	131635	130546	1089
公共管理、社会保障和社会组织	S	**1596327**	**1432544**	**163783**
中国共产党机关	90	36806	32999	3807
国家机构	91	463104	388607	74497
人民政协、民主党派	92	6858	6586	272
社会保障	93	16272	15984	288
群众团体、社会团体和其他成员组织	94	369244	365338	3906
基层群众自治组织	95	704043	623030	81013

1-6 按行业(大类)、东中西部以及东北地区分组的法人单位数

(2014年)

单位：个

行业大类	代码	法人单位数	东部地区	中部地区	西部地区	东北地区
总计	--	**13701440**	**7438167**	**2715734**	**2666058**	**881481**
农、林、牧、渔业	A	**951045**	**291321**	**261277**	**321495**	**76952**
农业	01	394838	137523	104191	126055	27069
林业	02	69051	23325	20594	21822	3310
畜牧业	03	248462	46899	72895	113640	15028
渔业	04	61063	23874	12748	21800	2641
农、林、牧、渔服务业	05	177631	59700	50849	38178	28904
采矿业	B	**101673**	**20406**	**30911**	**40900**	**9456**
煤炭开采和洗选业	06	20533	1641	7341	9672	1879
石油和天然气开采业	07	588	107	84	273	124
黑色金属矿采选业	08	16077	5545	3950	4488	2094
有色金属矿采选业	09	11109	1529	3396	5144	1040
非金属矿采选业	10	48098	10808	14915	18534	3841
开采辅助活动	11	3125	378	504	1882	361
其他采矿业	12	2143	398	721	907	117
制造业	C	**2616671**	**1781770**	**413033**	**277917**	**143951**
农副食品加工业	13	119068	45859	33443	24781	14985
食品制造业	14	55492	26893	12943	11416	4240
酒、饮料和精制茶制造业	15	44575	16058	11680	13520	3317
烟草制品业	16	455	101	207	103	44
纺织业	17	125283	103364	12823	6643	2453
纺织服装、服饰业	18	145920	114883	20182	5843	5012
皮革、毛皮、羽毛及其制品和制鞋业	19	69782	57598	7228	3847	1109
木材加工和木、竹、藤、棕、草制品业	20	81178	43831	18410	12130	6807
家具制造业	21	55923	36743	9724	7151	2305
造纸和纸制品业	22	61970	46954	7357	5340	2319
印刷和记录媒介复制业	23	75048	50898	11538	8740	3872
文教、工美、体育和娱乐用品制造业	24	88505	70212	10107	6258	1928
石油加工及炼焦	25	7623	3674	1158	1456	1335

1-6 续表 1

单位：个

行业大类	代码	法人单位数	东部地区	中部地区	西部地区	东北地区
化学原料和化学制品制造业	26	113984	68086	23944	14126	7828
医药制造业	27	21459	9780	5481	4116	2082
化学纤维制造业	28	6723	5837	468	226	192
橡胶和塑料制品业	29	158703	124690	15618	11093	7302
非金属矿物制品业	30	246046	105038	72021	52859	16128
黑色金属冶炼和压延加工业	31	41423	23901	8268	5674	3580
有色金属冶炼和压延加工业	32	28890	16803	6298	4365	1424
金属制品业	33	222245	172425	22405	17651	9764
通用设备制造业	34	246953	186923	26226	16529	17275
专用设备制造业	35	166838	123281	21512	12120	9925
汽车制造业	36	62546	40390	12233	6321	3602
铁路、船舶、航空航天和其他运输设备制造业	37	30208	20906	3018	4787	1497
电气机械和器材制造业	38	159576	128617	16006	8533	6420
计算机、通信和其他电子设备制造业	39	86373	73192	7553	4041	1587
仪器仪表制造业	40	34225	26180	3713	2146	2186
其他制造业	41	32761	22751	6402	2448	1160
废弃资源综合利用业	42	11177	6011	2823	1704	639
金属制品、机械和设备修理业	43	15719	9891	2244	1950	1634
电力、热力、燃气及水生产和供应业	D	**79679**	**31243**	**19729**	**23587**	**5120**
电力、热力生产和供应业	44	51643	21046	11543	15615	3439
燃气生产和供应业	45	7005	2361	1842	2196	606
水的生产和供应业	46	21031	7836	6344	5776	1075
建筑业	E	**464975**	**258736**	**89944**	**78740**	**37555**
房屋建筑业	47	93498	44020	20602	21235	7641
土木工程建筑业	48	81674	45516	16491	12875	6792
建筑安装业	49	80559	49165	13252	10266	7876
建筑装饰和其他建筑业	50	209244	120035	39599	34364	15246

1-6 续表 2

单位：个

行业大类	代码	法人单位数	东部地区	中部地区	西部地区	东北地区
批发和零售业	F	**3513338**	**2119398**	**593832**	**580617**	**219491**
批发业	51	2180624	1426064	308762	306199	139599
零售业	52	1332714	693334	285070	274418	79892
交通运输、仓储和邮政业	G	**323044**	**183589**	**61763**	**54052**	**23640**
铁路运输业	53	3291	1196	803	872	420
道路运输业	54	171802	87634	39002	32480	12686
水上运输业	55	12678	8080	2625	1443	530
航空运输业	56	1759	863	220	513	163
管道运输业	57	366	146	92	105	23
装卸搬运和运输代理业	58	86788	62342	9144	10107	5195
仓储业	59	31017	16100	6213	5209	3495
邮政业	60	15343	7228	3664	3323	1128
住宿和餐饮业	H	**235337**	**117454**	**48903**	**56962**	**12018**
住宿业	61	82909	40020	16970	20706	5213
餐饮业	62	152428	77434	31933	36256	6805
信息传输、软件和信息技术服务业	I	**289162**	**194955**	**39185**	**37460**	**17562**
电信、广播电视和卫星传输服务	63	17750	6900	4595	4462	1793
互联网和相关服务	64	35086	21422	6709	5321	1634
软件和信息技术服务业	65	236326	166633	27881	27677	14135
金融业	J	**91583**	**42902**	**17648**	**23994**	**7039**
货币金融服务	66	34856	12602	7443	11200	3611
资本市场服务	67	29396	17091	4576	6288	1441
保险业	68	15609	6659	3612	3847	1491
其他金融业	69	11722	6550	2017	2659	496
房地产业	K	**419618**	**221830**	**82395**	**85070**	**30323**
房地产业	70	419618	221830	82395	85070	30323
租赁和商务服务业	L	**1161947**	**743803**	**179557**	**175802**	**62785**
租赁业	71	71362	36483	15118	14889	4872
商务服务业	72	1090585	707320	164439	160913	57913

1-6 续表 3 单位：个

行业大类	代码	法人单位数	东部地区	中部地区	西部地区	东北地区
科学研究和技术服务业	M	**544309**	**328354**	**97651**	**85086**	**33218**
研究和试验发展	73	56891	38324	8666	5823	4078
专业技术服务业	74	257642	149310	43712	49001	15619
科技推广和应用服务业	75	229776	140720	45273	30262	13521
水利、环境和公共设施管理业	N	**97522**	**43873**	**23321**	**22716**	**7612**
水利管理业	76	26494	7990	7760	8202	2542
生态保护和环境治理业	77	11150	5052	2470	2854	774
公共设施管理业	78	59878	30831	13091	11660	4296
居民服务、修理和其他服务业	O	**242251**	**132106**	**46910**	**47367**	**15868**
居民服务业	79	95853	51591	18607	18371	7284
机动车、电子产品和日用产品修理业	80	88745	48158	16089	18800	5698
其他服务业	81	57653	32357	12214	10196	2886
教育	P	**444038**	**168619**	**123745**	**123073**	**28601**
教育	82	444038	168619	123745	123073	28601
卫生和社会工作	Q	**265537**	**81839**	**90911**	**70149**	**22638**
卫生	83	216700	60822	78739	59403	17736
社会工作	84	48837	21017	12172	10746	4902
文化、体育和娱乐业	R	**263384**	**123417**	**65058**	**58889**	**16020**
新闻和出版业	85	8967	4537	1914	1798	718
广播、电视、电影和影视录音制作业	86	22117	11189	4408	5135	1385
文化艺术业	87	80521	40581	19495	16326	4119
体育	88	20144	13126	2806	2783	1429
娱乐业	89	131635	53984	36435	32847	8369
公共管理、社会保障和社会组织	S	**1596327**	**552552**	**429961**	**502182**	**111632**
中国共产党机关	90	36806	9428	9270	14694	3414
国家机构	91	463104	134558	130916	154301	43329
人民政协、民主党派	92	6858	2253	1751	2186	668
社会保障	93	16272	4057	4744	6026	1445
群众团体、社会团体和其他成员组织	94	369244	145244	78619	122847	22534
基层群众自治组织	95	704043	257012	204661	202128	40242

1-7 按行业(大类)、

(2014年)

行业大类	代码	法人单位数	北京	天津	河北	山西	内蒙古
总计	--	**13701440**	**660703**	**264151**	**530948**	**304890**	**208636**
农、林、牧、渔业	A	**951045**	**9474**	**5739**	**44777**	**66666**	**31322**
农业	01	394838	5394	3060	19581	28843	8593
林业	02	69051	898	410	2660	7003	1373
畜牧业	03	248462	2337	1057	11254	24812	12637
渔业	04	61063	320	628	613	462	289
农、林、牧、渔服务业	05	177631	525	584	10669	5546	8430
采矿业	B	**101673**	**126**	**136**	**7081**	**5938**	**5097**
煤炭开采和洗选业	06	20533	19	14	567	3156	1162
石油和天然气开采业	07	588	9	11	10	38	72
黑色金属矿采选业	08	16077	20	12	4103	1048	1234
有色金属矿采选业	09	11109	2	3	370	191	491
非金属矿采选业	10	48098	65	40	1886	1353	1909
开采辅助活动	11	3125	10	46	83	78	96
其他采矿业	12	2143	1	10	62	74	133
制造业	C	**2616671**	**34084**	**50541**	**110020**	**23769**	**17424**
农副食品加工业	13	119068	944	1101	4362	1792	2419
食品制造业	14	55492	994	1055	2444	1055	930
酒、饮料和精制茶制造业	15	44575	392	262	1261	664	618
烟草制品业	16	455	1	2	5	2	3
纺织业	17	125283	458	1173	5718	284	560
纺织服装、服饰业	18	145920	2664	1764	2349	265	392
皮革、毛皮、羽毛及其制品和制鞋业	19	69782	244	399	4711	73	174
木材加工和木、竹、藤、棕、草制品业	20	81178	853	782	2034	286	698
家具制造业	21	55923	1413	956	1667	242	140
造纸和纸制品业	22	61970	929	1450	2198	336	185
印刷和记录媒介复制业	23	75048	1563	1309	3025	757	471
文教、工美、体育和娱乐用品制造业	24	88505	745	1518	2579	376	139
石油加工及炼焦	25	7623	201	217	523	322	136
化学原料和化学制品制造业	26	113984	1971	2764	5883	1402	1176
医药制造业	27	21459	582	446	786	308	197
化学纤维制造业	28	6723	34	58	246	28	10
橡胶和塑料制品业	29	158703	1650	2996	7798	709	511
非金属矿物制品业	30	246046	2617	2369	11182	5399	3657
黑色金属冶炼和压延加工业	31	41423	335	1414	3324	1085	575
有色金属冶炼和压延加工业	32	28890	241	613	1380	396	427
金属制品业	33	222245	3888	7223	14688	1909	1233
通用设备制造业	34	246953	2941	6184	10966	2440	861

地区分组的法人单位数

单位：个

辽宁	吉林	黑龙江	上海	江苏	浙江	安徽	福建	江西	山东	代码
500312	**172127**	**209042**	**434106**	**1344793**	**1235667**	**467775**	**566075**	**326563**	**1042834**	--
27981	**20467**	**28504**	**6689**	**37928**	**62483**	**51112**	**33397**	**31064**	**48678**	A
8016	6440	12613	4584	12140	37015	20654	16803	13459	22759	01
1680	855	775	530	1877	4518	3998	3965	3258	2253	02
6101	4948	3979	498	5452	8781	9350	4476	7183	6659	03
1855	419	367	709	3325	7264	3103	4999	2382	2447	04
10329	7805	10770	368	15134	4905	14007	3154	4782	14560	05
6039	**1452**	**1965**	**1**	**743**	**1387**	**2595**	**3101**	**4114**	**3759**	B
713	252	914		43	13	218	315	726	629	06
15	80	29	1	10	1	4	1	5	50	07
1845	189	60		73	24	457	313	405	503	08
832	144	64		26	81	287	337	595	275	09
2438	663	740		554	1232	1465	2077	2050	2098	10
149	84	128		26	10	107	17	143	112	11
47	40	30		11	26	57	41	190	92	12
91540	**24865**	**27546**	**81777**	**405636**	**417132**	**81904**	**119932**	**53806**	**208334**	C
6245	3493	5247	602	6469	6065	5994	5968	3429	13956	13
2236	941	1063	968	3417	2810	2375	3599	1372	5336	14
1255	968	1094	193	1822	2871	2392	4532	1128	2551	15
10	18	16	2	8	7	22	13	9	25	16
1864	209	380	2272	34159	33900	2482	5030	1845	10570	17
4314	414	284	6024	24477	31834	5753	11188	5299	10241	18
831	106	172	1038	4438	21049	1489	8481	1506	2742	19
2476	1738	2593	2010	10982	7198	3783	4988	2211	9497	20
1372	407	526	3112	4417	6340	2030	2619	1706	3831	21
1548	351	420	3005	8227	11158	1315	3487	959	4326	22
2101	940	831	2436	9149	10859	2539	3086	1458	5696	23
1330	261	337	1714	11473	21977	2532	7794	1606	7491	24
996	121	218	150	651	361	117	150	101	936	25
5080	1328	1420	3367	14795	9332	3531	3699	4483	13166	26
821	856	405	527	2213	1330	1119	498	954	1848	27
132	32	28	113	2605	1720	133	225	58	462	28
5173	1020	1109	6377	23406	33135	4490	6168	1711	12281	29
9935	3033	3160	3281	20663	14629	9955	13511	8567	19673	30
2980	307	293	582	7095	4517	1352	1179	404	3267	31
1161	148	115	657	5008	3737	676	586	1304	1634	32
7014	1295	1455	10832	38669	35034	5045	7307	2298	14642	33
13467	1622	2186	11191	57341	51435	5489	5165	1858	24538	34

1-7 续表 1

行业大类	代码	法人单位数	北京	天津	河北	山西	内蒙古
专用设备制造业	35	166838	2336	4090	7070	1333	679
汽车制造业	36	62546	745	1205	2772	192	148
铁路、船舶、航空航天和其他运输设备制造业	37	30208	226	1869	1240	107	30
电气机械和器材制造业	38	159576	2016	2609	5559	595	371
计算机、通信和其他电子设备制造业	39	86373	1223	1832	1115	131	72
仪器仪表制造业	40	34225	1092	912	970	131	50
其他制造业	41	32761	278	899	910	598	163
废弃资源综合利用业	42	11177	82	394	586	171	152
金属制品、机械和设备修理业	43	15719	426	676	669	381	247
电力、热力、燃气及水生产和供应业	D	**79679**	**640**	**589**	**2140**	**1552**	**1905**
电力、热力生产和供应业	44	51643	440	290	1111	762	1229
燃气生产和供应业	45	7005	52	120	353	298	226
水的生产和供应业	46	21031	148	179	676	492	450
建筑业	E	**464975**	**19019**	**12415**	**17486**	**8751**	**5599**
房屋建筑业	47	93498	2110	2068	3379	1327	1200
土木工程建筑业	48	81674	2203	2712	4017	1676	1014
建筑安装业	49	80559	2891	2849	3066	1476	861
建筑装饰和其他建筑业	50	209244	11815	4786	7024	4272	2524
批发和零售业	F	**3513338**	**197293**	**80350**	**131451**	**62599**	**48765**
批发业	51	2180624	99309	59827	81170	32343	26790
零售业	52	1332714	97984	20523	50281	30256	21975
交通运输、仓储和邮政业	G	**323044**	**14437**	**13246**	**11511**	**6731**	**5622**
铁路运输业	53	3291	117	145	69	134	196
道路运输业	54	171802	7854	4171	7913	4841	3552
水上运输业	55	12678	34	402	242	8	15
航空运输业	56	1759	92	137	32	28	57
管道运输业	57	366	6	26	13	8	5
装卸搬运和运输代理业	58	86788	3931	6301	1914	809	857
仓储业	59	31017	1811	1818	993	659	572
邮政业	60	15343	592	246	335	244	368
住宿和餐饮业	H	**235337**	**16649**	**3781**	**5101**	**3885**	**3137**
住宿业	61	82909	4788	871	2203	1658	1435
餐饮业	62	152428	11861	2910	2898	2227	1702
信息传输、软件和信息技术服务业	I	**289162**	**46848**	**9386**	**5233**	**2955**	**2427**
电信、广播电视和卫星传输服务	63	17750	1176	259	435	283	422
互联网和相关服务	64	35086	3684	827	676	373	425
软件和信息技术服务业	65	236326	41988	8300	4122	2299	1580

单位：个

辽宁	吉林	黑龙江	上海	江苏	浙江	安徽	福建	江西	山东	代码
6630	1507	1788	6994	39170	22171	4309	5065	1925	15058	35
1538	1763	301	2041	8445	15591	2546	1649	838	5497	36
1192	159	146	679	7036	5034	651	1039	409	1956	37
4796	765	859	5133	27467	37103	4452	5758	2292	7493	38
1159	232	196	2162	16907	10858	2007	2985	1603	3053	39
1643	261	282	1732	7069	6712	905	1002	436	1780	40
586	308	266	1513	4848	5882	1288	2061	1441	2731	41
420	124	95	211	1335	965	663	495	401	603	42
1235	138	261	859	1875	1518	470	605	195	1454	43
2169	**1441**	**1510**	**185**	**2953**	**4633**	**2674**	**6860**	**4042**	**2947**	D
1396	1015	1028	59	846	3001	1001	5801	2971	1450	44
246	190	170	26	396	339	285	119	286	562	45
527	236	312	100	1711	1293	1388	940	785	935	46
24239	**6485**	**6831**	**16250**	**62563**	**32730**	**22319**	**17719**	**10902**	**44962**	E
4071	1644	1926	1868	10478	5041	4221	4110	2958	9867	47
4402	1279	1111	2351	11432	7276	3772	3289	1935	7481	48
5268	1382	1226	3584	14780	4628	3515	2235	1501	8516	49
10498	2180	2568	8447	25873	15785	10811	8085	4508	19098	50
137479	**36877**	**45135**	**148697**	**392798**	**335289**	**107659**	**155845**	**63083**	**310631**	F
94206	17616	27777	113154	288077	231190	60948	107903	36894	207158	51
43273	19261	17358	35543	104721	104099	46711	47942	26189	103473	52
14438	**4290**	**4912**	**15560**	**34062**	**20161**	**12573**	**13425**	**10462**	**27638**	G
154	111	155	15	111	31	69	68	125	408	53
7652	2211	2823	3836	21687	10167	8129	5874	8012	14076	54
433	16	81	305	1698	1200	1073	1530	359	969	55
73	39	51	52	73	86	27	81	19	120	56
12	4	7	6	24	6	6		12	46	57
4054	501	640	8373	7658	6580	1734	4323	801	7532	58
1552	1103	840	2022	2001	1014	938	885	614	3636	59
508	305	315	951	810	1077	597	664	520	851	60
7500	**2019**	**2499**	**12958**	**14353**	**17271**	**7192**	**9158**	**4085**	**14296**	H
3084	944	1185	3361	4212	6884	2357	3998	1947	4008	61
4416	1075	1314	9597	10141	10387	4835	5160	2138	10288	62
11279	**2933**	**3350**	**14876**	**30926**	**25388**	**8843**	**11738**	**4287**	**16620**	I
1012	396	385	243	1141	831	747	735	443	740	63
847	432	355	1200	4415	2034	1590	1917	857	2530	64
9420	2105	2610	13433	25370	22523	6506	9086	2987	13350	65

1-7 续表 2

行业大类	代码	法人单位数	北京	天津	河北	山西	内蒙古
金融业	J	**91583**	**4834**	**3344**	**4580**	**2133**	**2264**
货币金融服务	66	34856	703	1275	1386	1184	1238
资本市场服务	67	29396	2782	904	2133	403	398
保险业	68	15609	625	187	704	414	446
其他金融业	69	11722	724	978	357	132	182
房地产业	K	**419618**	**18244**	**7256**	**15593**	**8035**	**6885**
房地产业	70	419618	18244	7256	15593	8035	6885
租赁和商务服务业	L	**1161947**	**140269**	**29363**	**29344**	**16412**	**13677**
租赁业	71	71362	5703	2598	2868	1482	1659
商务服务业	72	1090585	134566	26765	26476	14930	12018
科学研究和技术服务业	M	**544309**	**75727**	**18593**	**15365**	**7966**	**6379**
研究和试验发展	73	56891	4876	1587	1204	888	431
专业技术服务业	74	257642	25080	7769	7538	5150	3813
科技推广和应用服务业	75	229776	45771	9237	6623	1928	2135
水利、环境和公共设施管理业	N	**97522**	**3989**	**1703**	**3707**	**2705**	**2362**
水利管理业	76	26494	365	324	688	826	748
生态保护和环境治理业	77	11150	359	178	310	260	310
公共设施管理业	78	59878	3265	1201	2709	1619	1304
居民服务、修理和其他服务业	O	**242251**	**19429**	**7663**	**7695**	**4778**	**3697**
居民服务业	79	95853	8715	2662	2022	1496	1406
机动车、电子产品和日用产品修理业	80	88745	6185	2096	3027	1471	1108
其他服务业	81	57653	4529	2905	2646	1811	1183
教育	P	**444038**	**11260**	**4254**	**20277**	**10345**	**6894**
教育	82	444038	11260	4254	20277	10345	6894
卫生和社会工作	Q	**265537**	**3885**	**1654**	**9762**	**5487**	**4999**
卫生	83	216700	2952	1245	8502	4385	4123
社会工作	84	48837	933	409	1260	1102	876
文化、体育和娱乐业	R	**263384**	**27309**	**3179**	**7901**	**6073**	**3357**
新闻和出版业	85	8967	1797	189	192	349	167
广播、电视、电影和影视录音制作业	86	22117	2891	315	646	461	391
文化艺术业	87	80521	15713	1187	1957	2046	1173
体育	88	20144	2643	450	443	383	211
娱乐业	89	131635	4265	1038	4663	2834	1415
公共管理、社会保障和社会组织	S	**1596327**	**17187**	**10959**	**81924**	**58110**	**36824**
中国共产党机关	90	36806	279	201	1804	1694	764
国家机构	91	463104	3899	2742	18132	16753	12124
人民政协、民主党派	92	6858	89	68	287	349	148
社会保障	93	16272	279	158	427	857	287
群众团体、社会团体和其他成员组织	94	369244	6002	2309	9307	8270	9877
基层群众自治组织	95	704043	6639	5481	51967	30187	13624

单位：个

辽宁	吉林	黑龙江	上海	江苏	浙江	安徽	福建	江西	山东	代码
3571	**1430**	**2038**	**2029**	**5840**	**5498**	**3717**	**3535**	**3076**	**5514**	J
1675	879	1057	618	2011	1828	1650	1023	1074	1679	66
897	157	387	692	1958	2247	1052	1331	982	1930	67
716	308	467	375	980	692	667	509	460	1259	68
283	86	127	344	891	731	348	672	560	646	69
18170	**5400**	**6753**	**16068**	**36490**	**28067**	**15438**	**14794**	**9457**	**28633**	K
18170	5400	6753	16068	36490	28067	15438	14794	9457	28633	70
41114	**10231**	**11440**	**55448**	**109728**	**98892**	**39947**	**48347**	**24079**	**74033**	L
2701	1038	1133	2164	5930	4737	3520	3259	2112	4966	71
38413	9193	10307	53284	103798	94155	36427	45088	21967	69067	72
20888	**5601**	**6729**	**19994**	**52997**	**35096**	**15405**	**17502**	**8546**	**48629**	M
2748	660	670	2266	9435	5078	1635	2798	606	3659	73
9191	2983	3445	12883	27449	17857	9366	9578	4376	12175	74
8949	1958	2614	4845	16113	12161	4404	5126	3564	32795	75
4186	**1606**	**1820**	**2061**	**8711**	**6565**	**3709**	**3975**	**2755**	**5898**	N
1215	705	622	232	2112	981	821	862	892	756	76
466	123	185	182	944	810	370	518	271	761	77
2505	778	1013	1647	5655	4774	2518	2595	1592	4381	78
9339	**3528**	**3001**	**12302**	**20725**	**15590**	**7797**	**9326**	**5517**	**16531**	O
4336	1504	1444	6472	7799	6318	3117	3564	1826	5420	79
3552	1075	1071	3919	7534	6066	2605	3872	1687	5950	80
1451	949	486	1911	5392	3206	2075	1890	2004	5161	81
14196	**6313**	**8092**	**5895**	**20279**	**22464**	**15349**	**16174**	**14149**	**24931**	P
14196	6313	8092	5895	20279	22464	15349	16174	14149	24931	82
12909	**3874**	**5855**	**3289**	**16153**	**8041**	**8994**	**8201**	**10130**	**18638**	Q
10483	2596	4657	1617	8490	5335	7191	6855	8323	16133	83
2426	1278	1198	1672	7663	2706	1803	1346	1807	2505	84
8745	**3142**	**4133**	**6864**	**18371**	**17680**	**11029**	**9927**	**6084**	**13593**	R
320	204	194	244	459	333	285	337	236	387	85
658	369	358	626	1556	1951	713	669	627	972	86
2088	1010	1021	1514	5573	3778	2850	2818	1608	3839	87
1003	192	234	1267	1618	2167	469	1140	352	944	88
4676	1367	2326	3213	9165	9451	6712	4963	3261	7451	89
44530	**30173**	**36929**	**13163**	**73537**	**81300**	**49519**	**63119**	**56925**	**128569**	S
1664	600	1150	174	1840	1217	1157	1345	1255	1036	90
15445	12181	15703	3133	20785	17330	13605	17095	21383	28455	91
285	154	229	131	304	304	295	291	238	316	92
599	263	583	268	944	406	398	601	603	520	93
10495	5168	6871	3694	26510	28791	15766	25951	13186	16711	94
16042	11807	12393	5763	23154	33252	18298	17836	20260	81531	95

1-7 续表 3

行业大类	代码	河南	湖北	湖南	广东	广西	海南
总计	--	**623772**	**567795**	**424939**	**1295271**	**334563**	**63619**
农、林、牧、渔业	A	**45427**	**44612**	**22396**	**32259**	**49601**	**9897**
农业	01	16865	16467	7903	11897	19144	4290
林业	02	1900	2561	1874	5610	6131	604
畜牧业	03	14953	12038	4559	3176	13248	3209
渔业	04	755	4707	1339	2550	7234	1019
农、林、牧、渔服务业	05	10954	8839	6721	9026	3844	775
采矿业	B	**6353**	**4757**	**7154**	**3731**	**3386**	**341**
煤炭开采和洗选业	06	1298	546	1397	39	58	2
石油和天然气开采业	07	15	20	2	9	7	5
黑色金属矿采选业	08	803	550	687	466	383	31
有色金属矿采选业	09	1179	247	897	307	494	128
非金属矿采选业	10	2949	3048	4050	2708	2270	148
开采辅助活动	11	49	78	49	70	43	4
其他采矿业	12	60	268	72	132	131	23
制造业	C	**116185**	**76294**	**61075**	**351166**	**28087**	**3148**
农副食品加工业	13	10470	6374	5384	5914	2108	478
食品制造业	14	4221	2047	1873	6109	1387	161
酒、饮料和精制茶制造业	15	2517	3121	1858	2052	982	122
烟草制品业	16	26	26	122	37	9	1
纺织业	17	3466	3620	1126	10036	579	48
纺织服装、服饰业	18	2764	4871	1230	24263	805	79
皮革、毛皮、羽毛及其制品和制鞋业	19	2217	945	998	14490	465	6
木材加工和木、竹、藤、棕、草制品业	20	7168	1752	3210	5268	3873	219
家具制造业	21	3106	1306	1334	12280	554	108
造纸和纸制品业	22	1758	1241	1748	12103	844	71
印刷和记录媒介复制业	23	2861	2131	1792	13590	885	185
文教、工美、体育和娱乐用品制造业	24	3284	1125	1184	14844	755	77
石油加工及炼焦	25	332	159	127	467	80	18
化学原料和化学制品制造业	26	5194	3792	5542	12942	1609	167
医药制造业	27	1306	1063	731	1416	445	134
化学纤维制造业	28	128	73	48	367	12	7
橡胶和塑料制品业	29	4000	2902	1806	30755	963	124
非金属矿物制品业	30	24755	11737	11608	16523	4428	590
黑色金属冶炼和压延加工业	31	2797	969	1661	2167	604	21
有色金属冶炼和压延加工业	32	1738	628	1556	2917	367	30
金属制品业	33	5875	4549	2729	40031	1220	111
通用设备制造业	34	8111	4705	3623	17123	963	39

单位：个

重庆	四川	贵州	云南	西藏	陕西	甘肃	青海	宁夏	新疆	代码
378003	**462084**	**209860**	**279007**	**26143**	**310150**	**173848**	**52074**	**54607**	**177083**	--
59258	**32780**	**32131**	**36078**	**615**	**21203**	**25308**	**9446**	**7846**	**15907**	A
28142	12289	14978	18433	195	7356	7363	2760	2872	3930	01
2562	2443	1573	2207	34	1629	1792	931	564	583	02
15756	11263	12822	9964	330	9212	13852	5151	3060	6345	03
8940	1770	1583	582	9	601	291	112	182	207	04
3858	5015	1175	4892	47	2405	2010	492	1168	4842	05
2557	**5445**	**6917**	**6492**	**230**	**4027**	**2162**	**967**	**738**	**2882**	B
916	1478	2117	1658	2	923	286	92	479	501	06
44	40	5	8		44	16	5	9	23	07
91	430	365	660	21	328	277	103	10	586	08
36	556	467	1640	83	432	316	158	3	468	09
1377	2755	3833	2332	114	1180	1080	550	220	914	10
57	119	62	65	4	1036	122	16	15	247	11
36	67	68	129	6	84	65	43	2	143	12
50578	**57888**	**26912**	**20034**	**1148**	**35125**	**15466**	**4135**	**5477**	**15643**	C
3729	4628	2062	2236	242	2501	2025	451	712	1668	13
1303	2587	964	952	58	1622	596	153	269	595	14
1023	3877	2755	1942	65	995	504	97	147	515	15
10	10	20	36		6	6		2	1	16
2067	1132	308	267	71	641	240	55	249	474	17
1837	998	627	207	60	384	128	97	68	240	18
1246	945	319	107	21	113	209	36	121	91	19
1777	1720	1459	1189	44	648	226	110	87	299	20
2235	1862	780	365	76	630	196	51	70	192	21
863	1210	402	465	10	747	202	20	84	308	22
1220	2308	547	663	24	1161	751	105	188	417	23
957	612	1595	501	102	446	478	226	51	396	24
79	197	126	110		272	78	11	55	312	25
1509	3029	1228	1135	54	1737	791	293	416	1149	26
344	915	366	313	39	726	471	89	55	156	27
26	65	5	12		39	10	4	4	39	28
1874	2445	734	838	7	1272	611	95	249	1494	29
5670	10700	7535	3855	191	6483	4464	1007	1208	3661	30
685	1132	512	595	2	557	378	138	179	317	31
479	628	352	586	3	941	241	106	83	152	32
4675	3087	1338	1115	30	1984	919	440	406	1204	33
3532	4610	721	685	1	3828	475	147	236	470	34

1-7 续表 4

行业大类	代码	河南	湖北	湖南	广东	广西	海南
专用设备制造业	35	6561	4315	3069	21253	1104	74
汽车制造业	36	2593	5260	804	2401	844	44
铁路、船舶、航空航天和其他运输设备制造业	37	824	590	437	1787	202	40
电气机械和器材制造业	38	3678	2791	2198	35423	739	56
计算机、通信和其他电子设备制造业	39	1064	1415	1333	33022	556	35
仪器仪表制造业	40	970	789	482	4896	121	15
其他制造业	41	1253	1112	710	3605	202	24
废弃资源综合利用业	42	731	360	497	1324	227	16
金属制品、机械和设备修理业	43	417	526	255	1761	155	48
电力、热力、燃气及水生产和供应业	**D**	**2402**	**3553**	**5506**	**9906**	**2750**	**390**
电力、热力生产和供应业	44	885	1834	4090	7805	1989	243
燃气生产和供应业	45	346	388	239	356	110	38
水的生产和供应业	46	1171	1331	1177	1745	651	109
建筑业	**E**	**15510**	**23631**	**8831**	**31623**	**7515**	**3969**
房屋建筑业	47	4420	4961	2715	4718	1329	381
土木工程建筑业	48	3310	4136	1662	4248	1023	507
建筑安装业	49	1876	3928	956	6064	850	552
建筑装饰和其他建筑业	50	5904	10606	3498	16593	4313	2529
批发和零售业	**F**	**118451**	**151599**	**90441**	**354617**	**84623**	**12427**
批发业	51	60159	72424	45994	231916	44947	6360
零售业	52	58292	79175	44447	122701	39676	6067
交通运输、仓储和邮政业	**G**	**11185**	**14207**	**6605**	**32194**	**6647**	**1355**
铁路运输业	53	176	194	105	218	67	14
道路运输业	54	6298	7906	3816	11450	3721	606
水上运输业	55	128	745	312	1517	531	183
航空运输业	56	48	66	32	168	35	22
管道运输业	57	14	39	13	18	4	1
装卸搬运和运输代理业	58	1566	3051	1183	15390	1340	340
仓储业	59	2240	1280	482	1810	620	110
邮政业	60	715	926	662	1623	329	79
住宿和餐饮业	**H**	**12223**	**12083**	**9435**	**22232**	**4103**	**1655**
住宿业	61	4064	3415	3529	8618	1902	1077
餐饮业	62	8159	8668	5906	13614	2201	578
信息传输、软件和信息技术服务业	**I**	**6306**	**10810**	**5984**	**32964**	**3851**	**976**
电信、广播电视和卫星传输服务	63	968	1162	992	1272	571	68
互联网和相关服务	64	1096	1468	1325	3983	515	156
软件和信息技术服务业	65	4242	8180	3667	27709	2765	752

单位：个

重庆	四川	贵州	云南	西藏	陕西	甘肃	青海	宁夏	新疆	代码
2513	2981	581	492	1	2371	500	96	180	622	35
3429	1064	155	163	1	351	45	8	30	83	36
3585	408	72	21		400	29	8	9	23	37
1421	2018	584	441	8	1875	405	106	132	433	38
899	1158	177	69		997	52	15	18	28	39
641	384	93	131		580	63	11	35	37	40
478	534	219	202	8	318	137	83	44	60	41
186	328	153	217	6	148	125	38	44	80	42
286	316	123	124	24	352	111	39	46	127	43
2161	**6248**	**1877**	**2561**	**150**	**2056**	**1567**	**528**	**359**	**1425**	D
1304	3825	1324	1777	129	1062	1216	433	249	1078	44
227	756	126	158	3	214	154	30	53	139	45
630	1667	427	626	18	780	197	65	57	208	46
10247	**12056**	**4969**	**11047**	**2193**	**14488**	**3552**	**1727**	**1440**	**3907**	E
2981	3893	1123	2542	1334	3775	1131	430	451	1046	47
887	1646	718	1771	734	2801	759	421	298	803	48
1145	1671	494	1397	45	2118	555	227	217	686	49
5234	4846	2634	5337	80	5794	1107	649	474	1372	50
104519	**71240**	**36267**	**66547**	**2253**	**70968**	**31611**	**8169**	**12454**	**43201**	F
44353	40668	17619	36306	755	35238	18199	4199	7032	30093	51
60166	30572	18648	30241	1498	35730	13412	3970	5422	13108	52
6615	**9609**	**3300**	**5210**	**337**	**6290**	**2989**	**879**	**1115**	**5439**	G
60	143	38	53	4	111	75	18	18	89	53
3854	6410	2102	2976	223	3689	1668	564	771	2950	54
433	259	88	64		23	8	12	8	2	55
43	92	22	57	15	75	34	7	11	65	56
5	16	7	7	1	35	5		1	19	57
1488	1598	452	1193	26	903	424	146	136	1544	58
442	623	301	338	25	1030	600	91	55	512	59
290	468	290	522	43	424	175	41	115	258	60
16608	**9310**	**5043**	**4915**	**537**	**7128**	**2936**	**948**	**765**	**1532**	H
2472	3740	1880	2562	397	2994	1434	539	376	975	61
14136	5570	3163	2353	140	4134	1502	409	389	557	62
8239	**6047**	**1907**	**5318**	**172**	**5163**	**1210**	**532**	**521**	**2073**	I
447	825	297	494	102	575	223	85	73	348	63
1041	793	394	562	16	888	234	102	85	266	64
6751	4429	1216	4262	54	3700	753	345	363	1459	65

1-7 续表 5

行业大类	代码	河南	湖北	湖南	广东	广西	海南
金融业	J	**3226**	**3192**	**2304**	**7226**	**2321**	**502**
货币金融服务	66	1507	1151	877	1802	778	277
资本市场服务	67	467	1049	623	3015	895	99
保险业	68	874	653	544	1242	366	86
其他金融业	69	378	339	260	1167	282	40
房地产业	K	**17160**	**19929**	**12376**	**51159**	**11513**	**5526**
房地产业	70	17160	19929	12376	51159	11513	5526
租赁和商务服务业	L	**29737**	**44965**	**24417**	**152560**	**25498**	**5819**
租赁业	71	3437	3051	1516	3869	1573	389
商务服务业	72	26300	41914	22901	148691	23925	5430
科学研究和技术服务业	M	**27150**	**24724**	**13860**	**42616**	**12613**	**1835**
研究和试验发展	73	1091	1960	2486	7195	838	226
专业技术服务业	74	8115	10921	5784	27736	6292	1245
科技推广和应用服务业	75	17944	11843	5590	7685	5483	364
水利、环境和公共设施管理业	N	**4614**	**5573**	**3965**	**6789**	**3129**	**475**
水利管理业	76	1456	2037	1728	1545	1484	125
生态保护和环境治理业	77	499	671	399	931	228	59
公共设施管理业	78	2659	2865	1838	4313	1417	291
居民服务、修理和其他服务业	O	**8029**	**13000**	**7789**	**21772**	**4709**	**1073**
居民服务业	79	3440	5213	3515	8268	1698	351
机动车、电子产品和日用产品修理业	80	3204	4077	3045	9070	1758	439
其他服务业	81	1385	3710	1229	4434	1253	283
教育	P	**42309**	**19842**	**21751**	**39650**	**20043**	**3435**
教育	82	42309	19842	21751	39650	20043	3435
卫生和社会工作	Q	**37933**	**12353**	**16014**	**11075**	**5745**	**1141**
卫生	83	35381	9822	13637	8723	4541	970
社会工作	84	2552	2531	2377	2352	1204	171
文化、体育和娱乐业	R	**15757**	**11787**	**14328**	**16988**	**7302**	**1605**
新闻和出版业	85	347	432	265	523	204	76
广播、电视、电影和影视录音制作业	86	822	877	908	1405	927	158
文化艺术业	87	6886	3488	2617	3883	1500	319
体育	88	473	658	471	2274	382	180
娱乐业	89	7229	6332	10067	8903	4289	872
公共管理、社会保障和社会组织	S	**103815**	**70884**	**90708**	**74744**	**51127**	**8050**
中国共产党机关	90	1803	1337	2024	1371	2002	161
国家机构	91	30926	21542	26707	20449	20582	2538
人民政协、民主党派	92	288	275	306	390	267	73
社会保障	93	1180	928	778	407	1534	47
群众团体、社会团体和其他成员组织	94	11266	15646	14485	24223	10539	1746
基层群众自治组织	95	58352	31156	46408	27904	16203	3485

单位：个

重庆	四川	贵州	云南	西藏	陕西	甘肃	青海	宁夏	新疆	代码
3242	**3195**	**1761**	**3022**	**107**	**2453**	**1755**	**376**	**1475**	**2023**	J
1142	1262	889	1577	64	1222	1027	229	960	812	66
1334	781	501	733	17	494	325	57	291	462	67
437	745	199	426	24	512	292	50	76	274	68
329	407	172	286	2	225	111	40	148	475	69
10814	**13620**	**7367**	**9591**	**214**	**11233**	**4439**	**1477**	**1529**	**6388**	K
10814	13620	7367	9591	214	11233	4439	1477	1529	6388	70
29351	**30079**	**12131**	**21345**	**1158**	**17573**	**7123**	**2920**	**2994**	**11953**	L
2761	2038	1516	1216	86	1718	766	307	323	926	71
26590	28041	10615	20129	1072	15855	6357	2613	2671	11027	72
8777	**17782**	**4756**	**9847**	**540**	**11219**	**4144**	**1581**	**1325**	**6123**	M
584	1017	328	801	63	852	347	110	107	345	73
6049	9032	3093	5215	383	6263	2550	1133	871	4307	74
2144	7733	1335	3831	94	4104	1247	338	347	1471	75
2181	**4091**	**1510**	**2655**	**81**	**3116**	**1290**	**507**	**436**	**1358**	N
535	1549	532	977	31	1023	482	207	145	489	76
355	521	157	377	11	377	171	103	38	206	77
1291	2021	821	1301	39	1716	637	197	253	663	78
10199	**6620**	**4451**	**5289**	**210**	**5652**	**2275**	**746**	**794**	**2725**	O
5314	2648	1757	1518	69	1886	754	278	255	788	79
3223	2970	1993	1867	110	2589	1175	304	375	1328	80
1662	1002	701	1904	31	1177	346	164	164	609	81
10854	**25604**	**11290**	**10521**	**1042**	**15706**	**10410**	**1876**	**1867**	**6966**	P
10854	25604	11290	10521	1042	15706	10410	1876	1867	6966	82
5744	**18868**	**4537**	**5376**	**467**	**14651**	**4222**	**1118**	**934**	**3488**	Q
3977	15519	3999	4600	447	13729	3739	947	800	2982	83
1767	3349	538	776	20	922	483	171	134	506	84
6896	**15232**	**3476**	**6212**	**485**	**6322**	**3774**	**1056**	**1149**	**3628**	R
174	346	128	151	11	243	134	38	48	154	85
377	792	247	564	108	715	308	103	161	442	86
2460	3472	887	2064	155	1983	1366	335	218	713	87
422	503	201	275	5	330	135	79	82	158	88
3463	10119	2013	3158	206	3051	1831	501	640	2161	89
29163	**116370**	**39258**	**46947**	**14204**	**55777**	**47615**	**13086**	**11389**	**40422**	S
608	3531	917	1643	908	1377	1209	396	219	1120	90
8859	34140	11973	14992	5041	17393	11600	3559	1946	12092	91
166	420	152	236	103	203	229	73	57	132	92
764	1476	171	731	7	516	163	84	45	248	93
7585	22301	5967	14943	1709	7645	16247	4297	6426	15311	94
11181	54502	20078	14402	6436	28643	18167	4677	2696	11519	95

1-8 按行业(大类)、机构类型分组的法人单位数

(2014年)　　单位：个

行业大类	代码	法人单位数	企业法人	事业法人	机关法人	社会团体	其他
总计	--	**13701440**	**10617154**	**828440**	**259357**	**294691**	**1701798**
农、林、牧、渔业	A	**951045**	**547263**	**14708**			**389074**
农业	01	394838	233898	1085			159855
林业	02	69051	46901	2961			19189
畜牧业	03	248462	152186	628			95648
渔业	04	61063	46046	248			14769
农、林、牧、渔服务业	05	177631	68232	9786			99613
采矿业	B	**101673**	**101658**				**15**
煤炭开采和洗选业	06	20533	20533				
石油和天然气开采业	07	588	588				
黑色金属矿采选业	08	16077	16077				
有色金属矿采选业	09	11109	11109				
非金属矿采选业	10	48098	48083				15
开采辅助活动	11	3125	3125				
其他采矿业	12	2143	2143				
制造业	C	**2616671**	**2616422**	**6**			**243**
农副食品加工业	13	119068	118957				111
食品制造业	14	55492	55474				18
酒、饮料和精制茶制造业	15	44575	44540				35
烟草制品业	16	455	454				1
纺织业	17	125283	125279				4
纺织服装、服饰业	18	145920	145913				7
皮革、毛皮、羽毛及其制品和制鞋业	19	69782	69782				
木材加工和木、竹、藤、棕、草制品业	20	81178	81168				10
家具制造业	21	55923	55923				
造纸和纸制品业	22	61970	61963				7
印刷和记录媒介复制业	23	75048	75046	2			
文教、工美、体育和娱乐用品制造业	24	88505	88489				16

1-8　续表 1　　　　单位：个

行业大类	代码	法人单位数	企业法人	事业法人	机关法人	社会团体	其他
石油加工及炼焦	25	7623	7623				
化学原料和化学制品制造业	26	113984	113977				7
医药制造业	27	21459	21457	2			
化学纤维制造业	28	6723	6723				
橡胶和塑料制品业	29	158703	158700				3
非金属矿物制品业	30	246046	246035				11
黑色金属冶炼和压延加工业	31	41423	41423				
有色金属冶炼和压延加工业	32	28890	28890				
金属制品业	33	222245	222238	1			6
通用设备制造业	34	246953	246951				2
专用设备制造业	35	166838	166834				4
汽车制造业	36	62546	62546				
铁路、船舶、航空航天和其他运输设备制造业	37	30208	30208				
电气机械和器材制造业	38	159576	159576				
计算机、通信和其他电子设备制造业	39	86373	86373				
仪器仪表制造业	40	34225	34225				
其他制造业	41	32761	32760				1
废弃资源综合利用业	42	11177	11177				
金属制品、机械和设备修理业	43	15719	15718	1			
电力、热力、燃气及水生产和供应业	**D**	**79679**	**77815**	**907**			**957**
电力、热力生产和供应业	44	51643	50789	387			467
燃气生产和供应业	45	7005	6881	17			107
水的生产和供应业	46	21031	20145	503			383
建筑业	**E**	**464975**	**464930**	**10**			**35**
房屋建筑业	47	93498	93480				18
土木工程建筑业	48	81674	81659	10			5
建筑安装业	49	80559	80559				
建筑装饰和其他建筑业	50	209244	209232				12

1-8 续表 2 单位：个

行业大类	代码	法 人 单位数	企业法人	事业法人	机关法人	社会团体	其他
批发和零售业	F	**3513338**	**3510668**	**13**			**2657**
批发业	51	2180624	2178369	3			2252
零售业	52	1332714	1332299	10			405
交通运输、仓储和邮政业	G	**323044**	**311134**	**7885**			**4025**
铁路运输业	53	3291	3028	131			132
道路运输业	54	171802	163981	6109			1712
水上运输业	55	12678	12027	491			160
航空运输业	56	1759	1671	88			
管道运输业	57	366	366				
装卸搬运和运输代理业	58	86788	85893	80			815
仓储业	59	31017	29391	767			859
邮政业	60	15343	14777	219			347
住宿和餐饮业	H	**235337**	**230530**	**759**			**4048**
住宿业	61	82909	81095	581			1233
餐饮业	62	152428	149435	178			2815
信息传输、软件和信息技术服务业	I	**289162**	**280125**	**5676**			**3361**
电信、广播电视和卫星传输服务	63	17750	13448	3670			632
互联网和相关服务	64	35086	33801	527			758
软件和信息技术服务业	65	236326	232876	1479			1971
金融业	J	**91583**	**85730**	**1758**	**1**	**37**	**4057**
货币金融服务	66	34856	31091	1088	1	37	2639
资本市场服务	67	29396	28623	279			494
保险业	68	15609	15057	234			318
其他金融业	69	11722	10959	157			606
房地产业	K	**419618**	**409795**	**4060**			**5763**
房地产业	70	419618	409795	4060			5763
租赁和商务服务业	L	**1161947**	**1025732**	**31718**			**104497**
租赁业	71	71362	68518	154			2690
商务服务业	72	1090585	957214	31564			101807

1-8　续表 3　　　　单位：个

行业大类	代码	法人单位数	企业法人	事业法人	机关法人	社会团体	其他
科学研究和技术服务业	M	**544309**	**408386**	**73028**			**62895**
研究和试验发展	73	56891	46996	6123			3772
专业技术服务业	74	257642	213054	39329			5259
科技推广和应用服务业	75	229776	148336	27576			53864
水利、环境和公共设施管理业	N	**97522**	**54616**	**38124**		**15**	**4767**
水利管理业	76	26494	4779	19586			2129
生态保护和环境治理业	77	11150	7263	3444		15	428
公共设施管理业	78	59878	42574	15094			2210
居民服务、修理和其他服务业	O	**242251**	**220268**	**6515**			**15468**
居民服务业	79	95853	79578	5157			11118
机动车、电子产品和日用产品修理业	80	88745	87071	281			1393
其他服务业	81	57653	53619	1077			2957
教育	P	**444038**	**48867**	**236097**			**159074**
教育	82	444038	48867	236097			159074
卫生和社会工作	Q	**265537**	**27151**	**103556**		**2539**	**132291**
卫生	83	216700	25068	86710			104922
社会工作	84	48837	2083	16846		2539	27369
文化、体育和娱乐业	R	**263384**	**195950**	**41121**		**1726**	**24587**
新闻和出版业	85	8967	4733	3826			408
广播、电视、电影和影视录音制作业	86	22117	14980	6698			439
文化艺术业	87	80521	39903	27379			13239
体育	88	20144	12069	2236		1726	4113
娱乐业	89	131635	124265	982			6388
公共管理、社会保障和社会组织	S	**1596327**	**114**	**262499**	**259356**	**290374**	**783984**
中国共产党机关	90	36806		2671	34135		
国家机构	91	463104		244224	218880		
人民政协、民主党派	92	6858		517	6341		
社会保障	93	16272	114	15087			1071
群众团体、社会团体和其他成员组织	94	369244				290374	78870
基层群众自治组织	95	704043					704043

1-9 按行业(大类)、开业(成立)

行业大类	代码	法人单位数	1949年及以前	1950-1977年
总计	--	**13701440**	**86283**	**433357**
农、林、牧、渔业	A	**951045**	**223**	**6988**
农业	01	394838	55	1265
林业	02	69051	56	2551
畜牧业	03	248462	30	460
渔业	04	61063	6	291
农、林、牧、渔服务业	05	177631	76	2421
采矿业	B	**101673**	**46**	**920**
煤炭开采和洗选业	06	20533	22	499
石油和天然气开采业	07	588	1	3
黑色金属矿采选业	08	16077	9	54
有色金属矿采选业	09	11109	4	83
非金属矿采选业	10	48098	10	263
开采辅助活动	11	3125		11
其他采矿业	12	2143		7
制造业	C	**2616671**	**632**	**12275**
农副食品加工业	13	119068	35	903
食品制造业	14	55492	17	346
酒、饮料和精制茶制造业	15	44575	44	436
烟草制品业	16	455	12	17
纺织业	17	125283	28	459
纺织服装、服饰业	18	145920	11	307
皮革、毛皮、羽毛及其制品和制鞋业	19	69782	12	170
木材加工和木、竹、藤、棕、草制品业	20	81178	6	234
家具制造业	21	55923	4	106
造纸和纸制品业	22	61970	20	216
印刷和记录媒介复制业	23	75048	78	682
文教、工美、体育和娱乐用品制造业	24	88505	8	272
石油加工及炼焦	25	7623	11	55
化学原料和化学制品制造业	26	113984	35	787
医药制造业	27	21459	26	255
化学纤维制造业	28	6723	1	13
橡胶和塑料制品业	29	158703	6	373
非金属矿物制品业	30	246046	45	1642
黑色金属冶炼和压延加工业	31	41423	7	289
有色金属冶炼和压延加工业	32	28890	11	111
金属制品业	33	222245	30	740
通用设备制造业	34	246953	63	1252

时间分组的法人单位数

单位：个

1978-1991年	1992-1995年	1996年	1997年	1998年	1999年	2000年	代码
783965	**343330**	**108013**	**105925**	**173222**	**170735**	**255973**	--
7299	**3707**	**1330**	**1271**	**3649**	**2541**	**5762**	A
1220	885	345	354	993	770	1773	01
1490	506	156	134	400	267	704	02
726	662	297	333	991	725	1522	03
437	390	124	126	331	224	476	04
3426	1264	408	324	934	555	1287	05
2959	**2480**	**989**	**905**	**1617**	**1319**	**2335**	B
1154	848	352	321	458	374	562	06
14	18	7	11	14	19	23	07
232	243	101	76	180	165	322	08
357	306	118	123	178	180	284	09
1158	1000	388	361	736	549	1068	10
29	41	14	10	38	20	45	11
15	24	9	3	13	12	31	12
59778	**80124**	**26232**	**27937**	**45176**	**44613**	**67676**	C
2694	3381	1340	1382	2645	2397	3726	13
1391	1989	725	741	1281	1152	1690	14
1512	1518	614	691	1167	1107	1545	15
37	25	3	5	9	12	9	16
2356	3213	1087	1315	2087	2195	4065	17
1975	3583	1117	1182	1750	1982	3536	18
1103	2191	699	641	942	1016	1387	19
1102	1390	555	529	1004	982	1690	20
633	1152	469	533	772	756	1108	21
1564	2092	771	774	1170	1199	1640	22
4349	4299	1244	1421	2051	1691	2650	23
1777	2711	812	820	1369	1441	2153	24
213	298	88	97	172	157	226	25
3606	4877	1599	1724	2892	2746	4099	26
700	1092	344	342	571	492	720	27
123	197	74	71	96	124	241	28
3389	5014	1649	1747	2848	2971	4360	29
8431	8532	2905	2525	4738	4063	6192	30
1519	1825	519	586	953	913	1275	31
676	978	307	360	537	524	806	32
4300	5887	1868	2042	3311	3572	5043	33
5432	7093	2280	2548	4038	3952	5900	34

1-9 续表 1

行业大类	代码	法人单位数	1949年及以前	1950-1977年
专用设备制造业	35	166838	33	842
汽车制造业	36	62546	18	326
铁路、船舶、航空航天和其他运输设备制造业	37	30208	27	239
电气机械和器材制造业	38	159576	25	599
计算机、通信和其他电子设备制造业	39	86373	4	166
仪器仪表制造业	40	34225	9	234
其他制造业	41	32761	3	64
废弃资源综合利用业	42	11177	1	21
金属制品、机械和设备修理业	43	15719	2	119
电力、热力、燃气及水生产和供应业	**D**	**79679**	**139**	**3041**
电力、热力生产和供应业	44	51643	82	2180
燃气生产和供应业	45	7005	6	16
水的生产和供应业	46	21031	51	845
建筑业	**E**	**464975**	**98**	**4553**
房屋建筑业	47	93498	58	3259
土木工程建筑业	48	81674	21	932
建筑安装业	49	80559	11	227
建筑装饰和其他建筑业	50	209244	8	135
批发和零售业	**F**	**3513338**	**1156**	**16283**
批发业	51	2180624	378	7414
零售业	52	1332714	778	8869
交通运输、仓储和邮政业	**G**	**323044**	**291**	**4414**
铁路运输业	53	3291	31	101
道路运输业	54	171802	113	2316
水上运输业	55	12678	15	335
航空运输业	56	1759		9
管道运输业	57	366	1	2
装卸搬运和运输代理业	58	86788	23	360
仓储业	59	31017	73	1217
邮政业	60	15343	35	74
住宿和餐饮业	**H**	**235337**	**70**	**1302**
住宿业	61	82909	37	815
餐饮业	62	152428	33	487
信息传输、软件和信息技术服务业	**I**	**289162**	**52**	**617**
电信、广播电视和卫星传输服务	63	17750	38	559
互联网和相关服务	64	35086	8	14
软件和信息技术服务业	65	236326	6	44

单位：个

1978-1991年	1992-1995年	1996年	1997年	1998年	1999年	2000年	代码
3021	4057	1339	1504	2473	2355	3680	35
1220	1840	579	652	957	1000	1432	36
773	1097	323	354	534	579	804	37
2977	4774	1519	1710	2405	2735	3798	38
951	2192	600	738	1048	1069	1802	39
875	1420	435	494	673	742	1019	40
473	716	189	231	381	373	630	41
137	143	47	55	99	121	174	42
469	548	132	123	203	195	276	43
6927	**3451**	**1113**	**1154**	**1799**	**1623**	**2224**	D
4379	2179	759	775	1249	1143	1446	44
154	192	61	66	104	122	167	45
2394	1080	293	313	446	358	611	46
10911	**13704**	**3916**	**4251**	**6424**	**6131**	**7670**	E
5811	4688	1118	1181	1852	1520	1899	47
2316	2656	623	707	1179	1088	1387	48
1479	2447	789	930	1287	1351	1575	49
1305	3913	1386	1433	2106	2172	2809	50
33081	**43142**	**16883**	**19382**	**33532**	**35040**	**52332**	F
17881	25585	9975	11646	20450	21844	32067	51
15200	17557	6908	7736	13082	13196	20265	52
7917	**6858**	**2207**	**2444**	**4170**	**3600**	**5089**	G
180	98	40	25	41	44	62	53
4079	3475	1164	1356	2025	1943	2733	54
769	496	132	154	247	209	266	55
42	67	25	19	37	24	35	56
11	11		3	3	4	12	57
1138	1442	547	517	772	748	1155	58
1574	1186	271	307	606	458	613	59
124	83	28	63	439	170	213	60
5185	**4873**	**1828**	**1924**	**2921**	**2889**	**4221**	H
3619	2784	954	996	1433	1315	1752	61
1566	2089	874	928	1488	1574	2469	62
1793	**2286**	**871**	**1094**	**1767**	**2432**	**4257**	I
1168	674	169	204	371	540	697	63
80	133	86	72	144	210	505	64
545	1479	616	818	1252	1682	3055	65

1-9 续表 2

行业大类	代码	法人单位数	1949年及以前	1950-1977年
金融业	J	**91583**	**149**	**699**
货币金融服务	66	34856	116	671
资本市场服务	67	29396	4	5
保险业	68	15609	28	15
其他金融业	69	11722	1	8
房地产业	K	**419618**	**64**	**2436**
房地产业	70	419618	64	2436
租赁和商务服务业	L	**1161947**	**660**	**5084**
租赁业	71	71362	6	106
商务服务业	72	1090585	654	4978
科学研究和技术服务业	M	**544309**	**319**	**12100**
研究和试验发展	73	56891	68	1540
专业技术服务业	74	257642	162	7021
科技推广和应用服务业	75	229776	89	3539
水利、环境和公共设施管理业	N	**97522**	**251**	**6521**
水利管理业	76	26494	132	4822
生态保护和环境治理业	77	11150	18	469
公共设施管理业	78	59878	101	1230
居民服务、修理和其他服务业	O	**242251**	**47**	**1331**
居民服务业	79	95853	33	941
机动车、电子产品和日用产品修理业	80	88745	7	247
其他服务业	81	57653	7	143
教育	P	**444038**	**23987**	**82857**
教育	82	444038	23987	82857
卫生和社会工作	Q	**265537**	**2357**	**49694**
卫生	83	216700	2212	47575
社会工作	84	48837	145	2119
文化、体育和娱乐业	R	**263384**	**956**	**8021**
新闻和出版业	85	8967	119	427
广播、电视、电影和影视录音制作业	86	22117	86	1722
文化艺术业	87	80521	727	5507
体育	88	20144	17	281
娱乐业	89	131635	7	84
公共管理、社会保障和社会组织	S	**1596327**	**54786**	**214221**
中国共产党机关	90	36806	2555	8172
国家机构	91	463104	8930	51820
人民政协、民主党派	92	6858	253	1358
社会保障	93	16272	27	203
群众团体、社会团体和其他成员组织	94	369244	8223	16045
基层群众自治组织	95	704043	34798	136623

单位：个

1978-1991年	1992-1995年	1996年	1997年	1998年	1999年	2000年	代码
2386	**1444**	**991**	**726**	**681**	**542**	**742**	J
2002	882	561	361	373	271	277	66
87	327	101	98	120	142	226	67
212	162	302	242	156	78	149	68
85	73	27	25	32	51	90	69
7026	**15061**	**3612**	**4133**	**6585**	**6656**	**9511**	K
7026	15061	3612	4133	6585	6656	9511	70
24667	**20406**	**5621**	**6501**	**9350**	**12572**	**16747**	L
360	614	260	243	384	395	619	71
24307	19792	5361	6258	8966	12177	16128	72
22376	**11657**	**3471**	**3234**	**5145**	**4950**	**7828**	M
2294	937	260	268	448	412	738	73
11439	7125	2249	2051	3169	3252	4772	74
8643	3595	962	915	1528	1286	2318	75
10523	**3915**	**1174**	**1176**	**1708**	**1374**	**2192**	N
5728	1551	437	425	611	382	598	76
856	308	90	94	151	160	241	77
3939	2056	647	657	946	832	1353	78
4101	**4514**	**1540**	**1758**	**2734**	**2787**	**4210**	O
1726	1495	494	677	1111	1080	1759	79
1832	2417	872	864	1262	1326	1812	80
543	602	174	217	361	381	639	81
56900	**18451**	**5930**	**5596**	**7992**	**6720**	**10782**	P
56900	18451	5930	5596	7992	6720	10782	82
38376	**12903**	**3876**	**2865**	**4962**	**3787**	**6458**	Q
31417	10839	3288	2382	4119	3051	5383	83
6959	2064	588	483	843	736	1075	84
14686	**4908**	**1448**	**1396**	**2153**	**1985**	**4553**	R
1676	796	159	118	162	180	271	85
2592	901	221	176	281	194	316	86
9198	2082	629	596	781	612	1123	87
669	449	137	157	196	191	348	88
551	680	302	349	733	808	2495	89
467074	**89446**	**24981**	**18178**	**30857**	**29174**	**41384**	S
11572	2140	685	554	571	361	658	90
109374	33641	9572	8391	10713	7251	11687	91
2798	330	148	106	130	72	166	92
1949	1082	297	213	256	253	678	93
54305	19092	6043	4440	7855	6266	9841	94
287076	33161	8236	4474	11332	14971	18354	95

1-9 续表 3

行业大类	代码	2001年	2002年	2003年	2004年	2005年	2006年
总计	--	**307603**	**343850**	**407078**	**418534**	**478806**	**548722**
农、林、牧、渔业	A	**5828**	**5533**	**7523**	**6935**	**11300**	**13740**
农业	01	1777	1666	2326	2095	3288	4356
林业	02	578	649	796	674	1084	1486
畜牧业	03	1705	1550	2237	2110	3551	4290
渔业	04	439	439	554	548	872	900
农、林、牧、渔服务业	05	1329	1229	1610	1508	2505	2708
采矿业	B	**2788**	**2956**	**4629**	**5722**	**6729**	**7308**
煤炭开采和洗选业	06	671	690	1214	1431	1563	1239
石油和天然气开采业	07	12	21	18	17	32	28
黑色金属矿采选业	08	415	438	838	1379	1474	1349
有色金属矿采选业	09	317	371	497	622	821	1108
非金属矿采选业	10	1259	1334	1936	2135	2657	3303
开采辅助活动	11	74	66	91	97	115	192
其他采矿业	12	40	36	35	41	67	89
制造业	C	**83079**	**95763**	**117653**	**115746**	**124674**	**148836**
农副食品加工业	13	4271	4531	5572	5480	6375	6803
食品制造业	14	1952	1880	2279	2242	2508	2881
酒、饮料和精制茶制造业	15	1558	1728	1877	1860	2126	2377
烟草制品业	16	15	6	20	14	13	25
纺织业	17	4404	6184	7379	6269	6492	7626
纺织服装、服饰业	18	4109	4758	5781	5737	6280	7485
皮革、毛皮、羽毛及其制品和制鞋业	19	1743	1967	2332	2322	2684	3196
木材加工和木、竹、藤、棕、草制品业	20	2043	2265	2966	3121	3784	4918
家具制造业	21	1326	1457	1874	2087	2269	2891
造纸和纸制品业	22	2083	2452	2995	2850	2978	3574
印刷和记录媒介复制业	23	3329	3765	4741	4250	3945	4597
文教、工美、体育和娱乐用品制造业	24	2635	3086	3734	3721	3975	4928
石油加工及炼焦	25	293	331	450	461	393	446
化学原料和化学制品制造业	26	4938	5340	6438	6173	6680	7678
医药制造业	27	922	999	1182	1130	1132	1144
化学纤维制造业	28	258	351	427	397	347	520
橡胶和塑料制品业	29	5656	6690	7677	7423	8141	10005
非金属矿物制品业	30	7247	7877	10588	9836	11104	14359
黑色金属冶炼和压延加工业	31	1609	1995	3000	2925	2817	2785
有色金属冶炼和压延加工业	32	1104	1188	1384	1480	1648	2056
金属制品业	33	6506	7789	9312	9386	10216	12217
通用设备制造业	34	7537	8953	10987	11399	11943	14128

单位：个

2007年	2008年	2009年	2010年	2011年	2012年	2013年	2014年	无开业年份	代码
552547	**641990**	**845219**	**1073755**	**1243052**	**1381035**	**1556040**	**1387104**	**55302**	--
22757	**45300**	**79395**	**89611**	**110213**	**159514**	**198291**	**157843**	**4492**	A
7808	15212	26811	34680	45424	64698	86597	88042	2398	01
1595	2452	5815	5639	7534	11144	11986	10887	468	02
7672	15559	23759	24476	29030	43710	49225	33031	811	03
1411	2547	4273	4937	8219	11109	12830	9231	349	04
4271	9530	18737	19879	20006	28853	37653	16652	466	05
6590	**7470**	**7959**	**8122**	**8210**	**8309**	**6660**	**4095**	**556**	B
1075	1307	1400	1295	1266	1177	956	541	118	06
27	36	41	40	44	56	46	55	5	07
1309	1488	1162	1271	1255	1037	772	424	84	08
1009	820	746	683	778	774	523	286	121	09
2909	3429	4150	4308	4342	4684	3778	2146	195	10
159	260	267	279	293	332	353	329	10	11
102	130	193	246	232	249	232	314	23	12
138268	**138866**	**168870**	**212615**	**228006**	**226309**	**245677**	**196516**	**11350**	C
6435	7255	7775	8150	9073	10641	11225	6630	349	13
2834	3034	3118	3456	4760	5658	5292	4051	215	14
2296	2464	2581	2814	3137	4177	4196	2401	349	15
8	13	12	28	64	52	34	22		16
6440	5633	7101	9703	9979	8922	12313	9701	332	17
6927	6514	8741	13406	14250	13789	18249	13810	641	18
2983	2884	3889	5916	6488	6264	9715	8667	571	19
4792	4846	5817	7343	7470	8308	9283	6506	224	20
2686	2807	3543	4948	5308	6241	6784	5878	291	21
3429	3176	4276	4972	4826	4922	5463	4328	200	22
3663	3448	4225	4869	4737	4374	4015	2536	89	23
4448	4218	5410	7069	7808	8622	10060	7090	338	24
444	457	529	524	516	570	484	338	70	25
6293	6243	7122	7376	7503	7584	6733	4950	568	26
908	945	1242	1376	1541	1618	1582	1060	136	27
407	284	363	591	610	402	447	349	30	28
9333	8663	10429	12607	12902	12561	13345	10386	528	29
12692	14677	17125	19827	22273	22298	22031	14094	945	30
2555	2555	2568	2715	2582	2162	1978	1168	123	31
1907	1768	1805	2080	2323	2209	2079	1424	125	32
11568	11697	14559	18868	20329	20201	22643	19243	918	33
13900	13870	15943	21092	23047	19863	20849	19836	1048	34

1-9 续表 4

行业大类	代码	2001年	2002年	2003年	2004年	2005年	2006年
专用设备制造业	35	4764	5527	6965	7222	7759	9374
汽车制造业	36	1862	2392	3018	2967	3012	3507
铁路、船舶、航空航天和其他运输设备制造业	37	924	1104	1241	1319	1408	1739
电气机械和器材制造业	38	4860	5555	6670	6483	6844	8537
计算机、通信和其他电子设备制造业	39	2488	2813	3239	3600	3823	4493
仪器仪表制造业	40	1255	1314	1617	1546	1541	1812
其他制造业	41	798	821	1037	1004	1231	1397
废弃资源综合利用业	42	232	277	401	513	610	609
金属制品、机械和设备修理业	43	358	368	470	529	596	729
电力、热力、燃气及水生产和供应业	D	**2599**	**3210**	**4425**	**4331**	**4347**	**4578**
电力、热力生产和供应业	44	1801	2255	3312	3257	3197	3274
燃气生产和供应业	45	206	233	300	274	282	324
水的生产和供应业	46	592	722	813	800	868	980
建筑业	E	**10766**	**11914**	**13449**	**14927**	**16534**	**18328**
房屋建筑业	47	3211	3146	2601	2829	3296	3736
土木工程建筑业	48	1876	2063	2607	2697	2951	3088
建筑安装业	49	2189	2274	2685	2996	3234	3532
建筑装饰和其他建筑业	50	3490	4431	5556	6405	7053	7972
批发和零售业	F	**64158**	**74195**	**94480**	**98077**	**112480**	**137488**
批发业	51	40537	46933	60712	63581	71980	87621
零售业	52	23621	27262	33768	34496	40500	49867
交通运输、仓储和邮政业	G	**6679**	**7538**	**9369**	**11960**	**14336**	**15285**
铁路运输业	53	73	69	71	97	145	122
道路运输业	54	3843	4285	4966	6195	6679	7698
水上运输业	55	357	467	560	695	738	693
航空运输业	56	59	61	67	81	71	99
管道运输业	57	6	6	11	13	10	14
装卸搬运和运输代理业	58	1461	1702	2395	3510	4969	4826
仓储业	59	701	770	1073	1022	1295	1400
邮政业	60	179	178	226	347	429	433
住宿和餐饮业	H	**4568**	**5125**	**6459**	**7152**	**9017**	**10709**
住宿业	61	1824	2037	2613	2902	3536	4443
餐饮业	62	2744	3088	3846	4250	5481	6266
信息传输、软件和信息技术服务业	I	**5236**	**5708**	**7817**	**9174**	**10256**	**11866**
电信、广播电视和卫星传输服务	63	949	772	848	883	877	853
互联网和相关服务	64	588	673	1147	1289	1350	1713
软件和信息技术服务业	65	3699	4263	5822	7002	8029	9300

单位：个

2007年	2008年	2009年	2010年	2011年	2012年	2013年	2014年	无开业年份	代码
8645	8840	11647	15163	15889	15454	15504	14024	757	35
3350	3137	3947	5403	5509	5059	5719	5307	333	36
1769	1737	2118	2555	2450	2291	2457	2205	161	37
8410	8455	10943	14038	15344	14514	14955	12613	813	38
4615	4605	6071	8347	8882	8840	9305	6034	648	39
1694	1617	2092	2515	2916	2990	3047	2241	127	40
1377	1351	1926	2512	2645	2990	3158	7134	320	41
716	768	827	1015	1215	1128	1065	937	66	42
744	905	1126	1337	1630	1605	1667	1553	35	43
3710	**3944**	**4443**	**4574**	**4452**	**4760**	**4331**	**4006**	**498**	D
2459	2386	2596	2635	2553	2638	2304	2451	333	44
306	393	505	565	579	746	716	624	64	45
945	1165	1342	1374	1320	1376	1311	931	101	46
17967	**20004**	**29001**	**37627**	**43967**	**46649**	**49739**	**74584**	**1861**	E
3345	3523	5346	6617	7104	8021	8189	10859	289	47
3068	3519	5212	6637	7714	8442	8598	11970	323	48
3410	3812	5236	6522	7365	7537	7353	12016	302	49
8144	9150	13207	17851	21784	22649	25599	39739	947	50
142031	**170535**	**247770**	**324978**	**392847**	**424603**	**490983**	**478978**	**8904**	F
92118	109591	159332	210126	247605	261126	283776	292582	5764	51
49913	60944	88438	114852	145242	163477	207207	186396	3140	52
15138	**17394**	**22884**	**29247**	**30524**	**31644**	**36563**	**36586**	**907**	G
111	169	204	284	304	277	329	407	7	53
7655	9167	12434	15197	16316	17117	19618	21007	421	54
760	669	819	867	825	750	794	1012	49	55
80	73	89	131	139	166	223	156	6	56
20	19	27	43	29	39	39	41	2	57
4565	5022	5946	7461	8505	9140	10566	9808	210	58
1404	1488	1967	2569	2612	2559	2922	2747	183	59
543	787	1398	2695	1794	1596	2072	1408	29	60
11248	**13281**	**14502**	**19064**	**22408**	**28187**	**35179**	**22687**	**538**	H
4630	5296	5048	6566	7255	8454	9253	5076	271	61
6618	7985	9454	12498	15153	19733	25926	17611	267	62
12106	**13817**	**18522**	**23386**	**29686**	**34643**	**43494**	**47616**	**666**	I
668	986	1005	1077	1102	1236	1133	916	25	63
1769	1835	2288	2952	3494	4075	4699	5855	107	64
9669	10996	15229	19357	25090	29332	37662	40845	534	65

1-9 续表 5

行业大类	代码	2001年	2002年	2003年	2004年	2005年	2006年
金融业	J	**944**	**1524**	**2051**	**1910**	**2672**	**3003**
货币金融服务	66	265	448	527	456	958	1046
资本市场服务	67	296	284	386	394	440	577
保险业	68	277	694	997	898	1111	1127
其他金融业	69	106	98	141	162	163	253
房地产业	K	**11797**	**13312**	**16381**	**16299**	**18039**	**21223**
房地产业	70	11797	13312	16381	16299	18039	21223
租赁和商务服务业	L	**18829**	**20443**	**26203**	**31656**	**37501**	**41680**
租赁业	71	892	895	1173	1414	1776	2154
商务服务业	72	17937	19548	25030	30242	35725	39526
科学研究和技术服务业	M	**10044**	**11510**	**13632**	**14587**	**17299**	**19775**
研究和试验发展	73	892	955	1157	1299	1448	1838
专业技术服务业	74	5891	6882	8387	9113	10261	11507
科技推广和应用服务业	75	3261	3673	4088	4175	5590	6430
水利、环境和公共设施管理业	N	**2442**	**2825**	**3214**	**2985**	**3375**	**3465**
水利管理业	76	632	715	652	608	703	716
生态保护和环境治理业	77	265	338	405	374	439	478
公共设施管理业	78	1545	1772	2157	2003	2233	2271
居民服务、修理和其他服务业	O	**4875**	**5487**	**7388**	**7872**	**8911**	**10180**
居民服务业	79	1948	2244	3024	3216	3598	3859
机动车、电子产品和日用产品修理业	80	2122	2271	3148	3249	3594	4355
其他服务业	81	805	972	1216	1407	1719	1966
教育	P	**10638**	**11249**	**12708**	**12446**	**14501**	**14495**
教育	82	10638	11249	12708	12446	14501	14495
卫生和社会工作	Q	**6842**	**6271**	**7341**	**7112**	**9128**	**9312**
卫生	83	5746	5111	5848	5724	7466	7464
社会工作	84	1096	1160	1493	1388	1662	1848
文化、体育和娱乐业	R	**5586**	**7238**	**10330**	**9850**	**12561**	**15763**
新闻和出版业	85	252	243	324	377	359	312
广播、电视、电影和影视录音制作业	86	427	547	474	592	734	767
文化艺术业	87	1350	1306	1645	1503	2542	2487
体育	88	407	484	688	632	885	966
娱乐业	89	3150	4658	7199	6746	8041	11231
公共管理、社会保障和社会组织	S	**49905**	**52049**	**42026**	**39793**	**45146**	**41688**
中国共产党机关	90	1004	1486	619	428	455	347
国家机构	91	17105	21202	14634	12944	17261	13194
人民政协、民主党派	92	143	163	111	80	81	75
社会保障	93	754	879	1442	740	881	963
群众团体、社会团体和其他成员组织	94	8991	9716	10639	10641	13711	16397
基层群众自治组织	95	21908	18603	14581	14960	12757	10712

单位：个

2007年	2008年	2009年	2010年	2011年	2012年	2013年	2014年	无开业年份	代码
3927	**5047**	**6072**	**7916**	**10433**	**11568**	**13680**	**12181**	**295**	J
1579	1851	2837	3577	4275	4476	4425	2583	39	66
793	1023	1472	2389	3632	4457	6272	5693	178	67
1239	1759	1014	901	1099	1249	1094	790	16	68
316	414	749	1049	1427	1386	1889	3115	62	69
24100	**20884**	**29280**	**40268**	**40496**	**35367**	**41115**	**34342**	**1631**	K
24100	20884	29280	40268	40496	35367	41115	34342	1631	70
44468	**58476**	**75430**	**99307**	**124544**	**145126**	**160265**	**172358**	**4053**	L
2249	3048	4780	6682	8462	9980	11524	13042	304	71
42219	55428	70650	92625	116082	135146	148741	159316	3749	72
20729	**26775**	**36966**	**45988**	**54654**	**64120**	**73092**	**62736**	**1322**	M
1832	2216	3276	4524	5882	6634	7291	10470	212	73
11443	12309	15708	19830	23859	26276	28858	25582	496	74
7454	12250	17982	21634	24913	31210	36943	26684	614	75
3473	**4342**	**5330**	**6030**	**7066**	**8323**	**8367**	**6794**	**657**	N
620	923	848	886	1060	1470	1208	748	19	76
469	583	714	778	906	1024	1000	941	49	77
2384	2836	3768	4366	5100	5829	6159	5105	589	78
9980	**12152**	**15759**	**19560**	**23497**	**27356**	**33009**	**32650**	**553**	O
3782	4786	5743	7340	9221	11427	14546	11608	195	79
4004	4640	5807	7302	8598	9539	11626	7698	153	80
2194	2726	4209	4918	5678	6390	6837	13344	205	81
12324	**15234**	**16537**	**21253**	**22270**	**25157**	**25310**	**10453**	**248**	P
12324	15234	16537	21253	22270	25157	25310	10453	248	82
8731	**11025**	**11173**	**14563**	**13584**	**15227**	**14980**	**4818**	**152**	Q
6592	8515	8683	11511	10061	10955	10049	2640	69	83
2139	2510	2490	3052	3523	4272	4931	2178	83	84
15357	**16038**	**18616**	**21278**	**22159**	**26511**	**25024**	**16558**	**409**	R
266	374	411	467	473	542	447	208	4	85
707	886	1103	1613	1881	2128	2018	1721	30	86
2496	3220	4228	5625	6772	9097	9479	7347	169	87
978	1211	1435	1579	1852	2166	2470	1888	58	88
10910	10347	11439	11994	11181	12578	10610	5394	148	89
39643	**41406**	**36710**	**48368**	**54036**	**57662**	**50281**	**11303**	**16210**	S
357	342	323	676	498	490	342	33	2138	90
12253	12430	11365	17808	16609	18012	12887	2027	11994	91
57	63	47	86	91	141	87	3	269	92
913	806	514	729	862	1044	588	195	4	93
15939	17239	18101	21865	25293	30629	29376	8422	175	94
10124	10526	6360	7204	10683	7346	7001	623	1630	95

1-10 按地区分组的法人单位数

单位：个

地区	法人单位数(2014年)	#多产业法人单位	法人单位数(2013年)	#多产业法人单位
全国	**13701440**	**509451**	**10825611**	**398885**
北京	660703	22502	627051	22264
天津	264151	4898	211404	1207
河北	530948	14450	434833	12746
山西	304890	23729	205135	22280
内蒙古	208636	8300	157864	7021
辽宁	500312	12074	415421	10238
吉林	172127	4492	130301	3185
黑龙江	209042	8619	173343	7303
上海	434106	24990	409125	11628
江苏	1344793	29329	1047033	14020
浙江	1235667	33312	962213	30178
安徽	467775	18968	350360	16809
福建	566075	26737	373792	20490
江西	326563	9890	241367	7307
山东	1042834	29594	823846	26365
河南	623772	13985	510502	9614
湖北	567795	26327	424368	22709
湖南	424939	19631	403026	18119
广东	1295271	50768	1070306	31389
广西	334563	18240	236831	15155
海南	63619	3114	45679	2388
重庆	378003	13742	254834	10608
四川	462084	21144	373424	16888
贵州	209860	10526	146514	8776
云南	279007	16296	190607	13762
西藏	26143	1723	21162	1124
陕西	310150	15793	243170	13935
甘肃	173848	10782	130203	8695
青海	52074	3692	34202	3109
宁夏	54607	2071	43029	1839
新疆	177083	9733	134666	7734

1-11 农、林、牧、渔业按地区分组的法人单位数

单位：个

地 区	法人单位数 (2014年)	#多产业法人单位	法人单位数 (2013年)	#多产业法人单位
全 国	**951045**	**4344**	**161824**	**2604**
北 京	9474	113	561	65
天 津	5739	14	481	2
河 北	44777	96	9590	59
山 西	66666	111	5022	49
内蒙古	31322	162	7416	105
辽 宁	27981	83	9607	54
吉 林	20467	72	7610	49
黑龙江	28504	231	10946	208
上 海	6689	66	368	16
江 苏	37928	130	12971	54
浙 江	62483	296	4118	168
安 徽	51112	203	11993	149
福 建	33397	192	2468	93
江 西	31064	117	4108	47
山 东	48678	86	12933	51
河 南	45427	60	10713	19
湖 北	44612	212	7819	146
湖 南	22396	114	7023	77
广 东	32259	284	8613	134
广 西	49601	344	3420	193
海 南	9897	129	784	77
重 庆	59258	234	2982	137
四 川	32780	151	4505	83
贵 州	32131	63	1084	22
云 南	36078	256	4541	148
西 藏	615	4	44	1
陕 西	21203	45	1958	26
甘 肃	25308	104	1872	71
青 海	9446	38	465	28
宁 夏	7846	35	1117	25
新 疆	15907	299	4692	248

1-12 采矿业按地区分组的法人单位数

单位：个

地区	法人单位数(2014年)	#多产业法人单位	法人单位数(2013年)	#多产业法人单位
全国	**101673**	**2142**	**89112**	**1799**
北京	126	9	127	11
天津	136	9	93	4
河北	7081	164	6588	150
山西	5938	152	5567	139
内蒙古	5097	108	4657	93
辽宁	6039	70	5444	66
吉林	1452	22	1182	19
黑龙江	1965	46	1866	37
上海	1	1	2	1
江苏	743	20	643	14
浙江	1387	26	1279	23
安徽	2595	68	2405	61
福建	3101	46	2157	35
江西	4114	48	3635	32
山东	3759	79	3733	68
河南	6353	58	5741	46
湖北	4757	130	3749	113
湖南	7154	56	7122	43
广东	3731	98	2794	66
广西	3386	97	2988	89
海南	341	13	240	5
重庆	2557	182	2206	163
四川	5445	203	4660	176
贵州	6917	51	5575	33
云南	6492	193	5739	156
西藏	230	8	160	6
陕西	4027	40	3314	28
甘肃	2162	23	1779	19
青海	967	31	715	29
宁夏	738	8	676	6
新疆	2882	83	2276	68

1-13 制造业按地区分组的法人单位数

单位：个

地 区	法人单位数(2014年)	#多产业法人单位	法人单位数(2013年)	#多产业法人单位
全 国	**2616671**	**43353**	**2252225**	**31138**
北 京	34084	1765	33023	1766
天 津	50541	843	44653	121
河 北	110020	1056	93568	1021
山 西	23769	657	21612	552
内蒙古	17424	432	15438	356
辽 宁	91540	1051	82972	1018
吉 林	24865	242	19348	137
黑龙江	27546	344	24466	234
上 海	81777	3068	79599	1181
江 苏	405636	4846	346771	2317
浙 江	417132	7642	365388	7197
安 徽	81904	1063	71494	987
福 建	119932	1598	86140	956
江 西	53806	411	44179	254
山 东	208334	2814	183231	2585
河 南	116185	532	100313	315
湖 北	76294	1428	60233	1136
湖 南	61075	687	59905	561
广 东	351166	7043	300938	4050
广 西	28087	971	24216	826
海 南	3148	99	2661	73
重 庆	50578	1162	42594	881
四 川	57888	1151	48284	757
贵 州	26912	276	21692	166
云 南	20034	790	17148	663
西 藏	1148	45	981	27
陕 西	35125	409	28282	270
甘 肃	15466	310	12677	197
青 海	4135	125	2997	96
宁 夏	5477	116	5040	105
新 疆	15643	377	12382	333

1-14 电力、热力、燃气及水生产和供应业按地区分组的法人单位数

单位：个

地区	法人单位数(2014年)	#多产业法人单位	法人单位数(2013年)	#多产业法人单位
全国	**79679**	**4600**	**70409**	**3896**
北京	640	39	638	42
天津	589	26	528	10
河北	2140	112	1839	109
山西	1552	113	1211	95
内蒙古	1905	156	1587	140
辽宁	2169	114	1895	85
吉林	1441	86	1149	76
黑龙江	1510	135	1367	127
上海	185	16	165	8
江苏	2953	133	2471	63
浙江	4633	225	4338	221
安徽	2674	202	2426	173
福建	6860	207	6096	168
江西	4042	172	3758	158
山东	2947	183	2399	162
河南	2402	138	2181	121
湖北	3553	267	2969	218
湖南	5506	191	5339	173
广东	9906	362	8431	252
广西	2750	280	2587	252
海南	390	44	345	33
重庆	2161	181	1929	161
四川	6248	408	5701	353
贵州	1877	150	1606	138
云南	2561	235	2291	214
西藏	150	21	119	13
陕西	2056	96	1831	72
甘肃	1567	129	1374	108
青海	528	31	443	24
宁夏	359	30	282	26
新疆	1425	118	1114	101

1-15 建筑业按地区分组的法人单位数

单位：个

地区	法人单位数(2014年)	#多产业法人单位	法人单位数(2013年)	#多产业法人单位
全国	**464975**	**20661**	**347519**	**14470**
北京	19019	1086	18426	1032
天津	12415	276	9241	62
河北	17486	589	14024	530
山西	8751	494	6192	440
内蒙古	5599	221	4238	187
辽宁	24239	745	19727	740
吉林	6485	137	4941	64
黑龙江	6831	257	6148	163
上海	16250	1070	16163	395
江苏	62563	2298	43284	977
浙江	32730	2251	23416	2070
安徽	22319	906	16073	814
福建	17719	1275	10122	919
江西	10902	397	7110	122
山东	44962	999	29959	903
河南	15510	441	12844	293
湖北	23631	871	16439	626
湖南	8831	478	8232	375
广东	31623	1989	23939	1197
广西	7515	630	4730	476
海南	3969	101	3174	79
重庆	10247	558	7119	357
四川	12056	870	9808	433
贵州	4969	183	3617	107
云南	11047	415	7760	274
西藏	2193	15	2067	13
陕西	14488	316	10479	165
甘肃	3552	186	2837	125
青海	1727	116	1207	95
宁夏	1440	97	1269	98
新疆	3907	394	2934	339

1-16 批发和零售业按地区分组的法人单位数

单位：个

地 区	法人单位数(2014年)	#多产业法人单位	法人单位数(2013年)	#多产业法人单位
全 国	**3513338**	**96581**	**2810531**	**71533**
北 京	197293	7426	190705	7545
天 津	80350	987	66138	221
河 北	131451	2973	111227	2683
山 西	62599	2626	45404	2349
内蒙古	48765	1189	39002	989
辽 宁	137479	2333	115758	2052
吉 林	36877	632	28095	480
黑龙江	45135	1178	39955	981
上 海	148697	10003	145683	5292
江 苏	392798	7848	299067	3770
浙 江	335289	8480	253594	7879
安 徽	107659	2881	82267	2495
福 建	155845	4451	97491	3116
江 西	63083	1066	44458	714
山 东	310631	4401	236206	3789
河 南	118451	2221	99916	1594
湖 北	151599	2851	119635	2305
湖 南	90441	1227	91397	1138
广 东	354617	11387	291131	6698
广 西	84623	4166	64262	3194
海 南	12427	633	10880	480
重 庆	104519	2980	80603	2247
四 川	71240	3354	56653	2582
贵 州	36267	1177	28382	791
云 南	66547	2675	41751	2159
西 藏	2253	104	1913	75
陕 西	70968	1509	55337	1090
甘 肃	31611	1114	25811	730
青 海	8169	426	5312	297
宁 夏	12454	391	10963	352
新 疆	43201	1892	31535	1446

1-17 交通运输、仓储和邮政业按地区分组的法人单位数

单位：个

地 区	法人单位数(2014年)	#多产业法人单位	法人单位数(2013年)	#多产业法人单位
全 国	**323044**	**15304**	**262048**	**10771**
北 京	14437	695	14150	656
天 津	13246	223	10440	65
河 北	11511	329	9582	287
山 西	6731	348	5205	272
内蒙古	5622	293	4492	237
辽 宁	14438	453	12109	370
吉 林	4290	154	3146	94
黑龙江	4912	228	4305	189
上 海	15560	1456	15013	650
江 苏	34062	941	25948	464
浙 江	20161	1180	16851	1063
安 徽	12573	572	10242	495
福 建	13425	633	8976	442
江 西	10462	351	8097	228
山 东	27638	580	21632	453
河 南	11185	265	9392	196
湖 北	14207	670	10062	497
湖 南	6605	245	6398	219
广 东	32194	2277	26662	1312
广 西	6647	566	5092	429
海 南	1355	107	1127	76
重 庆	6615	515	5035	373
四 川	9609	568	7846	419
贵 州	3300	179	2648	124
云 南	5210	429	4006	344
西 藏	337	44	254	35
陕 西	6290	238	4885	168
甘 肃	2989	210	2514	151
青 海	879	91	710	81
宁 夏	1115	59	979	56
新 疆	5439	405	4250	326

1-18 住宿和餐饮业按地区分组的法人单位数

单位：个

地 区	法人单位数(2014年)	#多产业法人单位	法人单位数(2013年)	#多产业法人单位
全 国	**235337**	**10890**	**199592**	**8191**
北 京	16649	1324	16323	1373
天 津	3781	168	2981	43
河 北	5101	283	4458	244
山 西	3885	208	3411	187
内蒙古	3137	149	2773	123
辽 宁	7500	239	6474	217
吉 林	2019	46	1594	31
黑龙江	2499	85	2693	64
上 海	12958	1216	12514	629
江 苏	14353	691	11328	326
浙 江	17271	1182	13887	1036
安 徽	7192	366	5874	331
福 建	9158	393	6430	276
江 西	4085	77	3291	49
山 东	14296	395	12168	375
河 南	12223	201	11136	149
湖 北	12083	353	10214	295
湖 南	9435	152	9228	131
广 东	22232	1372	18606	817
广 西	4103	257	3472	198
海 南	1655	108	1362	84
重 庆	16608	378	12436	247
四 川	9310	378	7794	304
贵 州	5043	49	4060	33
云 南	4915	255	3572	219
西 藏	537	16	461	15
陕 西	7128	225	5933	158
甘 肃	2936	148	2483	96
青 海	948	47	734	36
宁 夏	765	31	702	29
新 疆	1532	98	1200	76

1-19 信息传输、软件和信息技术服务业按地区分组的法人单位数

单位：个

地区	法人单位数(2014年)	#多产业法人单位	法人单位数(2013年)	#多产业法人单位
全国	**289162**	**7740**	**226107**	**5481**
北京	46848	1025	47608	1056
天津	9386	89	7844	26
河北	5233	138	4211	125
山西	2955	121	1744	104
内蒙古	2427	92	1869	86
辽宁	11279	192	8724	168
吉林	2933	86	2399	58
黑龙江	3350	108	2703	89
上海	14876	955	14045	384
江苏	30926	536	21460	219
浙江	25388	545	16505	464
安徽	8843	196	6130	175
福建	11738	231	6636	138
江西	4287	97	2506	62
山东	16620	238	10079	188
河南	6306	127	4809	113
湖北	10810	203	7728	162
湖南	5984	167	5672	130
广东	32964	1285	27126	794
广西	3851	152	2546	111
海南	976	29	855	28
重庆	8239	225	5775	154
四川	6047	240	5120	157
贵州	1907	64	1410	47
云南	5318	178	3433	127
西藏	172	34	144	31
陕西	5163	118	3694	57
甘肃	1210	80	1047	63
青海	532	43	373	37
宁夏	521	28	422	22
新疆	2073	118	1490	106

1-20 金融业按地区分组的法人单位数

单位：个

地区	法人单位数(2014年)	#多产业法人单位	法人单位数*(2012年)	#多产业法人单位
全国	**91583**	**15329**	**67554**	**12343**
北京	4834	376	1794	271
天津	3344	261	1876	267
河北	4580	651	2597	498
山西	2133	459	1785	371
内蒙古	2264	476	1816	368
辽宁	3571	622	3615	547
吉林	1430	352	1007	262
黑龙江	2038	446	1624	369
上海	2029	359	1479	270
江苏	5840	893	5700	660
浙江	5498	880	3065	743
安徽	3717	606	3069	462
福建	3535	457	3535	409
江西	3076	441	2300	354
山东	5514	1011	6168	719
河南	3226	721	2033	521
湖北	3192	574	3238	455
湖南	2304	525	1989	413
广东	7226	1147	4759	984
广西	2321	447	1643	410
海南	502	87	347	70
重庆	3242	455	1525	370
四川	3195	750	2585	645
贵州	1761	297	1062	247
云南	3022	562	2607	491
西藏	107	38	117	64
陕西	2453	439	1764	346
甘肃	1755	379	928	292
青海	376	100	263	90
宁夏	1475	114	399	72
新疆	2023	404	865	303

注:2013年金融业没有相应分组只有用2012年数据替代。

1-21 房地产业按地区分组的法人单位数

单位：个

地区	法人单位数(2014年)	#多产业法人单位	法人单位数(2013年)	#多产业法人单位
全国	**419618**	**23217**	**343924**	**17032**
北京	18244	1627	17806	1647
天津	7256	249	5842	39
河北	15593	754	13782	677
山西	8035	479	6747	386
内蒙古	6885	310	6041	262
辽宁	18170	517	15314	437
吉林	5400	109	4384	84
黑龙江	6753	186	6024	139
上海	16068	1364	15129	641
江苏	36490	1809	29144	864
浙江	28067	1673	23807	1602
安徽	15438	994	12522	912
福建	14794	942	10048	626
江西	9457	386	7337	224
山东	28633	974	21817	875
河南	17160	316	14387	254
湖北	19929	996	15705	804
湖南	12376	260	11361	219
广东	51159	3792	41719	2324
广西	11513	1080	8447	742
海南	5526	239	4165	136
重庆	10814	1103	8709	825
四川	13620	864	10927	670
贵州	7367	234	5550	144
云南	9591	675	7488	522
西藏	214	10	158	10
陕西	11233	272	8226	182
甘肃	4439	197	3845	119
青海	1477	106	1139	75
宁夏	1529	116	1371	111
新疆	6388	584	4983	480

1-22 租赁和商务服务业按地区分组的法人单位数

单位：个

地 区	法人单位数（2014年）	#多产业法人单位	法人单位数（2013年）	#多产业法人单位
全 国	**1161947**	**26299**	**916953**	**17818**
北 京	140269	2477	134953	2462
天 津	29363	351	23441	61
河 北	29344	624	24379	557
山 西	16412	538	12053	446
内蒙古	13677	284	10390	226
辽 宁	41114	708	32694	544
吉 林	10231	197	8223	132
黑龙江	11440	182	9757	124
上 海	55448	2803	51181	1299
江 苏	109728	2368	77822	1008
浙 江	98892	2332	73675	2028
安 徽	39947	831	28508	645
福 建	48347	993	29040	593
江 西	24079	306	15567	162
山 东	74033	1013	49917	849
河 南	29737	308	22923	215
湖 北	44965	742	30386	543
湖 南	24417	462	24175	426
广 东	152560	4368	131863	2480
广 西	25498	1042	18610	706
海 南	5819	175	4543	135
重 庆	29351	586	20506	349
四 川	30079	704	25165	482
贵 州	12131	228	9129	129
云 南	21345	586	14332	444
西 藏	1158	12	1004	12
陕 西	17573	274	13100	173
甘 肃	7123	196	6033	111
青 海	2920	118	2094	84
宁 夏	2994	84	2643	76
新 疆	11953	407	8847	317

1-23 科学研究和技术服务业按地区分组的法人单位数

单位：个

地 区	法人单位数(2014年)	#多产业法人单位	法人单位数(2013年)	#多产业法人单位
全 国	**544309**	**13808**	**455778**	**9929**
北 京	75727	1326	71148	1349
天 津	18593	174	14491	33
河 北	15365	297	13650	284
山 西	7966	304	6911	257
内蒙古	6379	137	5512	119
辽 宁	20888	329	17888	261
吉 林	5601	93	4556	53
黑龙江	6729	133	5916	83
上 海	19994	905	17386	390
江 苏	52997	1129	40130	503
浙 江	35096	1182	25323	1058
安 徽	15405	494	12606	439
福 建	17502	644	12126	445
江 西	8546	183	6936	94
山 东	48629	478	40568	427
河 南	27150	201	24110	131
湖 北	24724	620	20212	461
湖 南	13860	332	13489	269
广 东	42616	1799	35982	1085
广 西	12613	707	10361	545
海 南	1835	78	1525	63
重 庆	8777	287	6947	199
四 川	17782	419	15817	245
贵 州	4756	167	3919	117
云 南	9847	487	7507	388
西 藏	540	24	445	13
陕 西	11219	222	9181	122
甘 肃	4144	175	3713	113
青 海	1581	97	1266	72
宁 夏	1325	53	1209	41
新 疆	6123	332	4948	270

1-24 水利、环境和公共设施管理业按地区分组的法人单位数

单位：个

地区	法人单位数(2014年)	#多产业法人单位	法人单位数(2013年)	#多产业法人单位
全国	**97522**	**3272**	**84803**	**2597**
北京	3989	115	3964	104
天津	1703	42	1416	9
河北	3707	88	3243	75
山西	2705	90	2583	80
内蒙古	2362	79	2129	67
辽宁	4186	82	3745	68
吉林	1606	22	1335	21
黑龙江	1820	61	1708	47
上海	2061	73	2035	34
江苏	8711	193	7501	108
浙江	6565	250	5542	238
安徽	3709	162	3043	150
福建	3975	156	3028	102
江西	2755	65	2414	52
山东	5898	115	5025	99
河南	4614	92	4033	75
湖北	5573	273	4821	225
湖南	3965	126	3866	117
广东	6789	273	5549	159
广西	3129	125	2762	114
海南	475	25	384	20
重庆	2181	93	1710	75
四川	4091	141	3537	105
贵州	1510	45	1224	40
云南	2655	123	2347	105
西藏	81	3	72	1
陕西	3116	72	2661	56
甘肃	1290	111	1156	93
青海	507	17	445	16
宁夏	436	32	395	33
新疆	1358	128	1130	109

1-25 居民服务、修理和其他服务业按地区分组的法人单位数

单位：个

地区	法人单位数(2014年)	#多产业法人单位	法人单位数(2013年)	#多产业法人单位
全国	**242251**	**5883**	**190692**	**4065**
北京	19429	778	18734	799
天津	7663	132	5798	24
河北	7695	167	6292	147
山西	4778	107	2801	84
内蒙古	3697	69	2621	54
辽宁	9339	138	7471	115
吉林	3528	30	2942	23
黑龙江	3001	43	2748	33
上海	12302	736	12073	327
江苏	20725	414	14760	197
浙江	15590	442	12375	405
安徽	7797	174	5473	148
福建	9326	256	5993	159
江西	5517	64	3892	33
山东	16531	171	11901	141
河南	8029	74	6898	51
湖北	13000	171	9419	138
湖南	7789	75	7827	70
广东	21772	848	17589	457
广西	4709	179	3541	124
海南	1073	32	847	20
重庆	10199	146	7613	96
四川	6620	165	5285	126
贵州	4451	44	3418	25
云南	5289	155	3122	104
西藏	210	7	125	4
陕西	5652	91	4236	58
甘肃	2275	52	1805	25
青海	746	19	477	10
宁夏	794	22	691	16
新疆	2725	82	1925	52

1-26 教育按地区分组的法人单位数

单位：个

地 区	法人单位数(2014年)	#多产业法人单位	法人单位数(2013年)	#多产业法人单位
全 国	**444038**	**31955**	**413908**	**27887**
北 京	11260	303	11145	316
天 津	4254	273	3803	118
河 北	20277	946	19794	909
山 西	10345	1148	10068	1120
内蒙古	6894	295	6488	272
辽 宁	14196	920	13308	833
吉 林	6313	600	5572	514
黑龙江	8092	501	7719	454
上 海	5895	148	5708	40
江 苏	20279	1121	17858	719
浙 江	22464	947	21049	967
安 徽	15349	1757	14217	1684
福 建	16174	1119	13974	879
江 西	14149	1329	13457	1208
山 东	24931	2131	24364	2048
河 南	42309	1595	40079	1012
湖 北	19842	2426	17774	2149
湖 南	21751	2084	21741	2013
广 东	39650	1415	36113	885
广 西	20043	1062	18301	1069
海 南	3435	256	3110	230
重 庆	10854	1405	10133	1284
四 川	25604	2422	23458	2164
贵 州	11290	1403	9880	1248
云 南	10521	1525	9890	1468
西 藏	1042	235	791	21
陕 西	15706	703	14851	670
甘 肃	10410	999	9421	844
青 海	1876	217	1677	177
宁 夏	1867	140	1855	145
新 疆	6966	530	6310	427

1-27　卫生和社会工作按地区分组的法人单位数

单位：个

地　区	法人单位数(2014年)	#多产业法人单位	法人单位数(2013年)	#多产业法人单位
全　国	**265537**	**16329**	**249567**	**14445**
北　京	3885	245	3811	254
天　津	1654	170	1500	71
河　北	9762	341	9432	322
山　西	5487	728	5321	716
内蒙古	4999	219	4775	208
辽　宁	12909	302	11978	262
吉　林	3874	110	3483	88
黑龙江	5855	559	5573	548
上　海	3289	111	3118	47
江　苏	16153	1162	14231	767
浙　江	8041	966	7375	989
安　徽	8994	1226	8574	1175
福　建	8201	354	7483	228
江　西	10130	366	9845	312
山　东	18638	1356	18572	1296
河　南	37933	316	34020	212
湖　北	12353	1175	11427	1083
湖　南	16014	807	16035	763
广　东	11075	935	10362	577
广　西	5745	437	5387	438
海　南	1141	96	1054	80
重　庆	5744	561	5337	528
四　川	18868	933	17582	862
贵　州	4537	685	3998	627
云　南	5376	1016	5171	997
西　藏	467	31	318	18
陕　西	14651	294	14694	245
甘　肃	4222	453	3941	394
青　海	1118	118	1050	109
宁　夏	934	53	914	56
新　疆	3488	204	3206	173

1-28 文化、体育和娱乐业按地区分组的法人单位数

单位：个

地 区	法人单位数(2014年)	#多产业法人单位	法人单位数(2013年)	#多产业法人单位
全 国	**263384**	**3961**	**230544**	**2982**
北 京	27309	403	26787	404
天 津	3179	49	2544	17
河 北	7901	98	7388	89
山 西	6073	109	5601	103
内蒙古	3357	58	3104	49
辽 宁	8745	87	7967	73
吉 林	3142	41	2736	32
黑龙江	4133	63	3988	50
上 海	6864	250	6266	114
江 苏	18371	245	15410	94
浙 江	17680	306	14697	292
安 徽	11029	106	8852	105
福 建	9927	158	7234	103
江 西	6084	63	5098	34
山 东	13593	143	11541	126
河 南	15757	121	13048	77
湖 北	11787	192	10128	161
湖 南	14328	123	14474	110
广 东	16988	481	14695	287
广 西	7302	101	6665	86
海 南	1605	35	1343	27
重 庆	6896	97	5682	70
四 川	15232	150	12806	112
贵 州	3476	51	2853	39
云 南	6212	140	5432	113
西 藏	485	17	363	14
陕 西	6322	72	5611	55
甘 肃	3774	83	3331	57
青 海	1056	34	888	24
宁 夏	1149	13	1087	12
新 疆	3628	72	2925	53

1-29　公共管理、社会保障和社会组织按地区分组的法人单位数

单位：个

地区	法人单位数(2014年)	#多产业法人单位	法人单位数(2013年)	#多产业法人单位
全　国	**1596327**	**163783**	**1520075**	**152247**
北　京	17187	1370	17142	1383
天　津	10959	562	10170	281
河　北	81924	4744	81786	4478
山　西	58110	14937	57682	14901
内蒙古	36824	3571	35332	3448
辽　宁	44530	3089	42346	2875
吉　林	30173	1461	27606	1230
黑龙江	36929	3833	35461	3733
上　海	13163	390	12677	180
江　苏	73537	2552	66234	1556
浙　江	81300	2507	78994	2478
安　徽	49519	6161	47661	5871
福　建	63119	12632	58350	11212
江　西	56925	3951	55679	3522
山　东	128569	12427	127801	11930
河　南	103815	6198	93959	4741
湖　北	70884	12173	65648	11647
湖　南	90708	11520	89742	11285
广　东	74744	9613	68194	7815
广　西	51127	5597	49444	5563
海　南	8050	828	7280	742
重　庆	29163	2594	27518	2462
四　川	116370	7273	108476	6858
贵　州	39258	5180	36469	4946
云　南	46947	5601	45077	5317
西　藏	14204	1055	11743	815
陕　西	55777	10358	54897	10340
甘　肃	47615	5833	44564	5379
青　海	13086	1918	12210	1819
宁　夏	11389	649	11414	630
新　疆	40422	3206	38519	2810

第二部分

企业法人单位综合资料

2-1 按行业(中类)、

(2014年)

行业中类	代码	企业单位数	北京	天津	河北	山西	内蒙古
总计	--	**10617154**	**619279**	**240190**	**388801**	**171179**	**134578**
农、林、牧、渔业	A	**547263**	**6385**	**3102**	**26890**	**15880**	**12948**
农业	01	233898	3574	1430	11444	6679	4299
谷物种植	011	40912	272	300	3163	2151	1565
豆类、油料和薯类种植	012	8215	28	48	726	156	722
棉、麻、糖、烟草种植	013	5439	4	21	354	21	24
蔬菜、食用菌及园艺作物种植	014	81509	1960	768	4341	2099	932
水果种植	015	47034	987	222	1475	580	134
坚果、含油果、香料和饮料作物种植	016	16587	96	4	374	213	6
中药材种植	017	17472	70	16	439	522	121
其他农业	019	16730	157	51	572	937	795
林业	02	46901	801	222	2106	2695	900
林木育种和育苗	021	34483	725	191	1767	2170	623
造林和更新	022	6622	42	14	258	453	223
森林经营和管护	023	4074	34	14	64	62	34
木材和竹材采运	024	954		2	10	5	18
林产品采集	025	768		1	7	5	2
畜牧业	03	152186	1494	690	7973	5258	5577
牲畜饲养	031	106570	779	462	6229	4108	4988
家禽饲养	032	33732	520	169	1191	874	377
狩猎和捕捉动物	033	733	1	2	21	10	9
其他畜牧业	039	11151	194	57	532	266	203
渔业	04	46046	239	436	488	144	179
水产养殖	041	44298	234	417	474	140	174
水产捕捞	042	1748	5	19	14	4	5
农、林、牧、渔服务业	05	68232	277	324	4879	1104	1993
农业服务业	051	52267	213	267	3991	971	1398
林业服务业	052	4404	30	7	240	79	110
畜牧服务业	053	8183	16	29	608	50	465
渔业服务业	054	3378	18	21	40	4	20
采矿业	B	**101658**	**126**	**136**	**7081**	**5938**	**5097**
煤炭开采和洗选业	06	20533	19	14	567	3156	1162
烟煤和无烟煤开采洗选	061	18852	19	1	532	3005	852
褐煤开采洗选	062	591		3	9	42	246
其他煤炭采选	069	1090		10	26	109	64
石油和天然气开采业	07	588	9	11	10	38	72
石油开采	071	370	7	11	9	1	42
天然气开采	072	218	2		1	37	30
黑色金属矿采选业	08	16077	20	12	4103	1048	1234
铁矿采选	081	14328	20	11	4071	1017	1203
锰矿、铬矿采选	082	978			8	23	10
其他黑色金属矿采选	089	771		1	24	8	21
有色金属矿采选业	09	11109	2	3	370	191	491

地区分组的企业法人单位数

单位：个

辽宁	吉林	黑龙江	上海	江苏	浙江	安徽	福建	江西	山东	代码
401336	**113983**	**132421**	**403109**	**1184337**	**1080455**	**363443**	**457591**	**222139**	**819061**	--
14892	**8715**	**9925**	**1887**	**16593**	**41578**	**29279**	**24368**	**17553**	**32572**	A
5040	3084	4985	1109	6290	23696	12185	12134	7437	15838	01
1758	1464	3219	92	1395	3137	4744	698	1670	5870	011
355	46	547	12	98	651	230	311	361	309	012
29	16	30	1	36	81	124	95	117	255	013
1611	935	754	839	3127	8806	3426	5513	1948	5060	014
835	138	157	127	684	6891	1278	1956	1443	2252	015
58	15	15	2	186	2233	863	2098	572	352	016
185	282	130	8	157	1608	890	554	303	325	017
209	188	133	28	607	289	630	909	1023	1415	019
1383	598	411	333	1207	3514	3185	2715	2343	1895	02
1194	380	188	303	1094	3061	2722	1628	1336	1751	021
92	45	45	12	39	126	267	468	375	83	022
79	126	127	15	44	147	131	384	446	51	023
14	42	45	1	18	80	35	166	117	3	024
4	5	6	2	12	100	30	69	69	7	025
4389	3009	1873	222	2914	5651	6473	3477	4317	4736	03
2708	1938	1451	136	1694	2863	4040	2430	3127	3113	031
1249	817	242	62	989	1887	2101	768	821	1097	032
9	4	8		22	5	20	4	32	16	033
423	250	172	24	209	896	312	275	337	510	039
1626	307	235	123	1831	5552	2079	3966	1436	2145	04
1559	295	224	116	1775	5338	2015	3852	1396	2004	041
67	12	11	7	56	214	64	114	40	141	042
2454	1717	2421	100	4351	3165	5357	2076	2020	7958	05
1762	1549	2016	70	3381	2786	4235	1363	1534	5641	051
94	28	60	15	334	133	254	210	233	368	052
457	121	309	5	335	145	647	84	177	1348	053
141	19	36	10	301	101	221	419	76	601	054
6039	**1452**	**1965**	**1**	**743**	**1377**	**2595**	**3101**	**4114**	**3759**	B
713	252	914		43	13	218	315	726	629	06
670	198	834		35	3	176	262	660	588	061
9	38	27			4	6	1	12	21	062
34	16	53		8	6	36	52	54	20	069
15	80	29	1	10	1	4	1	5	50	07
8	72	26		9			1	1	41	071
7	8	3	1	1	1	4		4	9	072
1845	189	60		73	24	457	313	405	503	08
1742	184	59		68	24	425	288	369	481	081
83						12	19	5	5	082
20	5	1		5		20	6	31	17	089
832	144	64		26	81	287	337	595	275	09

2-1 续表 1

行业中类	代码	企业单位数	北京	天津	河北	山西	内蒙古
常用有色金属矿采选	091	7751	1	3	144	155	344
贵金属矿采选	092	2196	1		199	31	115
稀有稀土金属矿采选	093	1162			27	5	32
非金属矿采选业	10	48083	65	40	1886	1353	1909
土砂石开采	101	40957	61	30	1501	1241	1620
化学矿开采	102	1689			15	14	37
采盐	103	548		7	72		11
石棉及其他非金属矿采选	109	4889	4	3	298	98	241
开采辅助活动	11	3125	10	46	83	78	96
煤炭开采和洗选辅助活动	111	528		3	11	54	44
石油和天然气开采辅助活动	112	1868	10	36	27	9	20
其他开采辅助活动	119	729		7	45	15	32
其他采矿业	12	2143	1	10	62	74	133
其他采矿业	120	2143	1	10	62	74	133
制造业	**C**	**2616422**	**34073**	**50541**	**110009**	**23756**	**17423**
农副食品加工业	13	118957	941	1101	4362	1785	2419
谷物磨制	131	26940	74	96	712	485	398
饲料加工	132	13951	333	260	773	210	326
植物油加工	133	10815	51	101	449	108	170
制糖业	134	866	3	8	32	6	17
屠宰及肉类加工	135	19590	222	153	914	274	923
水产品加工	136	11005	16	73	208	3	6
蔬菜、水果和坚果加工	137	17024	125	183	563	312	296
其他农副食品加工	139	18766	117	227	711	387	283
食品制造业	14	55474	994	1055	2444	1052	929
焙烤食品制造	141	14712	318	188	555	268	236
糖果、巧克力及蜜饯制造	142	5463	77	141	550	159	31
方便食品制造	143	9690	132	117	361	137	119
乳制品制造	144	1806	37	40	79	41	188
罐头食品制造	145	3465	25	67	199	60	26
调味品、发酵制品制造	146	7505	134	156	308	231	150
其他食品制造	149	12833	271	346	392	156	179
酒、饮料和精制茶制造业	15	44540	392	262	1261	664	618
酒的制造	151	14894	118	96	645	256	362
饮料制造	152	14998	261	163	604	398	254
精制茶加工	153	14648	13	3	12	10	2
烟草制品业	16	454	1	2	5	2	3
烟叶复烤	161	212			1	1	1
卷烟制造	162	100	1	2	4	1	2
其他烟草制品制造	169	142					
纺织业	17	125279	458	1173	5718	282	560
棉纺织及印染精加工	171	46750	79	367	2881	125	21
毛纺织及染整精加工	172	7276	50	97	800	13	390
麻纺织及染整精加工	173	1408	1	10	12	5	7

单位：个

辽宁	吉林	黑龙江	上海	江苏	浙江	安徽	福建	江西	山东	代码
586	64	32		20	49	227	252	248	68	091
171	66	25		5	8	46	31	78	201	092
75	14	7		1	24	14	54	269	6	093
2438	663	740		554	1222	1465	2077	2050	2098	10
1869	596	660		464	1114	1220	1845	1752	1553	101
111	4	2		15	5	25	26	26	6	102
24				31	8	1	24	2	232	103
434	63	78		44	95	219	182	270	307	109
149	84	128		26	10	107	17	143	112	11
14	19	15		4	1	47		34	20	111
110	52	99		14	3	9	2	8	41	112
25	13	14		8	6	51	15	101	51	119
47	40	30		11	26	57	41	190	92	12
47	40	30		11	26	57	41	190	92	120
91540	**24865**	**27546**	**81777**	**405636**	**417065**	**81904**	**119926**	**53804**	**208334**	C
6245	3493	5247	602	6469	6020	5994	5968	3427	13956	13
1204	1360	2749	29	1717	302	2406	459	1311	1368	131
1128	577	555	135	781	475	390	498	351	1560	132
233	138	394	41	407	296	763	240	376	1086	133
21	4	25	4	21	41	14	25	13	51	134
1038	406	522	157	1123	759	914	586	428	2506	135
1221	82	27	43	899	1826	108	2038	75	2371	136
824	346	396	58	720	1584	587	1474	269	3334	137
576	580	579	135	801	737	812	648	604	1680	139
2236	941	1063	968	3417	2803	2375	3598	1372	5336	14
766	255	164	276	792	842	852	1056	291	1182	141
77	10	26	76	189	208	139	518	84	560	142
276	181	253	146	512	443	543	462	318	789	143
66	23	133	12	99	54	28	36	35	190	144
184	25	42	31	242	254	98	494	79	414	145
327	118	134	128	518	243	250	340	89	750	146
540	329	311	299	1065	759	465	692	476	1451	149
1255	968	1094	193	1822	2857	2392	4531	1128	2551	15
683	584	655	41	754	603	595	424	313	1252	151
567	381	432	143	743	750	690	652	431	1041	152
5	3	7	9	325	1504	1107	3455	384	258	153
10	18	16	2	8	7	22	13	9	25	16
3	10	10				5	8	2	8	161
3	6	3	2	3	3	5	3	3	9	162
4	2	3		5	4	12	2	4	8	169
1864	209	380	2272	34159	33900	2482	5030	1845	10570	17
503	56	65	506	13106	10993	966	1258	796	5339	171
77	23	13	149	2010	1169	113	111	66	602	172
15	12	148	8	287	81	72	15	112	80	173

2-1 续表 2

行业中类	代码	企业单位数	北京	天津	河北	山西	内蒙古
丝绢纺织及印染精加工	174	3678	8	24	9	8	2
化纤织造及印染精加工	175	11411	4	27	131	10	6
针织或钩针编织物及其制品制造	176	20717	76	206	232	36	73
家用纺织制成品制造	177	18528	145	227	1098	49	32
非家用纺织制成品制造	178	15511	95	215	555	36	29
纺织服装、服饰业	18	145913	2664	1764	2349	265	392
机织服装制造	181	97600	2245	1378	1623	181	196
针织或钩针编织服装制造	182	21389	229	100	201	15	110
服饰制造	183	26924	190	286	525	69	86
皮革、毛皮、羽毛及其制品和制鞋业	19	69782	244	399	4711	73	174
皮革鞣制加工	191	3353	5	19	234	2	17
皮革制品制造	192	22302	101	156	2364	18	47
毛皮鞣制及制品加工	193	5022	39	35	1555	16	61
羽毛(绒)加工及制品制造	194	2248	9	5	125	5	31
制鞋业	195	36857	90	184	433	32	18
木材加工和木、竹、藤、棕、草制品业	20	81168	853	782	2033	286	698
木材加工	201	32224	97	166	377	119	423
人造板制造	202	16905	79	66	469	50	100
木制品制造	203	23224	666	520	1109	104	154
竹、藤、棕、草等制品制造	204	8815	11	30	78	13	21
家具制造业	21	55923	1413	956	1667	242	140
木质家具制造	211	38354	1143	594	1087	185	102
竹、藤家具制造	212	912	4	1	10	4	1
金属家具制造	213	6251	131	145	385	28	14
塑料家具制造	214	1053	3	13	14	6	10
其他家具制造	219	9353	132	203	171	19	13
造纸和纸制品业	22	61963	925	1450	2198	336	185
纸浆制造	221	534	1	18	28	1	6
造纸	222	16047	166	522	638	91	47
纸制品制造	223	45382	758	910	1532	244	132
印刷和记录媒介复制业	23	75046	1563	1309	3025	757	471
印刷	231	68140	1261	1146	2630	653	384
装订及印刷相关服务	232	6639	284	158	383	103	85
记录媒介复制	233	267	18	5	12	1	2
文教、工美、体育和娱乐用品制造业	24	88489	742	1518	2576	375	139
文教办公用品制造	241	8850	81	121	205	21	5
乐器制造	242	2080	88	205	179	6	6
工艺美术品制造	243	57122	449	975	1465	317	121
体育用品制造	244	7519	62	151	312	27	4
玩具制造	245	10904	37	32	322	4	1
游艺器材及娱乐用品制造	246	2014	25	34	93		2
石油加工及炼焦	25	7623	201	217	523	322	136
精炼石油产品制造	251	6082	200	206	413	43	55
炼焦	252	1541	1	11	110	279	81

单位：个

辽宁	吉林	黑龙江	上海	江苏	浙江	安徽	福建	江西	山东	代码
225	1	6	43	591	1486	142	51	45	164	174
50	4	12	95	5608	3987	121	182	49	348	175
320	37	36	442	4306	7383	227	2178	338	960	176
286	43	72	467	4304	5051	382	504	291	1630	177
388	33	28	562	3947	3750	459	731	148	1447	178
4314	414	284	6024	24477	31834	5753	11188	5299	10241	18
3552	306	188	3871	16308	18668	3971	8846	3373	6168	181
253	25	32	1311	2862	6872	406	994	772	1770	182
509	83	64	842	5307	6294	1376	1348	1154	2303	183
831	106	172	1038	4438	21049	1489	8481	1506	2742	19
39	4	40	9	146	621	107	322	84	215	191
216	30	28	577	1517	5041	450	1546	522	965	192
153	21	62	33	215	1297	82	41	62	328	193
30	25	6	40	283	365	390	60	82	118	194
393	26	36	379	2277	13725	460	6512	756	1116	195
2476	1738	2593	2010	10982	7198	3783	4985	2211	9497	20
885	911	1517	402	4165	1357	1612	1344	833	3602	201
354	272	317	125	3404	796	836	907	302	3614	202
1146	479	682	1449	3054	3133	886	1114	423	1881	203
91	76	77	34	359	1912	449	1620	653	400	204
1372	407	526	3112	4417	6340	2030	2619	1706	3831	21
1105	321	407	2309	3318	4032	1489	1705	1317	3054	211
5	2	1	12	30	181	71	82	82	40	212
81	19	37	227	406	1196	170	351	71	271	213
25	13	22	16	81	186	41	61	28	90	214
156	52	59	548	582	745	259	420	208	376	219
1548	351	420	3005	8227	11158	1315	3487	959	4326	22
12	5	9		38	29	6	45	26	48	221
317	115	158	362	2454	1704	447	872	323	1312	222
1219	231	253	2643	5735	9425	862	2570	610	2966	223
2101	940	831	2436	9149	10859	2539	3086	1458	5696	23
1922	781	697	2174	8558	10202	2311	2911	1325	5268	231
174	152	133	252	562	648	216	165	127	406	232
5	7	1	10	29	9	12	10	6	22	233
1330	261	337	1714	11473	21977	2532	7794	1606	7491	24
126	47	119	412	1068	3554	213	298	318	342	241
65	9	16	109	319	204	17	69	7	163	242
1000	185	179	719	6444	13355	1392	6384	945	5293	243
93	8	15	198	1165	1879	237	679	126	1054	244
27	8	4	222	2130	2362	619	326	173	571	245
19	4	4	54	347	623	54	38	37	68	246
996	121	218	150	651	361	117	150	101	936	25
949	107	182	150	601	360	96	143	83	825	251
47	14	36		50	1	21	7	18	111	252

2-1 续表 3

行业中类	代码	企业单位数	北京	天津	河北	山西	内蒙古
化学原料和化学制品制造业	26	113977	1971	2764	5883	1402	1176
基础化学原料制造	261	18534	162	449	1403	398	507
肥料制造	262	12566	160	138	815	295	208
农药制造	263	2688	28	58	191	52	19
涂料、油墨、颜料及类似产品制造	264	20756	691	754	981	154	91
合成材料制造	265	11305	148	281	411	74	77
专用化学产品制造	266	29603	506	748	1622	333	172
炸药、火工及焰火产品制造	267	6402	2	6	48	28	62
日用化学产品制造	268	12123	274	330	412	68	40
医药制造业	27	21457	582	446	786	308	197
化学药品原料药制造	271	2922	25	67	157	30	27
化学药品制剂制造	272	2534	132	60	109	57	23
中药饮片加工	273	3277	60	23	87	31	36
中成药生产	274	3392	80	50	94	56	43
兽用药品制造	275	1674	49	34	129	67	23
生物药品制造	276	3972	145	100	108	33	34
卫生材料及医药用品制造	277	3686	91	112	102	34	11
化学纤维制造业	28	6723	34	58	246	28	10
纤维素纤维原料及纤维制造	281	1220	5	13	118	4	3
合成纤维制造	282	5503	29	45	128	24	7
橡胶和塑料制品业	29	158700	1650	2996	7797	709	511
橡胶制品业	291	27652	210	690	2680	179	53
塑料制品业	292	131048	1440	2306	5117	530	458
非金属矿物制品业	30	246035	2617	2369	11182	5399	3657
水泥、石灰和石膏制造	301	15823	117	162	1037	614	433
石膏、水泥制品及类似制品制造	302	57162	853	600	2115	812	1034
砖瓦、石材等建筑材料制造	303	105430	869	960	3981	2438	1796
玻璃制造	304	4382	126	70	269	43	35
玻璃制品制造	305	14375	220	201	778	200	54
玻璃纤维和玻璃纤维增强塑料制品制造	306	5755	118	53	606	32	23
陶瓷制品制造	307	14387	52	41	457	152	18
耐火材料制品制造	308	13021	123	92	885	718	80
石墨及其他非金属矿物制品制造	309	15700	139	190	1054	390	184
黑色金属冶炼和压延加工业	31	41423	335	1414	3324	1085	575
炼铁	311	1806	4	30	128	159	69
炼钢	312	1048		36	82	40	30
黑色金属铸造	313	18110	148	232	1846	652	59
钢压延加工	314	17021	176	1104	1216	159	148
铁合金冶炼	315	3438	7	12	52	75	269
有色金属冶炼和压延加工业	32	28890	241	613	1380	396	427
常用有色金属冶炼	321	5734	16	96	441	181	117
贵金属冶炼	322	797	2	6	32	6	33
稀有稀土金属冶炼	323	1165	3	9	12	24	91
有色金属合金制造	324	3506	55	66	213	41	54

单位：个

辽宁	吉林	黑龙江	上海	江苏	浙江	安徽	福建	江西	山东	代码
5080	1328	1420	3367	14795	9331	3531	3699	4483	13166	26
943	234	205	303	2763	1249	584	435	599	2318	261
711	323	459	69	789	279	462	336	222	1996	262
104	44	51	25	406	112	131	59	98	371	263
918	193	204	1070	2857	2357	700	796	373	1622	264
393	110	73	394	2211	1133	422	465	194	1459	265
1522	333	319	880	4670	3031	846	858	804	4596	266
44	13	22	3	23	25	104	26	1890	78	267
445	78	87	623	1076	1145	282	724	303	726	268
821	856	405	527	2213	1330	1119	498	954	1848	27
102	27	36	77	457	337	97	61	133	334	271
120	78	67	80	294	133	110	63	106	222	272
149	331	44	26	89	121	406	41	94	126	273
128	242	102	35	84	99	176	64	183	195	274
58	28	37	21	108	65	41	31	65	223	275
170	96	82	130	510	227	150	161	99	413	276
94	54	37	158	671	348	139	77	274	335	277
132	32	28	113	2605	1720	133	225	58	462	28
35	9	7	11	422	111	34	42	20	133	281
97	23	21	102	2183	1609	99	183	38	329	282
5173	1020	1109	6377	23406	33135	4490	6168	1711	12281	29
1140	160	154	1082	4127	3909	715	987	295	3212	291
4033	860	955	5295	19279	29226	3775	5181	1416	9069	292
9935	3033	3160	3281	20663	14629	9955	13510	8567	19673	30
610	273	276	81	891	715	601	489	508	1208	301
1812	693	771	706	4837	3155	2766	1248	1236	3977	302
3828	1613	1673	1188	5513	4506	4423	9075	3901	8809	303
145	35	30	125	567	449	216	127	142	271	304
396	104	88	672	2269	2482	618	372	291	1049	305
217	31	52	116	1231	517	193	93	122	1067	306
172	27	43	99	1266	1032	181	1687	1734	734	307
1967	77	75	117	1595	786	199	110	128	1079	308
788	180	152	177	2494	987	758	309	505	1479	309
2980	307	293	582	7095	4517	1352	1179	404	3267	31
144	22	27	1	123	21	40	50	28	104	311
82	12	18		117	40	26	40	32	86	312
1762	125	104	165	3269	1741	848	618	121	1530	313
811	124	126	416	3414	2659	407	407	195	1362	314
181	24	18		172	56	31	64	28	185	315
1161	148	115	657	5008	3737	676	586	1304	1634	32
302	39	20	29	547	266	107	87	302	241	321
51	8	5	1	43	22	16	17	22	56	322
76	8	6	3	125	20	20	25	235	27	323
153	17	18	72	638	349	72	105	85	184	324

2-1 续表 4

行业中类	代码	企业单位数	北京	天津	河北	山西	内蒙古
有色金属铸造	325	2241	13	33	88	26	13
有色金属压延加工	326	15447	152	403	594	118	119
金属制品业	33	222238	3888	7223	14682	1909	1233
结构性金属制品制造	331	73799	2391	2742	3500	620	792
金属工具制造	332	25563	175	532	787	145	62
集装箱及金属包装容器制造	333	6549	136	300	295	26	20
金属丝绳及其制品制造	334	11473	49	609	4733	70	115
建筑、安全用金属制品制造	335	32128	300	902	2010	225	103
金属表面处理及热处理加工	336	12538	206	521	438	49	21
搪瓷制品制造	337	1987	7	41	50	7	2
金属制日用品制造	338	19267	237	352	327	42	17
其他金属制品制造	339	38934	387	1224	2542	725	101
通用设备制造业	34	246951	2941	6184	10966	2440	861
锅炉及原动设备制造	341	10239	178	277	591	229	160
金属加工机械制造	342	43807	586	1290	1797	425	209
物料搬运设备制造	343	10851	136	299	547	104	26
泵、阀门、压缩机及类似机械制造	344	34001	454	1260	1138	357	55
轴承、齿轮和传动部件制造	345	17644	112	220	835	69	19
烘炉、风机、衡器、包装等设备制造	346	24371	468	526	853	111	62
文化、办公用机械制造	347	2846	51	180	53	3	5
通用零部件制造	348	84591	842	1677	4460	961	294
其他通用设备制造业	349	18601	114	455	692	181	31
专用设备制造业	35	166834	2336	4090	7070	1333	679
采矿、冶金、建筑专用设备制造	351	28038	292	659	2330	652	228
化工、木材、非金属加工专用设备制造	352	49084	331	1224	990	130	70
食品、饮料、烟草及饲料生产专用设备制造	353	5164	75	72	210	19	14
印刷、制药、日化及日用品生产专用设备制造	354	10038	177	228	481	35	31
纺织、服装和皮革加工专用设备制造	355	11379	49	125	204	112	3
电子和电工机械专用设备制造	356	13587	177	427	344	61	32
农、林、牧、渔专用机械制造	357	10900	94	139	664	72	176
医疗仪器设备及器械制造	358	9609	513	318	313	73	33
环保、社会公共服务及其他专用设备制造	359	29035	628	898	1534	179	92
汽车制造业	36	62546	745	1205	2772	192	148
汽车整车制造	361	890	15	21	38	14	15
改装汽车制造	362	1195	44	11	64	20	24
低速载货汽车制造	363	106	1		1	1	2
电车制造	364	612	3	15	23	9	
汽车车身、挂车制造	365	1109	12	18	106	21	26
汽车零部件及配件制造	366	58634	670	1140	2540	127	81
铁路、船舶、航空航天和其他运输设备制造业	37	30208	226	1869	1240	107	30
铁路运输设备制造	371	3205	120	80	302	86	18
城市轨道交通设备制造	372	170	3	5	5		
船舶及相关装置制造	373	8988	9	131	76	1	1
航空、航天器及设备制造	374	967	59	51	13	6	4

单位：个

辽宁	吉林	黑龙江	上海	江苏	浙江	安徽	福建	江西	山东	代码
74	20	14	90	486	439	70	42	36	223	325
505	56	52	462	3169	2641	391	310	624	903	326
7014	1295	1455	10832	38669	35034	5045	7307	2298	14642	33
3248	717	809	3838	13821	5503	2520	2121	927	5826	331
522	123	154	1332	5748	5103	631	741	286	1905	332
348	33	68	350	1334	690	205	176	59	649	333
227	17	23	241	2077	956	166	116	49	395	334
676	179	164	893	2935	11586	458	1471	348	1211	335
683	24	50	833	2502	2842	176	372	65	524	336
40	9	7	48	140	434	30	479	16	130	337
260	44	45	799	1800	4071	274	728	187	1030	338
1010	149	135	2498	8312	3849	585	1103	361	2972	339
13467	1622	2186	11191	57341	51435	5489	5165	1858	24538	34
730	188	402	220	2080	713	324	163	136	1440	341
1884	360	393	1939	9623	5387	1309	1151	455	5890	342
561	69	74	566	2405	1788	300	202	91	992	343
2216	113	106	1707	6683	11685	665	959	170	2339	344
1156	55	118	508	3326	5807	337	300	157	2512	345
969	159	169	1476	5611	5642	429	431	194	1888	346
59	21	27	143	421	466	47	135	40	130	347
5241	500	770	3725	19736	18834	1701	1427	472	7568	348
651	157	127	907	7456	1113	377	397	143	1779	349
6630	1507	1788	6994	39170	22171	4309	5065	1925	15058	35
2138	311	613	371	5085	1428	941	674	446	4105	351
1408	276	207	3178	11091	9135	1132	1693	281	2751	352
177	54	85	228	777	737	171	195	33	638	353
311	79	68	480	2014	1315	201	304	144	822	354
121	13	20	467	3541	4017	109	360	84	982	355
438	85	154	531	3056	875	422	571	239	1078	356
432	297	352	108	1276	1031	340	315	172	1837	357
365	121	85	579	2110	1063	276	218	229	572	358
1240	271	204	1052	10220	2570	717	735	297	2273	359
1538	1763	301	2041	8445	15591	2546	1649	838	5497	36
43	18	15	13	76	99	47	18	17	131	361
57	44	25	28	87	28	62	32	19	212	362
3	3	7	1	4	3	3	3	2	16	363
6	5	3		167	7	32	9	7	146	364
49	31	7	9	108	40	46	32	10	313	365
1380	1662	244	1990	8003	15414	2356	1555	783	4679	366
1192	159	146	679	7036	5034	651	1039	409	1956	37
363	111	92	38	604	123	105	15	17	230	371
9	8	2	3	48	6	4	1	4	11	372
677	9	18	351	3141	1264	270	550	234	783	373
68	4	21	36	164	38	21	5	28	36	374

2-1 续表 5

行业中类	代码	企业单位数	北京	天津	河北	山西	内蒙古
摩托车制造	375	7967	3	43	283	5	
自行车制造	376	6927	22	1485	506	1	4
非公路休闲车及零配件制造	377	799	4	40	27		
潜水救捞及其他未列明运输设备制造	379	1185	6	34	28	8	3
电气机械和器材制造业	38	159576	2016	2609	5559	595	371
电机制造	381	16024	111	330	307	49	68
输配电及控制设备制造	382	53281	966	920	1865	233	135
电线、电缆、光缆及电工器材制造	383	23081	238	531	1970	105	60
电池制造	384	5058	55	119	147	24	17
家用电力器具制造	385	20366	180	157	237	26	18
非电力家用器具制造	386	5610	143	96	245	27	30
照明器具制造	387	26946	195	147	260	47	18
其他电气机械及器材制造	389	9210	128	309	528	84	25
计算机、通信和其他电子设备制造业	39	86373	1223	1832	1115	131	72
计算机制造	391	7940	186	148	101	8	9
通信设备制造	392	7213	182	166	210	15	10
广播电视设备制造	393	3153	63	45	109	5	4
雷达及配套设备制造	394	207	6	3	7		1
视听设备制造	395	5119	36	62	16	2	3
电子器件制造	396	13354	245	173	133	26	10
电子元件制造	397	34622	262	852	337	46	21
其他电子设备制造	399	14765	243	383	202	29	14
仪器仪表制造业	40	34225	1092	912	970	131	50
通用仪器仪表制造	401	17435	643	524	651	62	29
专用仪器仪表制造	402	5826	288	171	165	32	10
钟表与计时仪器制造	403	2390	8	29	15	1	1
光学仪器及眼镜制造	404	5664	74	38	27	7	1
其他仪器仪表制造业	409	2910	79	150	112	29	9
其他制造业	41	32760	278	899	910	598	163
日用杂品制造	411	11482	73	107	226	19	9
煤制品制造	412	3151	148	10	73	295	38
其他未列明制造业	419	18127	57	782	611	284	116
废弃资源综合利用业	42	11177	82	394	586	171	152
金属废料和碎屑加工处理	421	5897	40	341	341	65	98
非金属废料和碎屑加工处理	422	5280	42	53	245	106	54
金属制品、机械和设备修理业	43	15718	425	676	669	381	247
金属制品修理	431	938	11	44	36	12	16
通用设备修理	432	2230	110	53	103	71	31
专用设备修理	433	2221	105	74	149	95	67
铁路、船舶、航空航天等运输设备修理	434	4670	40	241	123	8	10
电气设备修理	435	1242	42	44	63	51	37
仪器仪表修理	436	307	20	17	18	4	4
其他机械和设备修理业	439	4110	97	203	177	140	82

单位：个

辽宁	吉林	黑龙江	上海	江苏	浙江	安徽	福建	江西	山东	代码
13	12	1	63	873	1665	57	367	45	158	375
26	5	7	151	1560	1689	145	75	50	301	376
9	1		7	380	161	8	10	7	40	377
27	9	5	30	266	88	41	16	24	397	379
4796	765	859	5133	27467	37103	4452	5758	2292	7493	38
495	76	166	486	3277	3939	294	2246	148	897	381
2302	344	340	1943	10120	14339	1357	1267	693	2703	382
848	124	147	967	4401	3279	1132	411	395	1146	383
103	18	34	85	727	543	163	206	200	265	384
243	45	57	408	1678	6515	528	482	153	726	385
128	41	31	105	797	1115	208	105	110	575	386
369	55	42	672	4085	6486	565	789	465	508	387
308	62	42	467	2382	887	205	252	128	673	389
1159	232	196	2162	16907	10858	2007	2985	1603	3053	39
103	24	37	190	1114	336	133	222	158	199	391
161	29	34	233	1135	882	138	319	146	262	392
38	3	5	46	576	499	45	97	56	114	393
8		5	3	32	9	16	5	2	8	394
38	6	3	55	444	703	112	117	71	96	395
220	64	29	444	2555	1383	439	648	242	449	396
333	44	27	733	7781	6351	863	1026	621	1286	397
258	62	56	458	3270	695	261	551	307	639	399
1643	261	282	1732	7069	6712	905	1002	436	1780	40
1133	134	189	986	4027	3312	623	296	129	1047	401
279	48	55	346	1328	724	172	139	65	409	402
39	2	3	61	49	181	6	244	22	75	403
51	37	8	158	939	2244	42	266	164	49	404
141	40	27	181	726	251	62	57	56	200	409
586	308	266	1513	4848	5882	1288	2061	1441	2731	41
121	23	21	180	1215	4634	547	1079	188	443	411
161	86	101	1	99	72	74	84	86	132	412
304	199	144	1332	3534	1176	667	898	1167	2156	419
420	124	95	211	1335	965	663	495	401	603	42
230	43	51	124	705	430	301	136	229	305	421
190	81	44	87	630	535	362	359	172	298	422
1235	138	261	859	1875	1518	470	605	195	1454	43
48	8	17	41	99	47	23	39	11	88	431
191	25	38	129	259	186	52	49	34	161	432
156	16	81	95	196	160	70	65	27	137	433
537	10	30	292	778	906	96	229	37	479	434
67	14	27	67	119	105	49	24	9	98	435
29	4	4	29	23	12	6	7	6	12	436
207	61	64	206	401	102	174	192	71	479	439

2-1 续表 6

行业中类	代码	企业单位数	北京	天津	河北	山西	内蒙古
电力、热力、燃气及水生产和供应业	**D**	**77815**	**612**	**575**	**2047**	**1487**	**1852**
电力、热力生产和供应业	44	50789	420	279	1084	746	1220
电力生产	441	41192	60	65	580	493	632
电力供应	442	4264	13	26	192	37	160
热力生产和供应	443	5333	347	188	312	216	428
燃气生产和供应业	45	6881	49	120	343	284	224
燃气生产和供应业	450	6881	49	120	343	284	224
水的生产和供应业	46	20145	143	176	620	457	408
自来水生产和供应	461	14937	64	62	328	295	295
污水处理及其再生利用	462	4161	67	79	254	105	94
其他水的处理、利用与分配	469	1047	12	35	38	57	19
建筑业	**E**	**464930**	**19012**	**12415**	**17485**	**8751**	**5599**
房屋建筑业	47	93480	2110	2068	3379	1327	1200
房屋建筑业	470	93480	2110	2068	3379	1327	1200
土木工程建筑业	48	81659	2197	2712	4016	1676	1014
铁路、道路、隧道和桥梁工程建筑	481	31062	616	824	1635	572	415
水利和内河港口工程建筑	482	7163	109	169	351	136	111
海洋工程建筑	483	248	2	33	3		
工矿工程建筑	484	3632	90	54	155	144	64
架线和管道工程建筑	485	9554	361	421	538	284	164
其他土木工程建筑	489	30000	1019	1211	1334	540	260
建筑安装业	49	80559	2891	2849	3066	1476	861
电气安装	491	20524	1013	518	659	309	202
管道和设备安装	492	18199	772	623	934	502	220
其他建筑安装业	499	41836	1106	1708	1473	665	439
建筑装饰和其他建筑业	50	209232	11814	4786	7024	4272	2524
建筑装饰业	501	153924	10484	3549	5002	2911	1964
工程准备活动	502	18172	496	229	816	452	202
提供施工设备服务	503	5546	172	127	200	149	107
其他未列明建筑业	509	31590	662	881	1006	760	251
批发和零售业	**F**	**3510668**	**197033**	**80350**	**131413**	**62567**	**48765**
批发业	51	2178369	99092	59827	81160	32317	26790
农、林、牧产品批发	511	123694	1441	1197	4950	1527	4525
食品、饮料及烟草制品批发	512	218262	8884	3626	8382	2758	1867
纺织、服装及家庭用品批发	513	290748	12117	4166	6640	1383	935
文化、体育用品及器材批发	514	76021	6631	2131	2140	578	303
医药及医疗器材批发	515	59708	4814	1062	2622	747	414
矿产品、建材及化工产品批发	516	634118	23699	21318	32807	12494	10296
机械设备、五金产品及电子产品批发	517	524678	33791	14794	18203	8705	5465
贸易经纪与代理	518	86680	2051	2414	1251	486	1068
其他批发业	519	164460	5664	9119	4165	3639	1917
零售业	52	1332299	97941	20523	50253	30250	21975
综合零售	521	152428	6882	1901	5350	5872	2645
食品、饮料及烟草制品专门零售	522	136422	7689	1810	3845	2521	2126
纺织、服装及日用品专门零售	523	148418	14000	1993	4391	2078	1542

单位：个

辽宁	吉林	黑龙江	上海	江苏	浙江	安徽	福建	江西	山东	代码
2108	**1400**	**1445**	**183**	**2941**	**4587**	**2634**	**6848**	**3910**	**2890**	D
1373	997	991	59	841	2972	993	5792	2910	1431	44
382	359	300	37	530	2762	793	5546	2637	725	441
96	101	203	6	126	110	156	216	247	221	442
895	537	488	16	185	100	44	30	26	485	443
242	185	170	26	395	334	281	119	281	551	45
242	185	170	26	395	334	281	119	281	551	450
493	218	284	98	1705	1281	1360	937	719	908	46
300	151	193	56	1061	637	1166	752	610	474	461
157	55	81	38	566	392	162	160	82	372	462
36	12	10	4	78	252	32	25	27	62	469
24239	**6485**	**6831**	**16250**	**62563**	**32730**	**22319**	**17716**	**10902**	**44950**	E
4071	1644	1926	1868	10478	5041	4221	4110	2958	9864	47
4071	1644	1926	1868	10478	5041	4221	4110	2958	9864	470
4402	1279	1111	2351	11432	7276	3772	3288	1935	7478	48
1520	617	476	752	4477	3166	1632	1391	918	2888	481
401	157	178	131	927	662	269	347	174	594	482
6	2		2	19	49	1	16		86	483
224	43	39	45	550	244	110	133	75	317	484
669	156	169	317	1081	715	350	274	136	952	485
1582	304	249	1104	4378	2440	1410	1127	632	2641	489
5268	1382	1226	3584	14780	4628	3515	2235	1501	8516	49
1856	336	372	1042	2801	1592	945	768	283	1369	491
1233	447	292	795	3110	1182	581	340	222	2198	492
2179	599	562	1747	8869	1854	1989	1127	996	4949	499
10498	2180	2568	8447	25873	15785	10811	8083	4508	19092	50
8063	1546	1800	7180	18821	11189	7376	5670	3090	12517	501
1125	187	292	226	2082	3739	1037	635	277	1155	502
229	68	78	136	613	163	472	299	114	589	503
1081	379	398	905	4357	694	1926	1479	1027	4831	509
137476	**36877**	**45135**	**148695**	**392798**	**334919**	**107659**	**155699**	**63072**	**310624**	F
94205	17616	27777	113154	288077	230881	60948	107805	36883	207153	51
5708	3194	6331	789	11690	6120	6179	3167	2127	14906	511
9500	1382	2855	6797	21713	20006	8119	15070	4094	29347	512
8237	840	1772	17505	45710	67907	5513	20430	2550	22349	513
2176	414	484	5292	7990	11738	1778	4655	683	6937	514
2437	825	1064	3450	4741	3824	2526	1709	1732	5631	515
31043	5072	7181	30320	87499	55923	18598	28901	10751	59639	516
23044	3990	4919	38163	77570	43064	12321	21361	4740	44436	517
4292	635	1249	2994	6677	14190	1508	5665	5134	5445	518
7768	1264	1922	7844	24487	8109	4406	6847	5072	18463	519
43271	19261	17358	35541	104721	104038	46711	47894	26189	103471	52
4124	1589	1739	3649	11558	4535	6166	3646	3121	13365	521
3599	1856	1692	3653	11291	14242	4936	8607	2000	10307	522
4448	1341	1388	5337	12267	17041	4370	6883	1830	9503	523

2-1 续表 7

行业中类	代码	企业单位数	北京	天津	河北	山西	内蒙古
文化、体育用品及器材专门零售	524	82431	11557	1968	2787	1576	1017
医药及医疗器材专门零售	525	107452	5841	986	4664	1814	942
汽车、摩托车、燃料及零配件专门零售	526	172677	4755	2552	10599	4664	4459
家用电器及电子产品专门零售	527	190089	20035	2261	6831	3800	2602
五金、家具及室内装饰材料专门零售	528	192641	15188	3939	6992	4184	3802
货摊、无店铺及其他零售业	529	149741	11994	3113	4794	3741	2840
交通运输、仓储和邮政业	**G**	**311134**	**14399**	**13000**	**10783**	**6493**	**5107**
铁路运输业	53	3028	117	144	60	132	175
铁路旅客运输	531	465	25	16	9	10	13
铁路货物运输	532	1167	37	62	21	72	66
铁路运输辅助活动	533	1396	55	66	30	50	96
道路运输业	54	163981	7828	4066	7278	4652	3149
城市公共交通运输	541	10925	329	142	482	361	266
公路旅客运输	542	9562	23	105	303	210	152
道路货物运输	543	131357	6640	3565	5945	3750	2448
道路运输辅助活动	544	12137	836	254	548	331	283
水上运输业	55	12027	34	374	240	7	11
水上旅客运输	551	1210	2	14	35	2	3
水上货物运输	552	7447	16	158	81	4	4
水上运输辅助活动	553	3370	16	202	124	1	4
航空运输业	56	1671	90	135	28	27	50
航空客货运输	561	696	34	41	12	7	17
通用航空服务	562	402	25	20	5	8	11
航空运输辅助活动	563	573	31	74	11	12	22
管道运输业	57	366	6	26	13	8	5
管道运输业	570	366	6	26	13	8	5
装卸搬运和运输代理业	58	85893	3930	6218	1891	806	855
装卸搬运	581	14419	193	243	717	458	306
运输代理业	582	71474	3737	5975	1174	348	549
仓储业	59	29391	1804	1802	944	619	518
谷物、棉花等农产品仓储	591	9761	164	74	368	317	279
其他仓储业	599	19630	1640	1728	576	302	239
邮政业	60	14777	590	235	329	242	344
邮政基本服务	601	1233	9	41	26	20	42
快递服务	602	13544	581	194	303	222	302
住宿和餐饮业	**H**	**230530**	**16580**	**3546**	**4993**	**3801**	**3076**
住宿业	61	81095	4724	819	2139	1600	1408
旅游饭店	611	26276	1167	246	759	393	529
一般旅馆	612	46849	2973	427	1179	959	737
其他住宿业	619	7970	584	146	201	248	142
餐饮业	62	149435	11856	2727	2854	2201	1668
正餐服务	621	115960	8662	1854	2352	1852	1458
快餐服务	622	10723	978	285	202	129	82
饮料及冷饮服务	623	7030	909	72	58	43	26
其他餐饮业	629	15722	1307	516	242	177	102

单位：个

辽宁	吉林	黑龙江	上海	江苏	浙江	安徽	福建	江西	山东	代码
2225	823	699	2868	7929	5661	2716	3191	1107	5409	524
6167	1772	2956	2060	8085	12075	2835	2174	2577	9586	525
6743	3568	2897	3305	12432	10291	7441	6894	4142	14453	526
5404	2838	2394	4222	15581	9875	7373	5870	2707	11181	527
6279	2852	1994	6783	14018	14380	6431	6359	3547	14062	528
4282	2622	1599	3664	11560	15938	4443	4270	5158	15605	529
13962	**4035**	**4441**	**15535**	**33520**	**19799**	**12280**	**13022**	**9947**	**27188**	**G**
135	99	136	14	107	28	61	64	107	393	53
12	15	21	4	5	5	12	9	13	71	531
57	34	45	4	59	13	28	23	25	156	532
66	50	70	6	43	10	21	32	69	166	533
7300	2066	2472	3830	21365	9909	7959	5599	7676	13861	54
633	252	467	182	707	471	383	340	278	548	541
408	165	205	81	537	512	440	439	484	338	542
5910	1411	1553	3429	19356	8145	6618	4237	6584	12210	543
349	238	247	138	765	781	518	583	330	765	544
409	13	63	302	1629	1151	1058	1501	311	954	55
55	8	25	15	65	82	67	77	34	99	551
218	2	22	172	1100	737	850	1136	222	483	552
136	3	16	115	464	332	141	288	55	372	553
68	36	48	51	68	79	26	77	15	119	56
27	14	14	26	32	36	11	36	6	50	561
12	13	14	6	12	25	6	12	1	25	562
29	9	20	19	24	18	9	29	8	44	563
12	4	7	6	24	6	6		12	46	57
12	4	7	6	24	6	6		12	46	570
4026	480	620	8366	7598	6562	1707	4292	785	7456	58
491	113	191	289	2066	1057	781	545	387	1070	581
3535	367	429	8077	5532	5505	926	3747	398	6386	582
1514	1050	803	2017	1940	996	881	853	553	3531	59
484	841	576	33	437	147	485	136	304	1341	591
1030	209	227	1984	1503	849	396	717	249	2190	599
498	287	292	949	789	1068	582	636	488	828	60
41	29	35	6	45	43	53	46	61	70	601
457	258	257	943	744	1025	529	590	427	758	602
7384	**1953**	**2380**	**12849**	**14259**	**17188**	**7137**	**8949**	**3913**	**13786**	**H**
3030	911	1107	3325	4180	6859	2343	3911	1864	3896	61
843	324	429	547	1206	1623	861	1426	702	1359	611
1958	436	556	2546	2607	5016	1276	2158	932	2168	612
229	151	122	232	367	220	206	327	230	369	619
4354	1042	1273	9524	10079	10329	4794	5038	2049	9890	62
3408	833	1026	6351	7610	8171	3753	3843	1661	7720	621
371	65	101	885	844	629	484	385	84	1171	622
166	36	33	958	398	719	211	290	72	156	623
409	108	113	1330	1227	810	346	520	232	843	629

2-1 续表 8

行业中类	代码	企业单位数	北京	天津	河北	山西	内蒙古
信息传输、软件和信息技术服务业	I	**280125**	**46683**	**9177**	**5087**	**2785**	**2243**
电信、广播电视和卫星传输服务	63	13448	1154	248	396	222	312
电信	631	10205	883	203	283	149	250
广播电视传输服务	632	2924	197	33	102	66	56
卫星传输服务	633	319	74	12	11	7	6
互联网和相关服务	64	33801	3659	804	656	345	416
互联网接入及相关服务	641	3836	496	56	111	52	77
互联网信息服务	642	24128	2585	624	408	208	243
其他互联网服务	649	5837	578	124	137	85	96
软件和信息技术服务业	65	232876	41870	8125	4035	2218	1515
软件开发	651	140675	22423	4697	2376	1161	711
信息系统集成服务	652	20963	2423	683	555	338	179
信息技术咨询服务	653	39899	10833	1404	682	375	437
数据处理和存储服务	654	3839	454	66	60	30	30
集成电路设计	655	3011	129	89	40	14	14
其他信息技术服务业	659	24489	5608	1186	322	300	144
金融业	J	**85730**	**4790**	**3270**	**4308**	**2075**	**2145**
货币金融服务	66	31091	695	1234	1279	1141	1141
中央银行服务	661	126		9	2		3
货币银行服务	662	11177	110	370	429	332	393
非货币银行服务	663	19763	585	855	845	806	744
银行监管服务	664	25			3	3	1
资本市场服务	67	28623	2757	892	2070	392	391
证券市场服务	671	2345	522	114	92	15	24
期货市场服务	672	367	25	14	5	4	3
证券期货监管服务	673	28	1				
资本投资服务	674	19965	2144	489	1434	272	268
其他资本市场服务	679	5918	65	275	539	101	96
保险业	68	15057	622	181	654	412	435
人身保险	681	5266	74	44	220	129	153
财产保险	682	5641	55	34	203	182	214
再保险	683	30	7	1	2		1
养老金	684	176	7	3	21	3	2
保险经纪与代理服务	685	3002	411	74	138	81	46
保险监管服务	686	19			1		
其他保险活动	689	923	68	25	69	17	19
其他金融业	69	10959	716	963	305	130	178
金融信托与管理服务	691	2933	199	148	95	19	42
控股公司服务	692	1510	163	207	28	3	6
非金融机构支付服务	693	435	56	9	34	3	6
金融信息服务	694	1772	44	53	51	13	34
其他未列明金融业	699	4309	254	546	97	92	90

单位：个

辽宁	吉林	黑龙江	上海	江苏	浙江	安徽	福建	江西	山东	代码
10792	**2717**	**3176**	**14762**	**30233**	**24983**	**8575**	**11279**	**3991**	**16213**	I
883	292	295	228	773	615	616	465	291	669	63
687	181	203	172	570	486	451	381	216	528	631
184	104	85	49	182	124	150	77	70	129	632
12	7	7	7	21	5	15	7	5	12	633
795	396	337	1185	4356	1992	1548	1861	816	2456	64
124	44	58	218	307	147	166	151	79	260	641
502	280	197	631	3493	1651	1097	1426	578	1608	642
169	72	82	336	556	194	285	284	159	588	649
9114	2029	2544	13349	25104	22376	6411	8953	2884	13088	65
5975	1159	1780	7466	15651	16613	3687	5107	1475	6647	651
742	160	155	1311	2701	1644	802	1132	331	1259	652
1515	431	347	2896	2987	2576	967	1177	514	2149	653
103	32	39	307	363	265	130	237	28	562	654
42	19	15	278	889	179	81	91	9	145	655
737	228	208	1091	2513	1099	744	1209	527	2326	659
3440	**1343**	**1900**	**2009**	**5440**	**5240**	**3499**	**3389**	**2840**	**5120**	J
1592	824	967	614	1734	1632	1496	954	937	1572	66
1	2	3		3	2	2	1	21	8	661
423	282	413	157	473	477	496	357	502	749	662
1168	538	549	457	1258	1153	996	596	414	814	663
	2	2				2			1	664
870	150	375	684	1923	2219	1026	1293	954	1799	67
60	20	53	145	125	43	54	67	73	119	671
10	6	11	37	28	21	6	32	20	14	672
6			1	4		1	1	1	1	673
612	85	185	454	1260	2037	530	1033	711	1225	674
182	39	126	47	506	118	435	160	149	440	679
706	289	439	373	956	688	638	495	428	1203	68
247	110	176	56	375	218	252	162	187	462	681
245	107	163	61	328	284	260	181	179	462	682
1		1	5	3	1		1		1	683
10	2	4	7	11	7	6	7	5	12	684
163	45	60	179	201	146	68	101	33	206	685
	1	2	1			3	2	2	2	686
40	24	33	64	38	32	49	41	22	58	689
272	80	119	338	827	701	339	647	521	546	69
104	30	31	25	209	239	89	112	202	83	691
27	5	11	3	63	51	24	46	13	23	692
14	4	5	53	22	15	20	19	10	16	693
36	15	32	187	218	180	85	102	75	107	694
91	26	40	70	315	216	121	368	221	317	699

2-1 续表 9

行业中类	代码	企业单位数	北京	天津	河北	山西	内蒙古
房地产业	K	**409795**	**18102**	**7091**	**15325**	**7807**	**6699**
房地产业	70	409795	18102	7091	15325	7807	6699
房地产开发经营	701	170428	3910	1894	7747	3810	3532
物业管理	702	122856	6307	2754	4715	2869	2154
房地产中介服务	703	77900	5281	1658	2307	564	772
自有房地产经营活动	704	22368	1626	189	270	437	111
其他房地产业	709	16243	978	596	286	127	130
租赁和商务服务业	L	**1025732**	**132058**	**27978**	**26549**	**14187**	**12187**
租赁业	71	68518	5692	2555	2796	1437	1611
机械设备租赁	711	66028	5273	2490	2739	1417	1590
文化及日用品出租	712	2490	419	65	57	20	21
商务服务业	72	957214	126366	25423	23753	12750	10576
企业管理服务	721	203576	23373	4962	3628	1912	1455
法律服务	722	10595	600	343	352	80	118
咨询与调查	723	262146	47171	7601	5499	3359	2289
广告业	724	195200	18133	4517	6670	2940	2604
知识产权服务	725	8258	1836	122	141	35	47
人力资源服务	726	53158	3039	2094	1910	597	786
旅行社及相关服务	727	39370	2344	730	1513	926	1082
安全保护服务	728	9058	442	128	376	203	204
其他商务服务业	729	175853	29428	4926	3664	2698	1991
科学研究和技术服务业	M	**408386**	**74065**	**17103**	**10454**	**4888**	**3738**
研究和试验发展	73	46996	4286	1488	903	468	264
自然科学研究和试验发展	731	4616	268	143	65	37	31
工程和技术研究和试验发展	732	27708	1917	645	503	306	116
农业科学研究和试验发展	733	5731	200	116	213	90	87
医学研究和试验发展	734	8283	1806	550	113	30	27
社会人文科学研究	735	658	95	34	9	5	3
专业技术服务业	74	213054	24442	7100	5916	3479	2735
气象服务	741	930	21	11	23	8	9
地震服务	742	230	16	8	11	5	7
海洋服务	743	391	6	73	14	15	5
测绘服务	744	6231	216	93	409	174	300
质检技术服务	745	14567	651	323	838	432	237
环境与生态监测	746	3336	172	71	147	70	89
地质勘查	747	4808	285	179	206	125	296
工程技术	748	92203	9055	1929	2717	1329	1181
其他专业技术服务业	749	90358	14020	4413	1551	1321	611
科技推广和应用服务业	75	148336	45337	8515	3635	941	739
技术推广服务	751	120700	37126	6321	3265	647	572
科技中介服务	752	8127	1843	456	177	55	66
其他科技推广和应用服务业	759	19509	6368	1738	193	239	101
水利、环境和公共设施管理业	N	**54616**	**3247**	**1120**	**2562**	**1271**	**1188**
水利管理业	76	4779	125	105	151	122	152
防洪除涝设施管理	761	491	8	5	15	7	7

单位：个

辽宁	吉林	黑龙江	上海	江苏	浙江	安徽	福建	江西	山东	代码
17466	**5257**	**6533**	**15940**	**35705**	**27555**	**15200**	**14380**	**9177**	**27199**	K
17466	5257	6533	15940	35705	27555	15200	14380	9177	27199	70
7734	2519	2998	4315	13303	9284	6653	6331	4899	12280	701
5826	1699	2197	3957	11105	5745	5107	3896	2421	8759	702
3061	848	996	4900	7570	7897	2456	2506	1184	4537	703
469	50	174	2465	1975	3915	546	896	180	655	704
376	141	168	303	1752	714	438	751	493	968	709
37101	**8953**	**9732**	**53442**	**99684**	**84176**	**37696**	**44304**	**21777**	**65179**	L
2640	976	893	2158	5705	4699	3445	3172	2067	4760	71
2543	934	869	2074	5497	4548	3383	3059	2014	4585	711
97	42	24	84	208	151	62	113	53	175	712
34461	7977	8839	51284	93979	79477	34251	41132	19710	60419	72
5423	983	994	11691	22140	22647	5403	11221	4757	8757	721
276	197	214	410	931	611	340	423	159	912	722
10549	1652	2115	18774	23311	23683	7347	9590	3947	17212	723
7195	2089	1946	8460	18710	14182	10664	9531	5039	12801	724
200	44	72	423	852	1001	280	331	71	402	725
2611	569	846	2292	8076	2533	2934	1460	768	3573	726
1690	690	781	1230	2620	2936	1602	1822	1107	2805	727
369	108	119	228	724	507	542	333	279	477	728
6148	1645	1752	7776	16615	11377	5139	6421	3583	13480	729
14431	**3476**	**4476**	**19240**	**42164**	**30960**	**11776**	**13507**	**5052**	**27764**	M
2299	482	422	2031	8850	4290	1343	2275	310	2935	73
249	82	48	78	946	247	111	380	36	412	731
1426	192	207	1322	5608	3113	736	1173	136	1542	732
319	130	121	40	715	450	273	448	70	510	733
267	71	37	584	1476	452	203	242	60	426	734
38	7	9	7	105	28	20	32	8	45	735
7315	2034	2445	12567	24740	16100	8236	7735	3063	10523	74
26	20	17	10	71	35	49	50	38	93	741
5	5	4	2	18		16	4	6	20	742
36	2		18	17	35	3	28	1	74	743
321	116	178	54	447	419	246	296	217	387	744
784	224	311	495	1415	1383	584	547	316	935	745
136	39	59	117	431	303	170	135	47	245	746
192	74	106	27	141	100	189	118	133	307	747
3141	759	871	4332	11848	8429	4239	3841	1295	3870	748
2674	795	899	7512	10352	5396	2740	2716	1010	4592	749
4817	960	1609	4642	8574	10570	2197	3497	1679	14306	75
3711	636	1206	3805	6743	9161	1706	2866	1109	11396	751
586	86	115	189	819	631	165	176	188	500	752
520	238	288	648	1012	778	326	455	382	2410	759
2053	**600**	**661**	**1490**	**5414**	**4929**	**2510**	**2485**	**1281**	**4484**	N
234	88	83	86	429	287	173	206	118	311	76
16	6	8	24	73	37	32	26	9	43	761

2-1 续表 10

行业中类	代码	企业单位数	北京	天津	河北	山西	内蒙古
水资源管理	762	1133	38	25	39	33	39
天然水收集与分配	763	672	15	11	16	12	14
水文服务	764	296	5	5	7	8	11
其他水利管理业	769	2187	59	59	74	62	81
生态保护和环境治理业	77	7263	312	134	241	144	175
生态保护	771	1211	21	10	31	18	72
环境治理业	772	6052	291	124	210	126	103
公共设施管理业	78	42574	2810	881	2170	1005	861
市政设施管理	781	4817	156	153	191	51	113
环境卫生管理	782	4162	144	57	163	113	53
城乡市容管理	783	1208	24	29	25	13	18
绿化管理	784	20921	2114	563	950	502	523
公园和游览景区管理	785	11466	372	79	841	326	154
居民服务、修理和其他服务业	**O**	**220268**	**19010**	**7103**	**6579**	**4310**	**3369**
居民服务业	79	79578	8386	2340	1706	1217	1166
家庭服务	791	13936	1271	541	472	269	331
托儿所服务	792	345	7	18	4	1	2
洗染服务	793	3707	516	111	70	49	39
理发及美容服务	794	18166	4383	243	263	162	88
洗浴服务	795	8335	425	101	156	145	124
保健服务	796	7413	474	95	70	64	32
婚姻服务	797	6522	584	103	156	119	125
殡葬服务	798	2977	100	28	63	46	70
其他居民服务业	799	18177	626	1100	452	362	355
机动车、电子产品和日用产品修理业	80	87071	6174	2033	2964	1413	1075
汽车、摩托车修理与维护	801	63148	3152	1308	2314	1187	871
计算机和办公设备维修	802	9820	1407	348	266	104	96
家用电器修理	803	9878	1190	249	260	72	53
其他日用产品修理业	809	4225	425	128	124	50	55
其他服务业	81	53619	4450	2730	1909	1680	1128
清洁服务	811	26926	3077	763	1010	447	332
其他未列明服务业	819	26693	1373	1967	899	1233	796
教育	**P**	**48867**	**5573**	**775**	**877**	**576**	**859**
教育	82	48867	5573	775	877	576	859
学前教育	821	6659	101	51	65	45	63
初等教育	822	589	20	9	9	8	6
中等教育	823	949	36	18	15	26	14
高等教育	824	216	25	8	1	2	1
特殊教育	825	288	10	8	6	2	5
技能培训、教育辅助及其他教育	829	40166	5381	681	781	493	770
卫生和社会工作	**Q**	**27151**	**1830**	**441**	**449**	**611**	**388**
卫生	83	25068	1725	409	408	574	348
医院	831	9279	494	140	223	347	157
社区医疗与卫生院	832	2772	34	22	72	23	91

单位：个

辽宁	吉林	黑龙江	上海	江苏	浙江	安徽	福建	江西	山东	代码
49	14	19	18	92	69	29	46	33	67	762
29	20	12	10	26	46	21	51	16	37	763
14	7	5	2	31	4	15	3	11	31	764
126	41	39	32	207	131	76	80	49	133	769
219	67	74	151	786	676	287	364	165	592	77
19	9	15	6	58	64	46	39	30	216	771
200	58	59	145	728	612	241	325	135	376	772
1600	445	504	1253	4199	3966	2050	1915	998	3581	78
166	67	67	205	500	565	203	257	137	373	781
146	50	59	184	402	546	295	183	63	219	782
38	15	13	49	109	75	62	63	19	107	783
919	225	247	763	1938	1650	999	632	393	2056	784
331	88	118	52	1250	1130	491	780	386	826	785
8202	**3062**	**2461**	**11618**	**17879**	**14515**	**7246**	**8655**	**4938**	**14615**	O
3281	1139	1022	5892	5320	5361	2687	3114	1494	4228	79
514	173	177	428	1050	1033	519	600	228	740	791
6	3	26	7	16	13	6	14	13	19	792
110	26	40	203	209	314	90	148	51	155	793
504	86	112	2422	632	1033	202	487	154	449	794
777	115	190	717	1042	529	360	419	92	308	795
190	28	24	1237	274	911	224	483	58	200	796
335	73	98	349	483	635	213	240	77	458	797
267	49	100	130	203	256	182	136	49	120	798
578	586	255	399	1411	637	891	587	772	1779	799
3516	1044	1012	3893	7434	6039	2559	3764	1620	5863	80
2789	838	768	2417	5250	4715	1890	2845	1210	4337	801
330	109	93	562	824	481	279	400	200	564	802
237	62	94	684	953	654	250	372	152	589	803
160	35	57	230	407	189	140	147	58	373	809
1405	879	427	1833	5125	3115	2000	1777	1824	4524	81
687	242	247	989	2646	2363	1211	1132	520	1612	811
718	637	180	844	2479	752	789	645	1304	2912	819
2179	**612**	**635**	**706**	**3793**	**2963**	**1872**	**1944**	**1159**	**2516**	P
2179	612	635	706	3793	2963	1872	1944	1159	2516	82
594	58	77	56	178	193	238	310	268	337	821
6	10	5	2	25	9	28	6	16	22	822
45	15	26	7	64	33	48	15	46	63	823
12	4	3	4	15	19	6	8	4	17	824
9	13	16	2	26	3	19	1	6	46	825
1513	512	508	635	3485	2706	1533	1604	819	2031	829
1642	**377**	**492**	**958**	**1423**	**1543**	**591**	**1070**	**422**	**1375**	Q
1500	338	427	915	1249	1396	483	992	381	1210	83
445	191	215	252	493	329	240	211	179	476	831
175	36	59	1	67	98	62	60	60	127	832

2-1 续表 11

行业中类	代码	企业单位数	北京	天津	河北	山西	内蒙古
门诊部(所)	833	10804	1018	155	75	121	59
计划生育技术服务活动	834	77		1		1	
妇幼保健院(所、站)	835	97	4	2	4	1	2
专科疾病防治院(所、站)	836	421	32	6	7	19	6
疾病预防控制中心	837	112	2	5	3	3	6
其他卫生活动	839	1506	141	78	24	59	27
社会工作	84	2083	105	32	41	37	40
提供住宿社会工作	841	1716	70	22	31	33	35
不提供住宿社会工作	842	367	35	10	10	4	5
文化、体育和娱乐业	**R**	**195950**	**25699**	**2454**	**5909**	**3996**	**1894**
新闻和出版业	85	4733	1351	100	98	102	52
新闻业	851	257	36	6	3	2	6
出版业	852	4476	1315	94	95	100	46
广播、电视、电影和影视录音制作业	86	14980	2815	245	360	271	180
广播	861	507	38	10	13	13	15
电视	862	1198	245	21	27	31	16
电影和影视节目制作	863	6636	1904	148	104	81	51
电影和影视节目发行	864	1004	335	11	17	9	11
电影放映	865	4833	129	47	187	132	78
录音制作	866	802	164	8	12	5	9
文化艺术业	87	39903	15050	896	709	812	311
文艺创作与表演	871	9647	1552	97	265	277	88
艺术表演场馆	872	679	49	12	20	16	7
图书馆与档案馆	873	363	16	5	11	4	2
文物及非物质文化遗产保护	874	729	38	7	29	49	9
博物馆	875	368	62	11	6	9	4
烈士陵园、纪念馆	876	63	1	3	5	5	
群众文化活动	877	5446	2782	145	79	39	42
其他文化艺术业	879	22608	10550	616	294	413	159
体育	88	12069	2260	279	213	161	68
体育组织	881	1412	456	41	17	19	4
体育场馆	882	870	44	17	19	13	5
休闲健身活动	883	8513	1410	165	162	102	49
其他体育	889	1274	350	56	15	27	10
娱乐业	89	124265	4223	934	4529	2650	1283
室内娱乐活动	891	114028	2256	755	4311	2517	1175
游乐园	892	1431	36	12	48	32	21
彩票活动	893	114	20	4	1		
文化、娱乐、体育经纪代理	894	5124	1732	101	87	55	35
其他娱乐业	899	3568	179	62	82	46	52
公共管理、社会保障和社会组织	**S**	**114**	**2**	**13**	**1**		**1**
社会保障	93	114	2	13	1		1
社会保障	930	114	2	13	1		1

单位：个

辽宁	吉林	黑龙江	上海	江苏	浙江	安徽	福建	江西	山东	代码
762	71	105	545	524	907	98	675	88	469	833
1	1			7	3	4		1		834
3	3	1	7	8	3	2	2	1	4	835
35	6	11	59	31	9	13	9	10	23	836
14	2	3	7	10	8	2	4	2	6	837
65	28	33	44	109	39	62	31	40	105	839
142	39	65	43	174	147	108	78	41	165	84
127	29	62	31	146	104	95	59	28	145	841
15	10	3	12	28	43	13	19	13	20	842
6372	**1804**	**2680**	**5764**	**13548**	**14342**	**8668**	**6946**	**4286**	**10492**	**R**
180	118	73	169	240	144	145	115	90	221	85
4	7	7	2	20	10	7	12	9	27	851
176	111	66	167	220	134	138	103	81	194	852
383	156	160	571	1067	1811	492	463	308	727	86
17	6	12	9	31	13	13	14	28	28	861
23	11	23	32	135	185	35	33	15	35	862
130	43	53	338	350	1179	136	188	51	246	863
29	18	4	47	70	37	32	32	16	38	864
164	62	47	121	429	379	248	166	189	339	865
20	16	21	24	52	18	28	30	9	41	866
844	209	250	964	2701	1682	1597	1167	587	1927	87
230	65	60	198	809	583	886	418	152	362	871
27	19	8	25	64	38	45	8	18	49	872
26	5	10	4	30	74	17	28	11	7	873
22	8	4	1	45	36	28	31	20	32	874
21	1	8	10	29	37	7	17	9	29	875
1	1	2		5	1	4	2	1	7	876
75	23	22	55	290	176	96	77	41	136	877
442	87	136	671	1429	737	514	586	335	1305	879
423	73	97	926	836	1396	239	658	162	492	88
48	7	2	37	105	55	29	65	15	65	881
40	13	8	44	57	60	19	66	10	42	882
294	48	83	804	584	1173	153	476	116	316	883
41	5	4	41	90	108	38	51	21	69	889
4542	1248	2100	3134	8704	9309	6195	4543	3139	7125	89
4282	1146	1952	2794	7682	8694	5777	4191	2924	6479	891
58	11	26	16	105	112	69	92	36	92	892
6	6		2	3	8	3	5	16	10	893
113	40	75	251	351	260	100	136	71	244	894
83	45	47	71	563	235	246	119	92	300	899
18		**7**	**3**	**1**	**6**	**3**	**3**	**1**	**1**	**S**
18		7	3	1	6	3	3	1	1	93
18		7	3	1	6	3	3	1	1	930

2-1 续表 12

行业中类	代码	河南	湖北	湖南	广东	广西	海南
总计	--	**399985**	**429641**	**277672**	**1102077**	**230232**	**43752**
农、林、牧、渔业	A	**26378**	**30714**	**15776**	**16095**	**36577**	**4085**
农业	01	8051	12146	5653	7985	13067	1890
谷物种植	011	1724	2335	816	565	294	329
豆类、油料和薯类种植	012	238	383	449	310	238	81
棉、麻、糖、烟草种植	013	172	662	207	117	1019	48
蔬菜、食用菌及园艺作物种植	014	2559	4330	2036	3036	2276	611
水果种植	015	934	1376	951	1675	7073	441
坚果、含油果、香料和饮料作物种植	016	236	1142	410	680	890	94
中药材种植	017	298	670	373	282	716	41
其他农业	019	1890	1248	411	1320	561	245
林业	02	1404	1826	1351	1704	5623	369
林木育种和育苗	021	1050	1492	735	1095	2400	153
造林和更新	022	172	124	238	317	2241	66
森林经营和管护	023	159	141	281	214	864	34
木材和竹材采运	024	19	39	55	47	79	7
林产品采集	025	4	30	42	31	39	109
畜牧业	03	11639	8567	3604	2513	10376	849
牲畜饲养	031	8542	5764	2536	1670	6207	531
家禽饲养	032	2337	2084	775	597	3316	258
狩猎和捕捉动物	033	42	127	18	20	62	11
其他畜牧业	039	718	592	275	226	791	49
渔业	04	500	3303	1031	1923	6214	481
水产养殖	041	490	3136	969	1834	6129	446
水产捕捞	042	10	167	62	89	85	35
农、林、牧、渔服务业	05	4784	4872	4137	1970	1297	496
农业服务业	051	3558	3849	2697	1374	942	398
林业服务业	052	240	244	487	200	178	58
畜牧服务业	053	922	497	649	128	92	12
渔业服务业	054	64	282	304	268	85	28
采矿业	B	**6353**	**4757**	**7154**	**3731**	**3386**	**341**
煤炭开采和洗选业	06	1298	546	1397	39	58	2
烟煤和无烟煤开采洗选	061	1252	445	1283	15	31	1
褐煤开采洗选	062	6	5	9	1	19	
其他煤炭采选	069	40	96	105	23	8	1
石油和天然气开采业	07	15	20	2	9	7	5
石油开采	071	14	9	2	6	6	3
天然气开采	072	1	11		3	1	2
黑色金属矿采选业	08	803	550	687	466	383	31
铁矿采选	081	777	513	273	410	153	28
锰矿、铬矿采选	082	3	9	310	8	142	1
其他黑色金属矿采选	089	23	28	104	48	88	2
有色金属矿采选业	09	1179	247	897	307	494	128

单位：个

重庆	四川	贵州	云南	西藏	陕西	甘肃	青海	宁夏	新疆	代码
316677	**260661**	**147403**	**192072**	**9030**	**207718**	**93913**	**29731**	**33919**	**110769**	--
49020	**16858**	**27762**	**20840**	**132**	**13314**	**12558**	**5021**	**3371**	**6195**	A
23150	6307	12682	11423	55	4194	3315	1549	1345	1862	01
740	375	285	170	2	386	481	257	318	337	011
514	254	160	200	3	104	308	280	50	43	012
560	126	581	336		57	20	6	1	319	013
10076	3115	3723	3356	23	1795	1138	511	433	372	014
6407	1222	3115	2441	8	1031	393	53	260	495	015
1381	422	2143	1601	5	289	77	47	8	75	016
2662	538	2375	2552	9	307	546	241	181	71	017
810	255	300	767	5	225	352	154	94	150	019
2202	1660	1374	1687	26	1203	946	591	302	325	02
1702	1284	1192	1185	20	1121	852	541	275	253	021
253	159	80	210	3	46	69	40	23	39	022
184	151	64	139	2	25	21	7	4	26	023
28	43	24	45	1	3	2	1		5	024
35	23	14	108		8	2	2		2	025
12895	6239	11527	5978	32	6423	7411	2609	1217	2254	03
7458	4482	8231	4470	20	4988	6476	2264	1007	1858	031
3280	1385	2617	1235	10	1171	800	256	167	280	032
116	86	44	18		14	6	4		2	033
2041	286	635	255	2	250	129	85	43	114	039
8232	984	1403	350	4	419	152	64	94	106	04
7851	909	1366	343	4	408	149	63	89	99	041
381	75	37	7		11	3	1	5	7	042
2541	1668	776	1402	15	1075	734	208	413	1648	05
2105	1184	568	1050	14	868	603	150	331	1399	051
101	199	55	164		112	39	14	29	89	052
181	213	131	155	1	78	86	44	48	150	053
154	72	22	33		17	6		5	10	054
2557	**5445**	**6917**	**6492**	**225**	**4027**	**2162**	**967**	**738**	**2882**	B
916	1478	2117	1658	2	923	286	92	479	501	06
854	1431	2071	1536	1	812	247	82	471	485	061
12	7	8	82	1	6	14		3		062
50	40	38	40		105	25	10	5	16	069
44	40	5	8		44	16	5	9	23	07
8	14	1	4		35	13	5	7	15	071
36	26	4	4		9	3		2	8	072
91	430	365	660	21	328	277	103	10	586	08
16	388	144	528	14	255	245	84	9	529	081
69	17	107	75	2	31	9	6		24	082
6	25	114	57	5	42	23	13	1	33	089
36	556	467	1640	83	432	316	158	3	468	09

2-1 续表 13

行业中类	代码	河南	湖北	湖南	广东	广西	海南
常用有色金属矿采选	091	586	187	704	221	403	120
贵金属矿采选	092	419	44	82	27	67	3
稀有稀土金属矿采选	093	174	16	111	59	24	5
非金属矿采选业	10	2949	3048	4050	2708	2270	148
土砂石开采	101	2626	2201	3763	2346	1934	122
化学矿开采	102	33	437	47	17	78	1
采盐	103	11	4	3	31	7	3
石棉及其他非金属矿采选	109	279	406	237	314	251	22
开采辅助活动	11	49	78	49	70	43	4
煤炭开采和洗选辅助活动	111	19	21	14	6	6	1
石油和天然气开采辅助活动	112	17	18	13	24	5	2
其他开采辅助活动	119	13	39	22	40	32	1
其他采矿业	12	60	268	72	132	131	23
其他采矿业	120	60	268	72	132	131	23
制造业	C	**116181**	**76294**	**61075**	**351166**	**28019**	**3148**
农副食品加工业	13	10470	6374	5384	5914	2088	478
谷物磨制	131	3930	2170	1723	675	312	14
饲料加工	132	1258	541	550	747	289	35
植物油加工	133	1363	857	648	516	215	12
制糖业	134	19	19	18	145	127	23
屠宰及肉类加工	135	1299	756	809	1196	350	108
水产品加工	136	77	275	149	1006	184	145
蔬菜、水果和坚果加工	137	621	544	535	658	182	49
其他农副食品加工	139	1903	1212	952	971	429	92
食品制造业	14	4221	2047	1873	6109	1384	161
焙烤食品制造	141	1222	585	461	1837	576	24
糖果、巧克力及蜜饯制造	142	221	80	138	1297	63	31
方便食品制造	143	1131	474	492	723	266	10
乳制品制造	144	103	42	36	74	33	4
罐头食品制造	145	212	132	166	194	82	10
调味品、发酵制品制造	146	578	225	133	642	105	15
其他食品制造	149	754	509	447	1342	259	67
酒、饮料和精制茶制造业	15	2517	3121	1858	2052	962	122
酒的制造	151	728	541	465	610	255	31
饮料制造	152	1196	862	740	1147	404	83
精制茶加工	153	593	1718	653	295	303	8
烟草制品业	16	26	26	122	37	8	1
烟叶复烤	161	16	7	88	5	1	
卷烟制造	162	4	6	7	11	4	1
其他烟草制品制造	169	6	13	27	21	3	
纺织业	17	3466	3620	1126	10036	577	48
棉纺织及印染精加工	171	2167	2070	406	2735	101	2
毛纺织及染整精加工	172	120	68	27	833	48	
麻纺织及染整精加工	173	140	73	100	87	23	1

单位：个

重庆	四川	贵州	云南	西藏	陕西	甘肃	青海	宁夏	新疆	代码
32	446	366	1502	78	307	179	137	2	288	091
3	72	78	81	3	90	119	19	1	111	092
1	38	23	57	2	35	18	2		69	093
1377	2755	3833	2332	109	1180	1080	550	220	914	10
1282	2372	3387	2044	95	945	932	464	210	708	101
26	147	309	165	7	106	8	5	2	15	102
3	20		6		7	4	23		14	103
66	216	137	117	7	122	136	58	8	177	109
57	119	62	65	4	1036	122	16	15	247	11
21	19	37	32	1	28	19	6	3	29	111
26	77	3			955	87	2	12	187	112
10	23	22	33	3	53	16	8		31	119
36	67	68	129	6	84	65	43	2	143	12
36	67	68	129	6	84	65	43	2	143	120
50578	**57888**	**26910**	**20032**	**1112**	**35108**	**15466**	**4134**	**5476**	**15636**	**C**
3729	4628	2062	2236	231	2485	2025	451	712	1661	13
938	571	426	133	86	506	332	36	185	233	131
295	576	144	323	6	341	224	62	89	119	132
382	457	362	165	59	243	133	98	80	372	133
32	25	24	91		21	12	1	5	19	134
630	1522	366	427	42	409	276	160	97	218	135
41	26	27	29		18	6	3	5	18	136
520	667	205	520	4	429	488	11	74	446	137
891	784	508	548	34	518	554	80	177	236	139
1303	2587	964	952	56	1622	596	153	268	595	14
292	578	141	258	8	375	115	19	77	103	141
81	167	42	58		351	58	2	6	23	142
299	528	351	174	12	259	70	9	46	57	143
18	50	17	34	20	114	63	32	30	75	144
52	122	17	29	1	32	20	3	10	143	145
348	677	215	151	2	254	175	24	45	40	146
213	465	181	248	13	237	95	64	54	154	149
1023	3877	2755	1942	65	995	504	97	147	515	15
479	2205	836	453	29	195	251	55	90	290	151
387	700	498	502	35	424	213	41	51	205	152
157	972	1421	987	1	376	40	1	6	20	153
10	10	20	36		6	6		2	1	16
7	3	17	14		3	1		1		161
2	4	1	4		3	1		1	1	162
1	3	2	18			4				169
2067	1132	308	267	71	641	240	55	249	474	17
913	429	68	50	1	367	94	7	12	267	171
69	36	12	3	39	30	47	17	204	40	172
20	37	12	24	1	5	6		2	12	173

2-1 续表 14

行业中类	代码	河南	湖北	湖南	广东	广西	海南
丝绢纺织及印染精加工	174	37	49	19	205	149	
化纤织造及印染精加工	175	86	110	36	415	6	
针织或钩针编织物及其制品制造	176	296	160	199	2609	104	17
家用纺织制成品制造	177	362	472	245	1470	103	13
非家用纺织制成品制造	178	258	618	94	1682	43	15
纺织服装、服饰业	18	2764	4871	1230	24263	805	79
机织服装制造	181	1689	3872	918	16304	647	57
针织或钩针编织服装制造	182	433	227	85	4320	49	4
服饰制造	183	642	772	227	3639	109	18
皮革、毛皮、羽毛及其制品和制鞋业	19	2217	945	998	14490	465	6
皮革鞣制加工	191	476	70	75	587	44	
皮革制品制造	192	488	365	289	6789	190	3
毛皮鞣制及制品加工	193	212	184	28	230	24	
羽毛(绒)加工及制品制造	194	153	17	36	150	99	3
制鞋业	195	888	309	570	6734	108	
木材加工和木、竹、藤、棕、草制品业	20	7168	1752	3210	5268	3869	219
木材加工	201	4837	706	1256	1791	2182	155
人造板制造	202	1381	319	693	864	1025	25
木制品制造	203	753	572	508	2049	396	33
竹、藤、棕、草等制品制造	204	197	155	753	564	266	6
家具制造业	21	3106	1306	1334	12280	554	108
木质家具制造	211	2584	936	1040	6296	415	75
竹、藤家具制造	212	23	19	66	168	15	3
金属家具制造	213	286	107	58	1709	38	5
塑料家具制造	214	47	30	15	249	10	2
其他家具制造	219	166	214	155	3858	76	23
造纸和纸制品业	22	1758	1241	1748	12103	843	71
纸浆制造	221	15	34	18	80	26	
造纸	222	789	335	667	2977	370	30
纸制品制造	223	954	872	1063	9046	447	41
印刷和记录媒介复制业	23	2861	2131	1792	13590	884	185
印刷	231	2567	1794	1593	12799	779	159
装订及印刷相关服务	232	287	327	192	734	102	24
记录媒介复制	233	7	10	7	57	3	2
文教、工美、体育和娱乐用品制造业	24	3284	1125	1184	14844	750	77
文教办公用品制造	241	159	126	142	1106	39	4
乐器制造	242	146	35	17	342	6	2
工艺美术品制造	243	2660	815	796	8323	593	68
体育用品制造	244	51	54	66	1206	17	2
玩具制造	245	179	63	146	3460	94	1
游艺器材及娱乐用品制造	246	89	32	17	407	1	
石油加工及炼焦	25	332	159	127	467	80	18
精炼石油产品制造	251	255	143	92	454	70	17
炼焦	252	77	16	35	13	10	1

单位：个

重庆	四川	贵州	云南	西藏	陕西	甘肃	青海	宁夏	新疆	代码
104	202	14	55		28	4	1		6	174
30	58	9	6		11	5			5	175
199	89	43	23	8	49	18	8	6	39	176
623	208	130	84	19	101	37	13	15	52	177
109	73	20	22	3	50	29	9	10	53	178
1837	998	627	206	54	384	128	97	68	240	18
1324	846	347	109	25	262	79	58	48	141	181
90	57	62	20	15	28	11	11	3	22	182
423	95	218	77	14	94	38	28	17	77	183
1246	945	319	107	21	113	209	36	121	91	19
42	55	6	14		10	64	8	16	22	191
237	154	65	30	5	26	42	11	9	21	192
82	35	7	13	12	31	59	12	67	26	193
54	96	4	5		8	10	3	26	10	194
831	605	237	45	4	38	34	2	3	12	195
1777	1720	1459	1189	43	647	226	110	87	299	20
624	700	808	728	22	310	89	83	16	107	201
118	281	136	143	2	80	40	7	11	89	202
639	471	338	211	18	216	71	17	44	88	203
396	268	177	107	1	41	26	3	16	15	204
2235	1862	780	365	76	630	196	51	70	192	21
1710	1415	589	283	72	417	126	42	49	137	211
24	26	26	9		5	1			1	212
152	118	50	26		95	26	4	12	33	213
26	13	10	7	1	25	2			7	214
323	290	105	40	3	88	41	5	9	14	219
863	1210	402	465	8	747	202	20	84	308	22
6	31	5	6		28	6			7	221
211	420	143	140	2	244	63	6	36	86	222
646	759	254	319	6	475	133	14	48	215	223
1220	2308	546	663	24	1161	751	105	188	417	23
1042	1987	467	560	24	932	607	83	163	361	231
170	315	76	100		222	140	22	24	56	232
8	6	3	3		7	4		1		233
957	612	1594	501	99	446	478	226	51	396	24
74	85	44	39		53	22	7	3	17	241
13	11	19	11	1	9	3			3	242
770	436	1492	430	98	345	447	215	44	367	243
30	32	8	9		17	5	4	2	6	244
53	30	25	7		4			2	2	245
17	18	6	5		18	1			1	246
79	197	126	110		272	78	11	55	312	25
61	154	29	18		111	64	7	24	170	251
18	43	97	92		161	14	4	31	142	252

2-1 续表 15

行业中类	代码	河南	湖北	湖南	广东	广西	海南
化学原料和化学制品制造业	26	5193	3792	5542	12942	1607	167
基础化学原料制造	261	1090	694	748	761	228	14
肥料制造	262	759	841	357	431	340	50
农药制造	263	204	137	110	115	73	9
涂料、油墨、颜料及类似产品制造	264	820	574	372	3549	159	10
合成材料制造	265	324	313	224	1869	51	8
专用化学产品制造	266	1495	853	683	2707	364	27
炸药、火工及焰火产品制造	267	133	128	2837	42	197	23
日用化学产品制造	268	368	252	211	3468	195	26
医药制造业	27	1306	1063	731	1416	445	134
化学药品原料药制造	271	171	174	106	92	35	15
化学药品制剂制造	272	109	112	61	169	42	62
中药饮片加工	273	169	151	113	246	61	10
中成药生产	274	219	189	131	221	152	17
兽用药品制造	275	195	42	57	141	54	7
生物药品制造	276	175	189	186	284	56	18
卫生材料及医药用品制造	277	268	206	77	263	45	5
化学纤维制造业	28	128	73	48	367	12	7
纤维素纤维原料及纤维制造	281	51	24	18	71	8	1
合成纤维制造	282	77	49	30	296	4	6
橡胶和塑料制品业	29	3999	2902	1806	30755	962	124
橡胶制品业	291	751	460	301	4763	148	32
塑料制品业	292	3248	2442	1505	25992	814	92
非金属矿物制品业	30	24754	11737	11608	16523	4426	590
水泥、石灰和石膏制造	301	1367	913	934	805	529	49
石膏、水泥制品及类似制品制造	302	8455	3748	2922	1892	869	163
砖瓦、石材等建筑材料制造	303	7974	5375	5771	5711	2328	318
玻璃制造	304	152	209	108	635	45	10
玻璃制品制造	305	430	366	219	2062	70	17
玻璃纤维和玻璃纤维增强塑料制品制造	306	361	101	74	326	36	6
陶瓷制品制造	307	966	193	774	3823	223	14
耐火材料制品制造	308	3292	270	271	260	42	3
石墨及其他非金属矿物制品制造	309	1757	562	535	1009	284	10
黑色金属冶炼和压延加工业	31	2797	969	1661	2167	604	21
炼铁	311	174	53	162	78	34	1
炼钢	312	66	61	28	98	9	3
黑色金属铸造	313	1697	436	702	562	220	6
钢压延加工	314	575	335	242	1377	118	11
铁合金冶炼	315	285	84	527	52	223	
有色金属冶炼和压延加工业	32	1738	628	1556	2917	367	30
常用有色金属冶炼	321	404	160	661	338	189	8
贵金属冶炼	322	59	13	167	33	15	3
稀有稀土金属冶炼	323	109	15	112	43	20	
有色金属合金制造	324	303	109	235	330	18	2

单位：个

重庆	四川	贵州	云南	西藏	陕西	甘肃	青海	宁夏	新疆	代码
1509	3029	1228	1135	51	1737	791	293	416	1149	26
203	758	249	242	6	304	221	97	168	199	261
193	540	332	387	1	300	187	108	55	423	262
38	80	14	27		82	16	6	10	18	263
428	421	128	80	3	215	84	11	28	113	264
131	213	48	35		113	45	13	15	58	265
274	592	218	229	1	377	132	32	121	258	266
69	162	136	37	1	226	16	1	2	18	267
173	263	103	98	39	120	90	25	17	62	268
344	915	366	312	38	726	471	89	55	156	27
54	113	12	21		120	14	4	10	14	271
42	118	16	29	3	95	8	1	4	9	272
63	195	91	71	6	87	288	16	13	33	273
54	160	169	103	27	146	71	47	8	47	274
28	112	5	5		29	9	1	4	6	275
68	148	46	43	1	173	71	14	12	30	276
35	69	27	40	1	76	10	6	4	17	277
26	65	5	12		39	10	4	4	39	28
7	20		5		12	2	1	2	31	281
19	45	5	7		27	8	3	2	8	282
1874	2445	734	838	7	1272	611	95	249	1494	29
363	368	131	195		364	58	8	32	85	291
1511	2077	603	643	7	908	553	87	217	1409	292
5670	10700	7535	3855	184	6483	4464	1007	1208	3661	30
320	604	427	408	23	567	337	107	105	313	301
1677	2405	3164	855	86	1981	830	285	312	903	302
2809	5838	3193	2224	69	3300	2778	544	511	2114	303
110	177	84	39	2	65	32	10	11	43	304
337	517	261	56		119	52	5	11	59	305
65	164	29	15	1	31	6	6	5	58	306
170	236	57	64	1	109	39	4	1	18	307
73	328	104	62		104	87	11	23	60	308
109	431	216	132	2	207	303	35	229	93	309
685	1132	512	595	2	557	378	138	179	317	31
18	46	42	86		29	43	3	12	75	311
17	34	8	16	1	22	16	1	13	14	312
217	452	74	114		214	87	18	29	62	313
360	403	120	227	1	217	114	27	36	134	314
73	197	268	152		75	118	89	89	32	315
479	628	352	586	3	941	241	106	83	152	32
106	167	177	400	1	126	74	39	40	53	321
9	10	25	30	1	47	35	6	1	23	322
9	61	18	26		39	14	2	2	11	323
61	124	33	18		93	23	13	9	13	324

2-1 续表 16

行业中类	代码	河南	湖北	湖南	广东	广西	海南
有色金属铸造	325	76	46	36	201	8	2
有色金属压延加工	326	787	285	345	1972	117	15
金属制品业	33	5874	4549	2729	40031	1220	111
结构性金属制品制造	331	3100	2471	1227	8870	509	55
金属工具制造	332	454	348	425	4233	186	10
集装箱及金属包装容器制造	333	237	174	75	843	49	9
金属丝绳及其制品制造	334	289	116	69	646	30	4
建筑、安全用金属制品制造	335	674	431	253	5609	142	16
金属表面处理及热处理加工	336	132	165	94	2131	44	4
搪瓷制品制造	337	71	16	26	326	16	
金属制日用品制造	338	289	246	168	7467	121	6
其他金属制品制造	339	628	582	392	9906	123	7
通用设备制造业	34	8111	4705	3623	17123	961	39
锅炉及原动设备制造	341	354	392	192	423	94	2
金属加工机械制造	342	1303	1277	985	3854	229	8
物料搬运设备制造	343	1071	221	158	726	50	3
泵、阀门、压缩机及类似机械制造	344	994	393	411	1205	70	8
轴承、齿轮和传动部件制造	345	639	184	203	494	46	2
烘炉、风机、衡器、包装等设备制造	346	694	420	306	2801	85	4
文化、办公用机械制造	347	48	50	40	795	22	1
通用零部件制造	348	2644	1259	991	4841	303	8
其他通用设备制造业	349	364	509	337	1984	62	3
专用设备制造业	35	6561	4315	3069	21253	1100	74
采矿、冶金、建筑专用设备制造	351	2726	825	673	646	246	11
化工、木材、非金属加工专用设备制造	352	710	951	436	10859	181	16
食品、饮料、烟草及饲料生产专用设备制造	353	420	207	135	416	63	4
印刷、制药、日化及日用品生产专用设备制造	354	372	251	215	1891	64	4
纺织、服装和皮革加工专用设备制造	355	214	123	75	566	7	
电子和电工机械专用设备制造	356	216	473	327	3086	75	9
农、林、牧、渔专用机械制造	357	941	331	373	275	232	10
医疗仪器设备及器械制造	358	315	293	245	1141	79	9
环保、社会公共服务及其他专用设备制造	359	647	861	590	2373	153	11
汽车制造业	36	2593	5260	804	2401	844	44
汽车整车制造	361	28	59	28	54	16	3
改装汽车制造	362	58	142	30	23	13	1
低速载货汽车制造	363	25	10	5	2	3	
电车制造	364	71	17	4	31	11	
汽车车身、挂车制造	365	66	31	47	28	13	2
汽车零部件及配件制造	366	2345	5001	690	2263	788	38
铁路、船舶、航空航天和其他运输设备制造业	37	824	590	437	1787	202	40
铁路运输设备制造	371	178	123	187	48	25	
城市轨道交通设备制造	372	3	11	7	14	1	
船舶及相关装置制造	373	34	318	138	540	97	35
航空、航天器及设备制造	374	22	30	17	42	4	2

单位：个

重庆	四川	贵州	云南	西藏	陕西	甘肃	青海	宁夏	新疆	代码
32	41	12	8		80	15	3	6	8	325
262	225	87	104	1	556	80	43	25	44	326
4675	3087	1338	1115	30	1984	919	440	406	1204	33
2415	1498	715	671	13	1023	574	214	287	782	331
692	278	197	105	6	209	71	17	24	62	332
74	152	25	46	1	68	38	3	8	58	333
64	98	37	22	4	30	21	157	7	36	334
464	340	140	76		270	101	21	33	97	335
256	171	30	40		97	22	7	7	32	336
30	28	9	6		14	3		1	1	337
291	175	66	52	4	87	27	8	14	33	338
389	347	119	97	2	186	62	13	25	103	339
3532	4610	721	685	1	3828	475	147	236	470	34
202	296	32	29		163	76	32	34	87	341
672	1066	205	260		949	112	35	67	87	342
118	134	26	45		62	20	3	11	43	343
182	507	45	21		189	36	2	10	21	344
197	162	45	25		65	16	5	22	8	345
306	233	67	47		292	42	13	23	50	346
34	24	4	11	1	20	5	3	1	6	347
1646	1972	271	206		1860	133	40	56	153	348
175	216	26	41		228	35	14	12	15	349
2513	2981	581	492	1	2371	500	96	180	622	35
326	862	184	151		700	162	12	62	179	351
766	636	101	63	1	316	60	14	18	59	352
64	166	21	60		79	17	5	2	20	353
119	170	36	27		137	24	7	10	21	354
46	31	6	5		80	8		2	9	355
196	257	54	23		305	30	14	10	22	356
541	222	70	56		164	112	20	32	216	357
154	228	36	23		161	25	7	9	16	358
301	409	73	84		429	62	17	35	80	359
3429	1064	155	163	1	351	45	8	30	83	36
38	38	12	7		19	3			5	361
31	33	14	3		22	7	1	16	44	362
1		1	1		1	7				363
21	10	5	1			5	1	2	1	364
27	27	5	4		17	4		1	9	365
3311	956	118	147	1	292	19	6	11	24	366
3585	408	72	21		400	29	8	9	23	37
33	129	11	6		135	14	4	3	5	371
9	8		1		5	1			1	372
248	39	12	4		6	2				373
4	52	24	2		208	3		1	2	374

2-1 续表 17

行业中类	代码	河南	湖北	湖南	广东	广西	海南
摩托车制造	375	353	37	33	545	9	3
自行车制造	376	204	31	20	474	48	
非公路休闲车及零配件制造	377	19	13	4	53	3	
潜水救捞及其他未列明运输设备制造	379	11	27	31	71	15	
电气机械和器材制造业	38	3678	2791	2198	35423	739	56
电机制造	381	467	284	258	1375	82	2
输配电及控制设备制造	382	1137	961	753	7746	262	20
电线、电缆、光缆及电工器材制造	383	816	445	361	4248	125	14
电池制造	384	247	139	133	1558	31	
家用电力器具制造	385	213	153	168	7803	58	4
非电力家用器具制造	386	153	182	117	851	55	6
照明器具制造	387	427	327	191	10518	65	9
其他电气机械及器材制造	389	218	300	217	1324	61	1
计算机、通信和其他电子设备制造业	39	1064	1415	1333	33022	556	35
计算机制造	391	81	140	138	4041	92	10
通信设备制造	392	107	187	137	2351	59	7
广播电视设备制造	393	78	40	64	1162	14	1
雷达及配套设备制造	394	3	6	7	64	2	1
视听设备制造	395	47	36	30	3136	29	
电子器件制造	396	185	321	196	5000	44	5
电子元件制造	397	358	338	508	11562	211	6
其他电子设备制造	399	205	347	253	5706	105	5
仪器仪表制造业	40	970	789	482	4896	121	15
通用仪器仪表制造	401	597	410	265	1381	50	5
专用仪器仪表制造	402	180	188	117	716	25	8
钟表与计时仪器制造	403	15	16	5	1579	10	1
光学仪器及眼镜制造	404	128	71	55	953	19	1
其他仪器仪表制造业	409	50	104	40	267	17	
其他制造业	41	1253	1112	710	3605	202	24
日用杂品制造	411	390	161	223	1408	56	6
煤制品制造	412	630	93	292	47	19	1
其他未列明制造业	419	233	858	195	2150	127	17
废弃资源综合利用业	42	731	360	497	1324	227	16
金属废料和碎屑加工处理	421	424	202	317	725	143	5
非金属废料和碎屑加工处理	422	307	158	180	599	84	11
金属制品、机械和设备修理业	43	417	526	255	1761	155	48
金属制品修理	431	36	35	24	159	8	1
通用设备修理	432	73	81	52	269	22	2
专用设备修理	433	127	72	38	163	33	4
铁路、船舶、航空航天等运输设备修理	434	24	89	28	494	33	32
电气设备修理	435	50	62	23	126	13	2
仪器仪表修理	436	5	20	5	28	7	
其他机械和设备修理业	439	102	167	85	522	39	7

单位：个

重庆	四川	贵州	云南	西藏	陕西	甘肃	青海	宁夏	新疆	代码
3259	108	12	4		6	2		1	7	375
18	62	8	3		16	4	2	3	7	376
4	5	1			3					377
10	5	4	1		21	3	2	1	1	379
1421	2018	584	441	8	1875	405	106	132	433	38
201	180	29	25		154	32	5	12	29	381
415	790	153	128	4	874	205	32	56	218	382
237	399	74	103	2	329	52	11	22	89	383
48	90	16	18		38	9	16	5	4	384
144	139	78	16		88	14	10	5	20	385
51	109	58	102	1	71	52	18	12	16	386
201	158	153	19	1	95	20	10	4	45	387
124	153	23	30		226	21	4	16	12	389
899	1158	177	69		997	52	15	18	28	39
216	111	15	14		105	2	4	2	1	391
87	148	19	16		156	7	1	3	6	392
13	40		4		25	2	2	2	1	393
1	13	1			4					394
22	25	12	6		7	1		1	3	395
81	215	31	6		182	14	5	5	4	396
323	413	62	9		228	12	2		7	397
156	193	37	14		290	14	1	5	6	399
641	384	93	131		580	63	11	35	37	40
334	184	21	35		288	36	5	20	19	401
70	73	24	9		143	17	3	6	16	402
12	8	3			5					403
119	61	29	78		38	4		3		404
106	58	16	9		106	6	3	6	2	409
478	534	219	202	8	318	137	82	44	60	41
126	105	41	26	1	32	9	2	4	7	411
86	190	53	48	1	98	64	39	18	12	412
266	239	125	128	6	188	64	41	22	41	419
186	328	153	217	6	148	125	38	44	80	42
104	160	71	127	1	74	40	16	17	32	421
82	168	82	90	5	74	85	22	27	48	422
286	316	123	124	24	352	111	39	46	127	43
23	42	8	7	1	21	19	7	7		431
41	71	12	9	2	45	16	5	4	34	432
43	35	35	18	19	57	27	10	13	34	433
55	29	6	17		32	7		3	5	434
16	35	11	6		44	9	7	7	15	435
7	7	2	5		17	2	1	2	4	436
101	97	49	62	2	136	31	9	10	35	439

2-1 续表 18

行业中类	代码	河南	湖北	湖南	广东	广西	海南
电力、热力、燃气及水生产和供应业	D	**2315**	**3416**	**5363**	**9562**	**2680**	**366**
电力、热力生产和供应业	44	852	1767	4011	7570	1958	232
电力生产	441	509	1423	3707	7264	1775	197
电力供应	442	240	286	281	240	161	33
热力生产和供应	443	103	58	23	66	22	2
燃气生产和供应业	45	336	381	236	344	109	37
燃气生产和供应业	450	336	381	236	344	109	37
水的生产和供应业	46	1127	1268	1116	1648	613	97
自来水生产和供应	461	925	1069	981	1164	509	74
污水处理及其再生利用	462	166	159	105	415	82	19
其他水的处理、利用与分配	469	36	40	30	69	22	4
建筑业	E	**15509**	**23631**	**8831**	**31622**	**7512**	**3969**
房屋建筑业	47	4420	4961	2715	4718	1328	381
房屋建筑业	470	4420	4961	2715	4718	1328	381
土木工程建筑业	48	3310	4136	1662	4247	1023	507
铁路、道路、隧道和桥梁工程建筑	481	1121	1472	699	1362	334	116
水利和内河港口工程建筑	482	281	314	284	383	116	45
海洋工程建筑	483	1		1	19	3	4
工矿工程建筑	484	258	200	73	156	51	12
架线和管道工程建筑	485	403	369	205	451	159	44
其他土木工程建筑	489	1246	1781	400	1876	360	286
建筑安装业	49	1876	3928	956	6064	850	552
电气安装	491	541	922	239	1934	213	208
管道和设备安装	492	362	680	200	1355	108	92
其他建筑安装业	499	973	2326	517	2775	529	252
建筑装饰和其他建筑业	50	5903	10606	3498	16593	4311	2529
建筑装饰业	501	4045	7051	2361	13815	3566	2140
工程准备活动	502	347	893	279	1230	199	216
提供施工设备服务	503	180	358	186	255	186	24
其他未列明建筑业	509	1331	2304	672	1293	360	149
批发和零售业	F	**118445**	**151583**	**90438**	**354613**	**83434**	**12427**
批发业	51	60157	72422	45994	231914	43855	6360
农、林、牧产品批发	511	9355	7948	5043	5382	3712	377
食品、饮料及烟草制品批发	512	6227	8714	6287	18425	4566	844
纺织、服装及家庭用品批发	513	4054	6954	3932	37840	3805	818
文化、体育用品及器材批发	514	1506	1912	1297	10769	1112	238
医药及医疗器材批发	515	1793	2094	1536	5905	1597	465
矿产品、建材及化工产品批发	516	20694	21074	13789	46303	15978	1836
机械设备、五金产品及电子产品批发	517	11111	15724	9432	70032	9365	1408
贸易经纪与代理	518	1794	2689	1328	17249	1762	179
其他批发业	519	3623	5313	3350	20009	1958	195
零售业	52	58288	79161	44444	122699	39579	6067
综合零售	521	10129	16910	7410	7771	4971	631
食品、饮料及烟草制品专门零售	522	6133	8077	4380	9378	3834	497
纺织、服装及日用品专门零售	523	6061	9191	6308	13769	3088	665

单位：个

重庆	四川	贵州	云南	西藏	陕西	甘肃	青海	宁夏	新疆	代码
2134	**6128**	**1855**	**2547**	**142**	**2016**	**1511**	**516**	**355**	**1390**	D
1293	3792	1314	1777	121	1054	1195	430	249	1066	44
1201	3489	1138	1590	95	788	847	382	167	719	441
85	278	169	177	24	160	128	12	15	65	442
7	25	7	10	2	106	220	36	67	282	443
227	745	125	158	3	212	147	29	52	136	45
227	745	125	158	3	212	147	29	52	136	450
614	1591	416	612	18	750	169	57	54	188	46
505	1409	350	503	17	629	141	44	36	137	461
86	147	50	81		98	23	11	13	42	462
23	35	16	28	1	23	5	2	5	9	469
10247	**12056**	**4969**	**11046**	**2178**	**14488**	**3552**	**1727**	**1440**	**3906**	E
2981	3893	1123	2542	1320	3775	1131	430	451	1046	47
2981	3893	1123	2542	1320	3775	1131	430	451	1046	470
887	1646	718	1770	733	2801	759	421	298	802	48
332	660	313	707	72	1114	314	176	97	274	481
63	150	70	149	14	215	110	55	61	137	482
	1									483
45	70	30	105	6	176	45	28	21	69	484
96	248	94	256	20	273	111	56	46	136	485
351	517	211	553	621	1023	179	106	73	186	489
1145	1671	494	1397	45	2118	555	227	217	686	49
312	530	156	324	9	570	104	76	103	218	491
287	384	90	180	11	562	158	49	54	176	492
546	757	248	893	25	986	293	102	60	292	499
5234	4846	2634	5337	80	5794	1107	649	474	1372	50
3432	3550	2161	3945	50	4067	772	460	404	943	501
148	263	245	312	7	649	128	85	45	176	502
210	188	37	74	2	215	31	19	6	59	503
1444	845	191	1006	21	863	176	85	19	194	509
104519	**71239**	**36218**	**66546**	**2193**	**70527**	**31611**	**8164**	**12443**	**43186**	F
44353	40668	17571	36305	753	34827	18199	4199	7028	30079	51
3733	3285	802	1834	57	3011	2242	192	609	2261	511
6497	5873	2511	3414	122	4813	1945	404	661	2559	512
4094	2442	1390	1990	35	1844	922	193	336	2045	513
1017	662	479	796	25	929	489	107	108	645	514
1412	1938	535	1064	58	1182	1389	147	205	790	515
15139	14065	6459	11745	219	10661	5810	1753	2934	10118	516
9357	8750	3625	5659	170	9605	3744	828	1589	9713	517
684	836	629	1783	22	1072	160	239	260	935	518
2420	2817	1141	8020	45	1710	1498	336	326	1013	519
60166	30571	18647	30241	1440	35700	13412	3965	5415	13107	52
7227	3212	1850	6663	170	4774	2121	431	653	1363	521
6854	3369	2613	3174	226	4222	1270	524	566	1131	522
9952	2419	1334	1746	96	2693	881	297	461	1045	523

2-1 续表 19

行业中类	代码	河南	湖北	湖南	广东	广西	海南
文化、体育用品及器材专门零售	524	4326	3928	1983	7459	1563	411
医药及医疗器材专门零售	525	3814	4261	3620	11931	7272	253
汽车、摩托车、燃料及零配件专门零售	526	8990	8257	5957	13000	4388	676
家用电器及电子产品专门零售	527	9198	9694	5759	23823	5193	1182
五金、家具及室内装饰材料专门零售	528	6364	9895	5868	20982	5001	1451
货摊、无店铺及其他零售业	529	3273	8948	3159	14586	4269	301
交通运输、仓储和邮政业	**G**	**10350**	**13380**	**6174**	**31169**	**6210**	**1260**
铁路运输业	53	143	175	95	206	62	14
铁路旅客运输	531	21	37	15	23	10	4
铁路货物运输	532	50	54	29	60	18	4
铁路运输辅助活动	533	72	84	51	123	34	6
道路运输业	54	5884	7423	3533	10912	3420	554
城市公共交通运输	541	539	706	519	675	270	86
公路旅客运输	542	475	758	592	717	315	52
道路货物运输	543	4146	5386	2017	8567	2574	385
道路运输辅助活动	544	724	573	405	953	261	31
水上运输业	55	114	681	280	1439	479	171
水上旅客运输	551	21	116	62	149	49	18
水上货物运输	552	74	382	133	757	338	128
水上运输辅助活动	553	19	183	85	533	92	25
航空运输业	56	46	61	31	162	31	20
航空客货运输	561	14	24	11	101	11	5
通用航空服务	562	21	12	9	34	14	7
航空运输辅助活动	563	11	25	11	27	6	8
管道运输业	57	14	39	13	18	4	1
管道运输业	570	14	39	13	18	4	1
装卸搬运和运输代理业	58	1515	2990	1164	15195	1325	329
装卸搬运	581	544	1049	389	1157	405	46
运输代理业	582	971	1941	775	14038	920	283
仓储业	59	1986	1135	444	1659	572	105
谷物、棉花等农产品仓储	591	1164	428	192	219	229	34
其他仓储业	599	822	707	252	1440	343	71
邮政业	60	648	876	614	1578	317	66
邮政基本服务	601	82	78	51	110	34	11
快递服务	602	566	798	563	1468	283	55
住宿和餐饮业	**H**	**11813**	**11789**	**9183**	**21602**	**4046**	**1593**
住宿业	61	3941	3325	3434	8364	1877	1046
旅游饭店	611	1211	1137	1195	2943	793	662
一般旅馆	612	2475	1764	1768	4788	879	308
其他住宿业	619	255	424	471	633	205	76
餐饮业	62	7872	8464	5749	13238	2169	547
正餐服务	621	6506	6806	4529	9470	1396	390
快餐服务	622	775	474	287	1235	189	30
饮料及冷饮服务	623	120	190	361	854	147	49
其他餐饮业	629	471	994	572	1679	437	78

单位：个

重庆	四川	贵州	云南	西藏	陕西	甘肃	青海	宁夏	新疆	代码
2884	1371	777	1807	126	1863	978	342	357	723	524
1535	3057	1056	1214	187	2553	908	272	319	666	525
5866	6714	3756	4806	179	4559	2085	619	1029	2601	526
8482	5175	2863	3402	195	5882	2131	640	868	2628	527
12525	3416	2850	3049	114	5377	1646	443	832	2018	528
4841	1838	1548	4380	147	3777	1392	397	330	932	529
6444	**8991**	**3110**	**4780**	**260**	**5845**	**2714**	**730**	**1072**	**5134**	G
55	134	36	50	3	100	68	17	14	84	53
19	44	2	11		14	13	1	1	10	531
14	54	11	23	2	46	32	10	5	53	532
22	36	23	16	1	40	23	6	8	21	533
3752	5948	1956	2608	156	3397	1498	435	748	2747	54
174	542	270	228	38	394	270	60	94	219	541
231	586	290	263	32	300	205	55	50	239	542
3062	4210	1191	1819	76	2350	855	265	558	2095	543
285	610	205	298	10	353	168	55	46	194	544
412	210	80	55		22	7	10	8	2	55
56	65	38	29		12	1	8	3		551
286	83	31	19		7	1		3		552
70	62	11	7		3	5	2	2	2	553
42	86	21	54	15	72	34	6	10	63	56
18	42	9	31	13	13	10	2	5	24	561
9	20	2	7		40	4	2	2	24	562
15	24	10	16	2	19	20	2	3	15	563
5	16	7	7	1	35	5		1	19	57
5	16	7	7	1	35	5		1	19	570
1473	1578	442	1174	24	898	410	143	129	1512	58
425	442	140	280	1	210	117	51	52	204	581
1048	1136	302	894	23	688	293	92	77	1308	582
424	577	283	322	21	913	533	79	49	464	59
52	189	90	62	20	487	381	34	31	163	591
372	388	193	260	1	426	152	45	18	301	599
281	442	285	510	40	408	159	40	113	243	60
69	36	28	49	10	32	24	13	6	33	601
212	406	257	461	30	376	135	27	107	210	602
16406	**8991**	**4949**	**4808**	**510**	**7096**	**2846**	**912**	**742**	**1450**	H
2435	3650	1843	2501	378	2985	1388	518	367	927	61
777	1193	701	888	191	1039	423	141	157	411	611
1289	2030	880	1311	150	1607	745	300	198	429	612
369	427	262	302	37	339	220	77	12	87	619
13971	5341	3106	2307	132	4111	1458	394	375	523	62
11744	4319	2677	1926	92	3343	1182	309	326	391	621
411	196	72	53	3	158	54	12	15	64	622
328	362	86	91	23	178	50	21	12	11	623
1488	464	271	237	14	432	172	52	22	57	629

2-1 续表 20

行业中类	代码	河南	湖北	湖南	广东	广西	海南
信息传输、软件和信息技术服务业	I	**5759**	**10067**	**5530**	**32209**	**3420**	**937**
电信、广播电视和卫星传输服务	63	695	710	698	1059	233	59
电信	631	518	548	456	853	210	44
广播电视传输服务	632	171	137	232	179	20	14
卫星传输服务	633	6	25	10	27	3	1
互联网和相关服务	64	950	1359	1252	3840	478	151
互联网接入及相关服务	641	101	172	86	539	66	26
互联网信息服务	642	751	966	1058	2576	316	95
其他互联网服务	649	98	221	108	725	96	30
软件和信息技术服务业	65	4114	7998	3580	27310	2709	727
软件开发	651	2778	4853	2001	18435	1359	415
信息系统集成服务	652	305	833	472	2252	482	128
信息技术咨询服务	653	658	1165	653	3525	543	90
数据处理和存储服务	654	26	96	53	663	55	10
集成电路设计	655	26	92	25	639	16	8
其他信息技术服务业	659	321	959	376	1796	254	76
金融业	J	**2840**	**3043**	**2178**	**7001**	**2267**	**450**
货币金融服务	66	1225	1080	815	1699	748	239
中央银行服务	661	13	7	8	2	2	
货币银行服务	662	598	415	381	637	295	91
非货币银行服务	663	613	656	424	1060	451	148
银行监管服务	664	1	2	2			
资本市场服务	67	447	1018	591	2947	886	93
证券市场服务	671	41	57	50	305	17	6
期货市场服务	672	6	9	11	42	2	4
证券期货监管服务	673	2	1	2	2		
资本投资服务	674	361	623	383	1761	662	72
其他资本市场服务	679	37	328	145	837	205	11
保险业	68	815	625	524	1215	355	85
人身保险	681	340	264	236	338	124	24
财产保险	682	331	255	216	384	176	29
再保险	683			2	2		
养老金	684	10	8	4	14	5	2
保险经纪与代理服务	685	103	65	55	366	39	24
保险监管服务	686	1	1	1			
其他保险活动	689	30	32	10	111	11	6
其他金融业	69	353	320	248	1140	278	33
金融信托与管理服务	691	137	100	96	408	151	6
控股公司服务	692	8	36	23	244	26	2
非金融机构支付服务	693	9	10	12	32	3	2
金融信息服务	694	48	41	33	120	24	5
其他未列明金融业	699	151	133	84	336	74	18

单位：个

重庆	四川	贵州	云南	西藏	陕西	甘肃	青海	宁夏	新疆	代码
8046	**5472**	**1789**	**5071**	**125**	**5042**	**1100**	**487**	**495**	**1880**	I
399	476	222	350	56	495	177	66	66	228	63
334	294	190	267	52	368	130	56	58	184	631
59	176	32	79	4	112	42	9	8	42	632
6	6		4		15	5	1		2	633
1007	713	383	525	16	875	210	93	78	249	64
94	83	46	74		115	14	21	9	44	641
669	522	253	322	12	620	170	57	58	152	642
244	108	84	129	4	140	26	15	11	53	649
6640	4283	1184	4196	53	3672	713	328	351	1403	65
4838	2534	595	2680	11	2044	286	159	201	558	651
326	390	98	520	8	325	92	54	41	222	652
837	907	332	474	19	651	156	87	79	433	653
67	37	12	20	3	42	8	6	9	26	654
26	63	4	17	1	49	4	2		5	655
546	352	143	485	11	561	167	20	21	159	659
3012	**2970**	**1700**	**2855**	**93**	**1998**	**1483**	**313**	**784**	**1935**	J
955	1155	854	1476	53	818	805	191	402	764	66
2	8	4	5		6	5	2	2	3	661
498	495	240	396	50	338	325	91	86	278	662
455	651	610	1075	3	473	473	97	314	482	663
	1				1	2	1		1	664
1311	752	485	713	15	487	312	53	274	444	67
90	45	30	99	4	32	13	2	9	19	671
12	10	4	6		10	6	1	3	5	672
1	1				2			1		673
867	537	388	503	11	289	140	42	228	359	674
341	159	63	105		154	153	8	33	61	679
427	713	194	418	23	498	273	40	73	260	68
196	279	59	135	5	164	98	14	33	92	681
167	270	107	195	16	205	140	22	33	137	682
	1		1							683
4	8	1	3		5	1	1	1	2	684
43	134	14	68	2	92	18	2	5	20	685
			1		1					686
17	21	13	15		31	16	1	1	9	689
319	350	167	248	2	195	93	29	35	467	69
67	114	42	33	1	59	27	7	9	49	691
42	35	5	33		30	2	3	1	347	692
24	14	15	8		10	3	2	3	2	693
50	81	24	43	1	24	23	2	6	15	694
136	106	81	131		72	38	15	16	54	699

2-1 续表 21

行业中类	代码	河南	湖北	湖南	广东	广西	海南
房地产业	K	**16944**	**19499**	**12183**	**49316**	**11344**	**5477**
房地产业	70	16944	19499	12183	49316	11344	5477
房地产开发经营	701	10020	8338	6874	14293	5526	2723
物业管理	702	4014	6282	3412	17258	2447	1067
房地产中介服务	703	2376	3219	1318	10123	2418	1014
自有房地产经营活动	704	325	835	185	4368	428	149
其他房地产业	709	209	825	394	3274	525	524
租赁和商务服务业	L	**25677**	**40901**	**21957**	**111983**	**22751**	**5265**
租赁业	71	2491	2868	1475	3801	1558	383
机械设备租赁	711	2428	2704	1405	3580	1496	355
文化及日用品出租	712	63	164	70	221	62	28
商务服务业	72	23186	38033	20482	108182	21193	4882
企业管理服务	721	2905	5880	4583	32850	6177	799
法律服务	722	403	457	368	1316	170	73
咨询与调查	723	4900	9381	3953	30681	3930	1017
广告业	724	5911	8588	4096	17609	4812	1125
知识产权服务	725	150	151	125	1229	111	23
人力资源服务	726	1148	3118	1358	3831	794	173
旅行社及相关服务	727	1296	1791	1268	2722	1142	636
安全保护服务	728	400	488	330	779	267	63
其他商务服务业	729	6073	8179	4401	17165	3790	973
科学研究和技术服务业	M	**17143**	**15178**	**9138**	**37925**	**6165**	**1439**
研究和试验发展	73	654	1503	2052	6519	456	140
自然科学研究和试验发展	731	42	161	298	581	81	17
工程和技术研究和试验发展	732	290	737	1323	4842	183	43
农业科学研究和试验发展	733	202	209	268	330	126	44
医学研究和试验发展	734	104	359	132	712	60	32
社会人文科学研究	735	16	37	31	54	6	4
专业技术服务业	74	6379	8158	3978	25271	3592	1048
气象服务	741	16	54	31	50	21	16
地震服务	742	12	11	4	14	18	2
海洋服务	743	3	6	1	38	8	5
测绘服务	744	244	173	87	270	222	52
质检技术服务	745	372	385	291	1233	390	105
环境与生态监测	746	84	113	61	271	66	8
地质勘查	747	181	146	111	168	88	25
工程技术	748	2749	4433	1797	11114	1607	555
其他专业技术服务业	749	2718	2837	1595	12113	1172	280
科技推广和应用服务业	75	10110	5517	3108	6135	2117	251
技术推广服务	751	9818	4779	2548	4962	1720	190
科技中介服务	752	136	247	250	453	124	17
其他科技推广和应用服务业	759	156	491	310	720	273	44
水利、环境和公共设施管理业	N	**2298**	**2312**	**1377**	**4116**	**1014**	**266**
水利管理业	76	231	323	169	304	120	24
防洪除涝设施管理	761	26	22	15	37	21	1

单位：个

重庆	四川	贵州	云南	西藏	陕西	甘肃	青海	宁夏	新疆	代码
10674	**13345**	**7271**	**9438**	**208**	**11134**	**4331**	**1452**	**1471**	**6272**	K
10674	13345	7271	9438	208	11134	4331	1452	1471	6272	70
4110	6706	4266	4907	94	5008	2052	648	669	2985	701
2758	3912	1610	2446	63	3755	1404	575	533	1809	702
3357	2052	754	1458	22	1254	673	133	221	971	703
207	275	255	405	22	456	130	66	37	267	704
242	400	386	222	7	661	72	30	11	240	709
27797	**23864**	**11253**	**19568**	**1077**	**16364**	**6360**	**2589**	**2662**	**10661**	L
2694	1978	1484	1196	77	1679	738	300	307	883	71
2624	1932	1455	1164	76	1639	716	291	300	848	711
70	46	29	32	1	40	22	9	7	35	712
25103	21886	9769	18372	1000	14685	5622	2289	2355	9778	72
3061	5221	2121	4811	285	2123	609	331	272	2202	721
317	468	151	223	8	285	130	29	41	190	722
6998	4184	1674	4170	378	2871	961	356	453	2140	723
7643	4730	2522	3262	134	4595	1688	424	662	1918	724
159	113	39	121	1	110	8	9	11	41	725
2306	1902	574	834	11	1039	406	309	343	924	726
862	1126	782	1076	112	984	559	321	147	668	727
142	330	216	314	9	254	122	55	53	197	728
3615	3812	1690	3561	62	2424	1139	455	373	1498	729
6481	**6505**	**3265**	**6067**	**261**	**7618**	**2287**	**945**	**882**	**3993**	M
438	658	185	633	42	598	171	58	59	184	73
36	55	15	91		47	17	7	4	31	731
204	332	59	276	17	266	72	30	21	71	732
104	114	72	188	6	156	41	13	24	52	733
84	153	32	68	19	113	32	5	8	26	734
10	4	7	10		16	9	3	2	4	735
4808	4182	2437	3550	187	4854	1779	713	633	3055	74
7	35	43	47	2	51	22	5	13	36	741
9	2	6	5		10	6	2		2	742
					3					743
100	314	141	249	2	204	68	38	27	167	744
201	303	282	386	28	313	165	79	77	482	745
66	76	75	60	3	82	33	28	15	64	746
89	158	115	236	25	361	70	69	25	463	747
1705	1977	1051	1596	111	2117	788	357	327	1083	748
2631	1317	724	971	16	1713	627	135	149	758	749
1235	1665	643	1884	32	2166	337	174	190	754	75
777	1376	477	1173	26	1499	242	130	149	564	751
211	109	73	185	2	107	26	26	19	90	752
247	180	93	526	4	560	69	18	22	100	759
1443	**1437**	**822**	**1227**	**32**	**1590**	**421**	**186**	**226**	**554**	N
138	175	117	128	5	177	55	14	26	103	76
8	5	5	11	1	14	2			7	761

2-1 续表 22

行业中类	代码	河南	湖北	湖南	广东	广西	海南
水资源管理	762	56	62	29	70	21	8
天然水收集与分配	763	35	36	40	43	23	4
水文服务	764	15	23	7	15	5	3
其他水利管理业	769	99	180	78	139	50	8
生态保护和环境治理业	77	306	382	223	688	117	32
生态保护	771	119	112	46	49	19	7
环境治理业	772	187	270	177	639	98	25
公共设施管理业	78	1761	1607	985	3124	777	210
市政设施管理	781	138	198	135	460	77	18
环境卫生管理	782	117	154	84	363	62	15
城乡市容管理	783	31	47	38	271	10	3
绿化管理	784	689	688	397	1439	270	102
公园和游览景区管理	785	786	520	331	591	358	72
居民服务、修理和其他服务业	**O**	**7045**	**11548**	**7150**	**19692**	**4441**	**1012**
居民服务业	79	2743	4182	2997	6564	1505	311
家庭服务	791	370	876	373	836	408	58
托儿所服务	792	13	16	25	77	17	
洗染服务	793	104	148	172	238	83	17
理发及美容服务	794	406	647	877	1988	296	56
洗浴服务	795	754	125	294	656	45	10
保健服务	796	224	257	247	1331	165	39
婚姻服务	797	209	264	198	300	110	36
殡葬服务	798	123	134	89	150	47	17
其他居民服务业	799	540	1715	722	988	334	78
机动车、电子产品和日用产品修理业	80	3052	3958	3000	8889	1732	427
汽车、摩托车修理与维护	801	2295	2767	1970	6121	1296	294
计算机和办公设备维修	802	302	403	257	1125	155	78
家用电器修理	803	301	504	594	1194	211	37
其他日用产品修理业	809	154	284	179	449	70	18
其他服务业	81	1250	3408	1153	4239	1204	274
清洁服务	811	681	1135	700	2950	517	211
其他未列明服务业	819	569	2273	453	1289	687	63
教育	**P**	**3042**	**2254**	**2236**	**4982**	**1407**	**332**
教育	82	3042	2254	2236	4982	1407	332
学前教育	821	904	200	725	667	520	96
初等教育	822	150	29	23	124	9	5
中等教育	823	92	36	80	93	18	6
高等教育	824	8	9	13	31	2	4
特殊教育	825	15	7	6	23	4	2
技能培训、教育辅助及其他教育	829	1873	1973	1389	4044	854	219
卫生和社会工作	**Q**	**3546**	**1336**	**998**	**1974**	**460**	**125**
卫生	83	3418	1213	929	1873	411	113
医院	831	464	427	385	393	137	45
社区医疗与卫生院	832	897	116	202	168	41	19

单位：个

重庆	四川	贵州	云南	西藏	陕西	甘肃	青海	宁夏	新疆	代码
36	48	37	39	1	54	18	2	13	29	762
30	30	23	17		20	6	2	1	26	763
10	20	3	6	1	11	7	2	3	6	764
54	72	49	55	2	78	22	8	9	35	769
306	201	99	169	4	177	48	59	17	48	77
24	41	18	24	3	39	15	29	5	7	771
282	160	81	145	1	138	33	30	12	41	772
999	1061	606	930	23	1236	318	113	183	403	78
82	119	75	83	3	113	41	16	13	42	781
149	187	50	135	3	75	20	19	13	39	782
23	18	17	17		38	6	4	3	23	783
452	493	194	510	9	682	127	55	120	220	784
293	244	270	185	8	328	124	19	34	79	785
9718	**5627**	**4216**	**4925**	**168**	**5355**	**2029**	**688**	**693**	**2399**	**O**
4951	1870	1594	1299	48	1663	559	239	180	520	79
855	357	501	273	7	294	116	88	47	131	791
11	8	4	6		7				6	792
450	89	81	55	1	85	25	8	3	17	793
1518	315	272	155	9	236	70	19	31	51	794
152	116	158	155	9	201	74	26	13	47	795
277	153	79	69	1	146	22	7	12	20	796
617	236	86	92		166	45	17	33	65	797
139	99	98	85		75	47	18	20	37	798
932	497	315	409	21	453	160	56	21	146	799
3182	2892	1957	1826	102	2559	1138	297	356	1301	80
2251	2399	1712	1596	91	2021	946	239	295	964	801
371	241	115	112	6	247	87	35	37	186	802
409	196	104	64	2	210	60	11	13	97	803
151	56	26	54	3	81	45	12	11	54	809
1585	865	665	1800	18	1133	332	152	157	578	81
1090	514	345	496	10	461	193	105	85	155	811
495	351	320	1304	8	672	139	47	72	423	819
1424	**1689**	**1026**	**908**	**41**	**1023**	**680**	**113**	**136**	**535**	**P**
1424	1689	1026	908	41	1023	680	113	136	535	82
165	178	190	87	10	121	91	11	17	43	821
3	13	23	6	1	12	4		2	4	822
12	35	32	11		37	13	2		11	823
1	5	2	3		6	1			2	824
20	4	6	3		21	3			2	825
1223	1454	773	798	30	826	568	100	117	473	829
796	**1226**	**864**	**649**	**36**	**586**	**307**	**107**	**117**	**412**	**Q**
664	1168	832	631	34	530	292	104	113	388	83
261	777	603	506	22	270	156	58	93	290	831
64	55	78	17	2	45	32	19	2	28	832

2-1 续表 23

行业中类	代码	河南	湖北	湖南	广东	广西	海南
门诊部(所)	833	1957	525	267	1147	173	23
计划生育技术服务活动	834	25	18	1	2	3	
妇幼保健院(所、站)	835	8	4	4	11	2	3
专科疾病防治院(所、站)	836	28	19	10	24	9	3
疾病预防控制中心	837	5	3	4	8		4
其他卫生活动	839	34	101	56	120	46	16
社会工作	84	128	123	69	101	49	12
提供住宿社会工作	841	111	108	57	83	34	11
不提供住宿社会工作	842	17	15	12	18	15	1
文化、体育和娱乐业	**R**	**8346**	**7924**	**10930**	**13311**	**5094**	**1259**
新闻和出版业	85	156	222	115	331	54	41
新闻业	851	15	18	12	17	3	1
出版业	852	141	204	103	314	51	40
广播、电视、电影和影视录音制作业	86	432	506	414	1107	270	124
广播	861	32	36	26	79	8	3
电视	862	41	27	55	80	5	10
电影和影视节目制作	863	108	171	79	388	85	59
电影和影视节目发行	864	15	30	24	71	20	6
电影放映	865	208	209	216	424	135	41
录音制作	866	28	33	14	65	17	5
文化艺术业	87	1125	1238	830	1911	375	140
文艺创作与表演	871	450	320	280	649	111	46
艺术表演场馆	872	32	28	33	42	14	1
图书馆与档案馆	873	11	18	5	28	6	2
文物及非物质文化遗产保护	874	75	34	27	23	13	2
博物馆	875	17	10	4	11	4	2
烈士陵园、纪念馆	876	9	3	3	4	1	1
群众文化活动	877	136	176	153	392	47	11
其他文化艺术业	879	395	649	325	762	179	75
体育	88	175	333	285	1641	190	149
体育组织	881	10	56	22	183	27	26
体育场馆	882	17	34	22	204	25	19
休闲健身活动	883	141	208	215	1146	110	86
其他体育	889	7	35	26	108	28	18
娱乐业	89	6458	5625	9286	8321	4205	805
室内娱乐活动	891	6138	5180	8884	7521	4038	699
游乐园	892	89	64	49	184	49	10
彩票活动	893	2	8	1	8		1
文化、娱乐、体育经纪代理	894	146	136	230	373	52	65
其他娱乐业	899	83	237	122	235	66	30
公共管理、社会保障和社会组织	**S**	**1**	**15**	**1**	**8**	**5**	**1**
社会保障	93	1	15	1	8	5	1
社会保障	930	1	15	1	8	5	1

单位：个

重庆	四川	贵州	云南	西藏	陕西	甘肃	青海	宁夏	新疆	代码
292	253	109	69	8	148	79	19	11	52	833
		4		1		1	2	1		834
2	3	3	3		3	1	1		2	835
3	16	5	4		14	4	1	1	4	836
	4		1		5		1			837
42	60	30	31	1	45	19	3	5	12	839
132	58	32	18	2	56	15	3	4	24	84
120	49	27	14	2	47	10	2	4	20	841
12	9	5	4		9	5	1		4	842
5377	**10928**	**2505**	**4270**	**237**	**4581**	**2495**	**678**	**816**	**2345**	**R**
97	110	51	49	3	163	64	12	30	37	85
2	5	6	4		9	3		1	3	851
95	105	45	45	3	154	61	12	29	34	852
287	337	152	316	10	517	159	57	131	152	86
8	8	3	6	2	7	5	5	9	10	861
6	20	7	10		23	20	3	6	18	862
126	65	32	172	5	225	45	21	14	39	863
19	10	8	14		60	10	1	3	7	864
106	212	94	104	3	180	69	20	32	63	865
22	22	8	10		22	10	7	67	15	866
1406	592	233	774	30	748	486	118	44	147	87
640	203	87	260	23	242	194	21	13	66	871
34	10	8	13		30	12		3	14	872
15	10	2	3	1	7	2	2	1		873
18	21	14	28		38	20	46	5	6	874
7	11	3	5	1	15	5	4	2	7	875
					3	1				876
156	88	26	78	1	48	24	11	4	17	877
536	249	93	387	4	365	228	34	16	37	879
260	225	105	123	1	163	39	27	18	52	88
22	26	20	15		11	6	12	1	10	881
24	29	5	7		20	1	3	1	2	882
162	151	72	75	1	121	30	11	15	34	883
52	19	8	26		11	2	1	1	6	889
3327	9664	1964	3008	193	2990	1747	464	593	1957	89
3032	9429	1874	2804	179	2788	1659	438	565	1865	891
52	37	16	22	2	47	17	3	6	18	892
2	1		2		2		2		1	893
125	108	29	75	1	48	26	10	5	44	894
116	89	45	105	11	105	45	11	17	29	899
4	**2**	**2**	**3**		**6**		**2**		**4**	**S**
4	2	2	3		6		2		4	93
4	2	2	3		6		2		4	930

2-2 按行业(中类)、东中西部以及东北地区分组的企业法人单位数

(2014年)

单位：个

行业中类	代码	企 业单位数	东部地区	中部地区	西部地区	东北地区
总计	--	**10617154**	**6338652**	**1864059**	**1766703**	**647740**
农、林、牧、渔业	A	**547263**	**173555**	**135580**	**204596**	**33532**
农业	01	233898	85390	52151	83248	13109
谷物种植	011	40912	15821	13440	5210	6441
豆类、油料和薯类种植	012	8215	2574	1817	2876	948
棉、麻、糖、烟草种植	013	5439	1012	1303	3049	75
蔬菜、食用菌及园艺作物种植	014	81509	34061	16398	27750	3300
水果种植	015	47034	16710	6562	22632	1130
坚果、含油果、香料和饮料作物种植	016	16587	6119	3436	6944	88
中药材种植	017	17472	3500	3056	10319	597
其他农业	019	16730	5593	6139	4468	530
林业	02	46901	14866	12804	16839	2392
林木育种和育苗	021	34483	11768	9505	11448	1762
造林和更新	022	6622	1425	1629	3386	182
森林经营和管护	023	4074	1001	1220	1521	332
木材和竹材采运	024	954	334	270	249	101
林产品采集	025	768	338	180	235	15
畜牧业	03	152186	30519	39858	72538	9271
牲畜饲养	031	106570	19907	28117	52449	6097
家禽饲养	032	33732	7538	8992	14894	2308
狩猎和捕捉动物	033	733	102	249	361	21
其他畜牧业	039	11151	2972	2500	4834	845
渔业	04	46046	17184	8493	18201	2168
水产养殖	041	44298	16490	8146	17584	2078
水产捕捞	042	1748	694	347	617	90
农、林、牧、渔服务业	05	68232	25596	22274	13770	6592
农业服务业	051	52267	19484	16844	10612	5327
林业服务业	052	4404	1595	1537	1090	182
畜牧服务业	053	8183	2710	2942	1644	887
渔业服务业	054	3378	1807	951	424	196
采矿业	B	**101658**	**20396**	**30911**	**40895**	**9456**
煤炭开采和洗选业	06	20533	1641	7341	9672	1879
烟煤和无烟煤开采洗选	061	18852	1456	6821	8873	1702
褐煤开采洗选	062	591	39	80	398	74
其他煤炭采选	069	1090	146	440	401	103
石油和天然气开采业	07	588	107	84	273	124
石油开采	071	370	87	27	150	106
天然气开采	072	218	20	57	123	18
黑色金属矿采选业	08	16077	5545	3950	4488	2094
铁矿采选	081	14328	5401	3374	3568	1985
锰矿、铬矿采选	082	978	41	362	492	83
其他黑色金属矿采选	089	771	103	214	428	26
有色金属矿采选业	09	11109	1529	3396	5144	1040

2-2 续表 1

单位：个

行业中类	代码	企业单位数	东部地区	中部地区	西部地区	东北地区
常用有色金属矿采选	091	7751	878	2107	4084	682
贵金属矿采选	092	2196	475	700	759	262
稀有稀土金属矿采选	093	1162	176	589	301	96
非金属矿采选业	10	48083	10798	14915	18529	3841
土砂石开采	101	40957	9036	12803	15993	3125
化学矿开采	102	1689	85	582	905	117
采盐	103	548	408	21	95	24
石棉及其他非金属矿采选	109	4889	1269	1509	1536	575
开采辅助活动	11	3125	378	504	1882	361
煤炭开采和洗选辅助活动	111	528	46	189	245	48
石油和天然气开采辅助活动	112	1868	159	74	1374	261
其他开采辅助活动	119	729	173	241	263	52
其他采矿业	12	2143	398	721	907	117
其他采矿业	120	2143	398	721	907	117
制造业	C	**2616422**	**1781675**	**413014**	**277782**	**143951**
农副食品加工业	13	118957	45811	33434	24727	14985
谷物磨制	131	26940	5446	12025	4156	5313
饲料加工	132	13951	5597	3300	2794	2260
植物油加工	133	10815	3199	4115	2736	765
制糖业	134	866	353	89	374	50
屠宰及肉类加工	135	19590	7724	4480	5420	1966
水产品加工	136	11005	8625	687	363	1330
蔬菜、水果和坚果加工	137	17024	8748	2868	3842	1566
其他农副食品加工	139	18766	6119	5870	5042	1735
食品制造业	14	55474	26885	12940	11409	4240
焙烤食品制造	141	14712	7070	3679	2778	1185
糖果、巧克力及蜜饯制造	142	5463	3647	821	882	113
方便食品制造	143	9690	3695	3095	2190	710
乳制品制造	144	1806	625	285	674	222
罐头食品制造	145	3465	1930	747	537	251
调味品、发酵制品制造	146	7505	3234	1506	2186	579
其他食品制造	149	12833	6684	2807	2162	1180
酒、饮料和精制茶制造业	15	44540	16043	11680	13500	3317
酒的制造	151	14894	4574	2898	5500	1922
饮料制造	152	14998	5587	4317	3714	1380
精制茶加工	153	14648	5882	4465	4286	15
烟草制品业	16	454	101	207	102	44
烟叶复烤	161	212	22	119	48	23
卷烟制造	162	100	39	26	23	12
其他烟草制品制造	169	142	40	62	31	9
纺织业	17	125279	103364	12821	6641	2453
棉纺织及印染精加工	171	46750	37266	6530	2330	624
毛纺织及染整精加工	172	7276	5821	407	935	113
麻纺织及染整精加工	173	1408	582	502	149	175

2-2 续表 2

单位：个

行业中类	代码	企业单位数	东部地区	中部地区	西部地区	东北地区
丝绢纺织及印染精加工	174	3678	2581	300	565	232
化纤织造及印染精加工	175	11411	10797	412	136	66
针织或钩针编织物及其制品制造	176	20717	18409	1256	659	393
家用纺织制成品制造	177	18528	14909	1801	1417	401
非家用纺织制成品制造	178	15511	12999	1613	450	449
纺织服装、服饰业	18	145913	114883	20182	5836	5012
机织服装制造	181	97600	75468	14004	4082	4046
针织或钩针编织服装制造	182	21389	18663	1938	478	310
服饰制造	183	26924	20752	4240	1276	656
皮革、毛皮、羽毛及其制品和制鞋业	19	69782	57598	7228	3847	1109
皮革鞣制加工	191	3353	2158	814	298	83
皮革制品制造	192	22302	19059	2132	837	274
毛皮鞣制及制品加工	193	5022	3773	584	429	236
羽毛(绒)加工及制品制造	194	2248	1158	683	346	61
制鞋业	195	36857	31450	3015	1937	455
木材加工和木、竹、藤、棕、草制品业	20	81168	43827	18410	12124	6807
木材加工	201	32224	13456	9363	6092	3313
人造板制造	202	16905	10349	3581	2032	943
木制品制造	203	23224	15008	3246	2663	2307
竹、藤、棕、草等制品制造	204	8815	5014	2220	1337	244
家具制造业	21	55923	36743	9724	7151	2305
木质家具制造	211	38354	23613	7551	5357	1833
竹、藤家具制造	212	912	531	265	108	8
金属家具制造	213	6251	4826	720	568	137
塑料家具制造	214	1053	715	167	111	60
其他家具制造	219	9353	7058	1021	1007	267
造纸和纸制品业	22	61963	46950	7357	5337	2319
纸浆制造	221	534	287	100	121	26
造纸	222	16047	11037	2652	1768	590
纸制品制造	223	45382	35626	4605	3448	1703
印刷和记录媒介复制业	23	75046	50898	11538	8738	3872
印刷	231	68140	47108	10243	7389	3400
装订及印刷相关服务	232	6639	3616	1252	1312	459
记录媒介复制	233	267	174	43	37	13
文教、工美、体育和娱乐用品制造业	24	88489	70206	10106	6249	1928
文教办公用品制造	241	8850	7191	979	388	292
乐器制造	242	2080	1680	228	82	90
工艺美术品制造	243	57122	43475	6925	5358	1364
体育用品制造	244	7519	6708	561	134	116
玩具制造	245	10904	9463	1184	218	39
游艺器材及娱乐用品制造	246	2014	1689	229	69	27
石油加工及炼焦	25	7623	3674	1158	1456	1335
精炼石油产品制造	251	6082	3369	712	763	1238
炼焦	252	1541	305	446	693	97

2-2 续表 3 单位：个

行业中类	代码	企业单位数	东部地区	中部地区	西部地区	东北地区
化学原料和化学制品制造业	26	113977	68085	23943	14121	7828
基础化学原料制造	261	18534	9857	4113	3182	1382
肥料制造	262	12566	5063	2936	3074	1493
农药制造	263	2688	1374	732	383	199
涂料、油墨、颜料及类似产品制造	264	20756	14687	2993	1761	1315
合成材料制造	265	11305	8379	1551	799	576
专用化学产品制造	266	29603	19645	5014	2770	2174
炸药、火工及焰火产品制造	267	6402	276	5120	927	79
日用化学产品制造	268	12123	8804	1484	1225	610
医药制造业	27	21457	9780	5481	4114	2082
化学药品原料药制造	271	2922	1622	711	424	165
化学药品制剂制造	272	2534	1324	555	390	265
中药饮片加工	273	3277	829	964	960	524
中成药生产	274	3392	939	954	1027	472
兽用药品制造	275	1674	808	467	276	123
生物药品制造	276	3972	2096	832	696	348
卫生材料及医药用品制造	277	3686	2162	998	341	185
化学纤维制造业	28	6723	5837	468	226	192
纤维素纤维原料及纤维制造	281	1220	927	151	91	51
合成纤维制造	282	5503	4910	317	135	141
橡胶和塑料制品业	29	158700	124689	15617	11092	7302
橡胶制品业	291	27652	21692	2701	1805	1454
塑料制品业	292	131048	102997	12916	9287	5848
非金属矿物制品业	30	246035	105037	72020	52850	16128
水泥、石灰和石膏制造	301	15823	5554	4937	4173	1159
石膏、水泥制品及类似制品制造	302	57162	19546	19939	14401	3276
砖瓦、石材等建筑材料制造	303	105430	40930	29882	27504	7114
玻璃制造	304	4382	2649	870	653	210
玻璃制品制造	305	14375	10122	2124	1541	588
玻璃纤维和玻璃纤维增强塑料制品制造	306	5755	4133	883	439	300
陶瓷制品制造	307	14387	9205	4000	940	242
耐火材料制品制造	308	13021	5050	4878	974	2119
石墨及其他非金属矿物制品制造	309	15700	7848	4507	2225	1120
黑色金属冶炼和压延加工业	31	41423	23901	8268	5674	3580
炼铁	311	1806	540	616	457	193
炼钢	312	1048	502	253	181	112
黑色金属铸造	313	18110	10117	4456	1546	1991
钢压延加工	314	17021	12142	1913	1905	1061
铁合金冶炼	315	3438	600	1030	1585	223
有色金属冶炼和压延加工业	32	28890	16803	6298	4365	1424
常用有色金属冶炼	321	5734	2069	1815	1489	361
贵金属冶炼	322	797	215	283	235	64
稀有稀土金属冶炼	323	1165	267	515	293	90
有色金属合金制造	324	3506	2014	845	459	188

2-2 续表 4

单位：个

行业中类	代码	企业单位数	东部地区	中部地区	西部地区	东北地区
有色金属铸造	325	2241	1617	290	226	108
有色金属压延加工	326	15447	10621	2550	1663	613
金属制品业	33	222238	172419	22404	17651	9764
结构性金属制品制造	331	73799	48667	10865	9493	4774
金属工具制造	332	25563	20566	2289	1909	799
集装箱及金属包装容器制造	333	6549	4782	776	542	449
金属丝绳及其制品制造	334	11473	9826	759	621	267
建筑、安全用金属制品制造	335	32128	26933	2389	1787	1019
金属表面处理及热处理加工	336	12538	10373	681	727	757
搪瓷制品制造	337	1987	1655	166	110	56
金属制日用品制造	338	19267	16817	1206	895	349
其他金属制品制造	339	38934	32800	3273	1567	1294
通用设备制造业	34	246951	186923	26226	16527	17275
锅炉及原动设备制造	341	10239	6087	1627	1205	1320
金属加工机械制造	342	43807	31525	5754	3891	2637
物料搬运设备制造	343	10851	7664	1945	538	704
泵、阀门、压缩机及类似机械制造	344	34001	27438	2990	1138	2435
轴承、齿轮和传动部件制造	345	17644	14116	1589	610	1329
烘炉、风机、衡器、包装等设备制造	346	24371	19700	2154	1220	1297
文化、办公用机械制造	347	2846	2375	228	136	107
通用零部件制造	348	84591	63118	8028	6934	6511
其他通用设备制造业	349	18601	14900	1911	855	935
专用设备制造业	35	166834	123281	21512	12116	9925
采矿、冶金、建筑专用设备制造	351	28038	15601	6263	3112	3062
化工、木材、非金属加工专用设备制造	352	49084	41268	3640	2285	1891
食品、饮料、烟草及饲料生产专用设备制造	353	5164	3352	985	511	316
印刷、制药、日化及日用品生产专用设备制造	354	10038	7716	1218	646	458
纺织、服装和皮革加工专用设备制造	355	11379	10311	717	197	154
电子和电工机械专用设备制造	356	13587	10154	1738	1018	677
农、林、牧、渔专用机械制造	357	10900	5749	2229	1841	1081
医疗仪器设备及器械制造	358	9609	6836	1431	771	571
环保、社会公共服务及其他专用设备制造	359	29035	22294	3291	1735	1715
汽车制造业	36	62546	40390	12233	6321	3602
汽车整车制造	361	890	468	193	153	76
改装汽车制造	362	1195	530	331	208	126
低速载货汽车制造	363	106	31	46	16	13
电车制造	364	612	401	140	57	14
汽车车身、挂车制造	365	1109	668	221	133	87
汽车零部件及配件制造	366	58634	38292	11302	5754	3286
铁路、船舶、航空航天和其他运输设备制造业	37	30208	20906	3018	4787	1497
铁路运输设备制造	371	3205	1560	696	383	566
城市轨道交通设备制造	372	170	96	29	26	19
船舶及相关装置制造	373	8988	6880	995	409	704
航空、航天器及设备制造	374	967	446	124	304	93

2-2 续表 5

单位：个

行业中类	代码	企业单位数	东部地区	中部地区	西部地区	东北地区
摩托车制造	375	7967	4003	530	3408	26
自行车制造	376	6927	6263	451	175	38
非公路休闲车及零配件制造	377	799	722	51	16	10
潜水救捞及其他未列明运输设备制造	379	1185	936	142	66	41
电气机械和器材制造业	38	159576	128617	16006	8533	6420
电机制造	381	16024	12970	1500	817	737
输配电及控制设备制造	382	53281	41889	5134	3272	2986
电线、电缆、光缆及电工器材制造	383	23081	17205	3254	1503	1119
电池制造	384	5058	3705	906	292	155
家用电力器具制造	385	20366	18190	1241	590	345
非电力家用器具制造	386	5610	4038	797	575	200
照明器具制造	387	26946	23669	2022	789	466
其他电气机械及器材制造	389	9210	6951	1152	695	412
计算机、通信和其他电子设备制造业	39	86373	73192	7553	4041	1587
计算机制造	391	7940	6547	658	571	164
通信设备制造	392	7213	5747	730	512	224
广播电视设备制造	393	3153	2712	288	107	46
雷达及配套设备制造	394	207	138	34	22	13
视听设备制造	395	5119	4665	298	109	47
电子器件制造	396	13354	11035	1409	597	313
电子元件制造	397	34622	30196	2734	1288	404
其他电子设备制造	399	14765	12152	1402	835	376
仪器仪表制造业	40	34225	26180	3713	2146	2186
通用仪器仪表制造	401	17435	12872	2086	1021	1456
专用仪器仪表制造	402	5826	4294	754	396	382
钟表与计时仪器制造	403	2390	2242	65	39	44
光学仪器及眼镜制造	404	5664	4749	467	352	96
其他仪器仪表制造业	409	2910	2023	341	338	208
其他制造业	41	32760	22751	6402	2447	1160
日用杂品制造	411	11482	9371	1528	418	165
煤制品制造	412	3151	667	1470	666	348
其他未列明制造业	419	18127	12713	3404	1363	647
废弃资源综合利用业	42	11177	6011	2823	1704	639
金属废料和碎屑加工处理	421	5897	3152	1538	883	324
非金属废料和碎屑加工处理	422	5280	2859	1285	821	315
金属制品、机械和设备修理业	43	15718	9890	2244	1950	1634
金属制品修理	431	938	565	141	159	73
通用设备修理	432	2230	1321	363	292	254
专用设备修理	433	2221	1148	429	391	253
铁路、船舶、航空航天等运输设备修理	434	4670	3614	282	197	577
电气设备修理	435	1242	690	244	200	108
仪器仪表修理	436	307	166	46	58	37
其他机械和设备修理业	439	4110	2386	739	653	332

2-2 续表 6 单位：个

行业中类	代码	企业单位数	东部地区	中部地区	西部地区	东北地区
电力、热力、燃气及水生产和供应业	D	**77815**	**30611**	**19125**	**23126**	**4953**
电力、热力生产和供应业	44	50789	20680	11279	15469	3361
电力生产	441	41192	17766	9562	12823	1041
电力供应	442	4264	1183	1247	1434	400
热力生产和供应	443	5333	1731	470	1212	1920
燃气生产和供应业	45	6881	2318	1799	2167	597
燃气生产和供应业	450	6881	2318	1799	2167	597
水的生产和供应业	46	20145	7613	6047	5490	995
自来水生产和供应	461	14937	4672	5046	4575	644
污水处理及其再生利用	462	4161	2362	779	727	293
其他水的处理、利用与分配	469	1047	579	222	188	58
建筑业	E	**464930**	**258712**	**89943**	**78720**	**37555**
房屋建筑业	47	93480	44017	20602	21220	7641
房屋建筑业	470	93480	44017	20602	21220	7641
土木工程建筑业	48	81659	45504	16491	12872	6792
铁路、道路、隧道和桥梁工程建筑	481	31062	17227	6414	4808	2613
水利和内河港口工程建筑	482	7163	3718	1458	1251	736
海洋工程建筑	483	248	233	3	4	8
工矿工程建筑	484	3632	1756	860	710	306
架线和管道工程建筑	485	9554	5154	1747	1659	994
其他土木工程建筑	489	30000	17416	6009	4440	2135
建筑安装业	49	80559	49165	13252	10266	7876
电气安装	491	20524	11904	3239	2817	2564
管道和设备安装	492	18199	11401	2547	2279	1972
其他建筑安装业	499	41836	25860	7466	5170	3340
建筑装饰和其他建筑业	50	209232	120026	39598	34362	15246
建筑装饰业	501	153924	90367	26834	25314	11409
工程准备活动	502	18172	10824	3285	2459	1604
提供施工设备服务	503	5546	2578	1459	1134	375
其他未列明建筑业	509	31590	16257	8020	5455	1858
批发和零售业	F	**3510668**	**2118571**	**593764**	**578845**	**219488**
批发业	51	2178369	1425423	308721	304627	139598
农、林、牧产品批发	511	123694	50019	32179	26263	15233
食品、饮料及烟草制品批发	512	218262	133094	36199	35232	13737
纺织、服装及家庭用品批发	513	290748	235482	24386	20031	10849
文化、体育用品及器材批发	514	76021	58521	7754	6672	3074
医药及医疗器材批发	515	59708	34223	10428	10731	4326
矿产品、建材及化工产品批发	516	634118	388245	97400	105177	43296
机械设备、五金产品及电子产品批发	517	524678	362822	62033	67870	31953
贸易经纪与代理	518	86680	58115	12939	9450	6176
其他批发业	519	164460	104902	25403	23201	10954
零售业	52	1332299	693148	285043	274218	79890
综合零售	521	152428	59288	49608	36080	7452
食品、饮料及烟草制品专门零售	522	136422	71319	28047	29909	7147
纺织、服装及日用品专门零售	523	148418	85849	29838	25554	7177

2-2 续表 7　　单位：个

行业中类	代码	企业单位数	东部地区	中部地区	西部地区	东北地区
文化、体育用品及器材专门零售	524	82431	49240	15636	13808	3747
医药及医疗器材专门零售	525	107452	57655	18921	19981	10895
汽车、摩托车、燃料及零配件专门零售	526	172677	78957	39451	41061	13208
家用电器及电子产品专门零售	527	190089	100861	38531	40061	10636
五金、家具及室内装饰材料专门零售	528	192641	104154	36289	41073	11125
货摊、无店铺及其他零售业	529	149741	85825	28722	26691	8503
交通运输、仓储和邮政业	**G**	**311134**	**179675**	**58624**	**50397**	**22438**
铁路运输业	53	3028	1147	713	798	370
铁路旅客运输	531	465	171	108	138	48
铁路货物运输	532	1167	439	258	334	136
铁路运输辅助活动	533	1396	537	347	326	186
道路运输业	54	163981	85202	37127	29814	11838
城市公共交通运输	541	10925	3962	2786	2825	1352
公路旅客运输	542	9562	3107	2959	2718	778
道路货物运输	543	131357	72479	28501	21503	8874
道路运输辅助活动	544	12137	5654	2881	2768	834
水上运输业	55	12027	7795	2451	1296	485
水上旅客运输	551	1210	556	302	264	88
水上货物运输	552	7447	4768	1665	772	242
水上运输辅助活动	553	3370	2471	484	260	155
航空运输业	56	1671	829	206	484	152
航空客货运输	561	696	373	73	195	55
通用航空服务	562	402	171	57	135	39
航空运输辅助活动	563	573	285	76	154	58
管道运输业	57	366	146	92	105	23
管道运输业	570	366	146	92	105	23
装卸搬运和运输代理业	58	85893	61837	8967	9963	5126
装卸搬运	581	14419	7383	3608	2633	795
运输代理业	582	71474	54454	5359	7330	4331
仓储业	59	29391	15651	5618	4755	3367
谷物、棉花等农产品仓储	591	9761	2953	2890	2017	1901
其他仓储业	599	19630	12698	2728	2738	1466
邮政业	60	14777	7068	3450	3182	1077
邮政基本服务	601	1233	407	345	376	105
快递服务	602	13544	6661	3105	2806	972
住宿和餐饮业	**H**	**230530**	**115345**	**47636**	**55832**	**11717**
住宿业	61	81095	39263	16507	20277	5048
旅游饭店	611	26276	11938	5499	7243	1596
一般旅馆	612	46849	24170	9174	10555	2950
其他住宿业	619	7970	3155	1834	2479	502
餐饮业	62	149435	76082	31129	35555	6669
正餐服务	621	115960	56423	25107	29163	5267
快餐服务	622	10723	6644	2233	1309	537
饮料及冷饮服务	623	7030	4463	997	1335	235
其他餐饮业	629	15722	8552	2792	3748	630

2-2 续表 8 单位：个

行业中类	代码	企业单位数	东部地区	中部地区	西部地区	东北地区
信息传输、软件和信息技术服务业	**I**	**280125**	**191563**	**36707**	**35170**	**16685**
电信、广播电视和卫星传输服务	63	13448	5666	3232	3080	1470
电信	631	10205	4403	2338	2393	1071
广播电视传输服务	632	2924	1086	826	639	373
卫星传输服务	633	319	177	68	48	26
互联网和相关服务	64	33801	20960	6270	5043	1528
互联网接入及相关服务	641	3836	2311	656	643	226
互联网信息服务	642	24128	15097	4658	3394	979
其他互联网服务	649	5837	3552	956	1006	323
软件和信息技术服务业	65	232876	164937	27205	27047	13687
软件开发	651	140675	99830	15955	15976	8914
信息系统集成服务	652	20963	14088	3081	2737	1057
信息技术咨询服务	653	39899	28319	4332	4955	2293
数据处理和存储服务	654	3839	2987	363	315	174
集成电路设计	655	3011	2487	247	201	76
其他信息技术服务业	659	24489	17226	3227	2863	1173
金融业	**J**	**85730**	**41017**	**16475**	**21555**	**6683**
货币金融服务	66	31091	11652	6694	9362	3383
中央银行服务	661	126	27	51	42	6
货币银行服务	662	11177	3850	2724	3485	1118
非货币银行服务	663	19763	7771	3909	5828	2255
银行监管服务	664	25	4	10	7	4
资本市场服务	67	28623	16677	4428	6123	1395
证券市场服务	671	2345	1538	290	384	133
期货市场服务	672	367	222	56	62	27
证券期货监管服务	673	28	10	7	5	6
资本投资服务	674	19965	11909	2880	4294	882
其他资本市场服务	679	5918	2998	1195	1378	347
保险业	68	15057	6472	3442	3709	1434
人身保险	681	5266	1973	1408	1352	533
财产保险	682	5641	2021	1423	1682	515
再保险	683	30	23	2	3	2
养老金	684	176	91	36	33	16
保险经纪与代理服务	685	3002	1846	405	483	268
保险监管服务	686	19	6	8	2	3
其他保险活动	689	923	512	160	154	97
其他金融业	69	10959	6216	1911	2361	471
金融信托与管理服务	691	2933	1524	643	601	165
控股公司服务	692	1510	830	107	530	43
非金融机构支付服务	693	435	258	64	90	23
金融信息服务	694	1772	1067	295	327	83
其他未列明金融业	699	4309	2537	802	813	157

2-2 续表 9

单位：个

行业中类	代码	企业单位数	东部地区	中部地区	西部地区	东北地区
房地产业	K	**409795**	**216090**	**80810**	**83639**	**29256**
房地产业	70	409795	216090	80810	83639	29256
房地产开发经营	701	170428	76080	40594	40503	13251
物业管理	702	122856	65563	24105	23466	9722
房地产中介服务	703	77900	47793	11117	14085	4905
自有房地产经营活动	704	22368	16508	2508	2659	693
其他房地产业	709	16243	10146	2486	2926	685
租赁和商务服务业	L	**1025732**	**650618**	**162195**	**157133**	**55786**
租赁业	71	68518	35721	13783	14505	4509
机械设备租赁	711	66028	34200	13351	14131	4346
文化及日用品出租	712	2490	1521	432	374	163
商务服务业	72	957214	614897	148412	142628	51277
企业管理服务	721	203576	142068	25440	28668	7400
法律服务	722	10595	5971	1807	2130	687
咨询与调查	723	262146	184539	32887	30404	14316
广告业	724	195200	111738	37238	34994	11230
知识产权服务	725	8258	6360	812	770	316
人力资源服务	726	53158	28981	9923	10228	4026
旅行社及相关服务	727	39370	19358	7990	8861	3161
安全保护服务	728	9058	4057	2242	2163	596
其他商务服务业	729	175853	111825	30073	24410	9545
科学研究和技术服务业	M	**408386**	**274621**	**63175**	**48207**	**22383**
研究和试验发展	73	46996	33717	6330	3746	3203
自然科学研究和试验发展	731	4616	3137	685	415	379
工程和技术研究和试验发展	732	27708	20708	3528	1647	1825
农业科学研究和试验发展	733	5731	3066	1112	983	570
医学研究和试验发展	734	8283	6393	888	627	375
社会人文科学研究	735	658	413	117	74	54
专业技术服务业	74	213054	135442	33293	32525	11794
气象服务	741	930	380	196	291	63
地震服务	742	230	95	54	67	14
海洋服务	743	391	308	29	16	38
测绘服务	744	6231	2643	1141	1832	615
质检技术服务	745	14567	7925	2380	2943	1319
环境与生态监测	746	3336	1900	545	657	234
地质勘查	747	4808	1556	885	1995	372
工程技术	748	92203	57690	15842	13900	4771
其他专业技术服务业	749	90358	62945	12221	10824	4368
科技推广和应用服务业	75	148336	105462	23552	11936	7386
技术推广服务	751	120700	85835	20607	8705	5553
科技中介服务	752	8127	5261	1041	1038	787
其他科技推广和应用服务业	759	19509	14366	1904	2193	1046
水利、环境和公共设施管理业	N	**54616**	**30113**	**11049**	**10140**	**3314**
水利管理业	76	4779	2028	1136	1210	405
防洪除涝设施管理	761	491	269	111	81	30

2-2 续表 10

单位：个

行业中类	代码	企业单位数	东部地区	中部地区	西部地区	东北地区
水资源管理	762	1133	472	242	337	82
天然水收集与分配	763	672	259	160	192	61
水文服务	764	296	106	79	85	26
其他水利管理业	769	2187	922	544	515	206
生态保护和环境治理业	77	7263	3976	1507	1420	360
生态保护	771	1211	501	371	296	43
环境治理业	772	6052	3475	1136	1124	317
公共设施管理业	78	42574	24109	8406	7510	2549
市政设施管理	781	4817	2878	862	777	300
环境卫生管理	782	4162	2276	826	805	255
城乡市容管理	783	1208	755	210	177	66
绿化管理	784	20921	12207	3668	3655	1391
公园和游览景区管理	785	11466	5993	2840	2096	537
居民服务、修理和其他服务业	**O**	**220268**	**120678**	**42237**	**43628**	**13725**
居民服务业	79	79578	43222	15320	15594	5442
家庭服务	791	13936	7029	2635	3408	864
托儿所服务	792	345	175	74	61	35
洗染服务	793	3707	1981	614	936	176
理发及美容服务	794	18166	11956	2448	3060	702
洗浴服务	795	8335	4363	1770	1120	1082
保健服务	796	7413	5114	1074	983	242
婚姻服务	797	6522	3344	1080	1592	506
殡葬服务	798	2977	1203	623	735	416
其他居民服务业	799	18177	8057	5002	3699	1419
机动车、电子产品和日用产品修理业	80	87071	47480	15602	18417	5572
汽车、摩托车修理与维护	801	63148	32753	11319	14681	4395
计算机和办公设备维修	802	9820	6055	1545	1688	532
家用电器修理	803	9878	6182	1873	1430	393
其他日用产品修理业	809	4225	2490	865	618	252
其他服务业	81	53619	29976	11315	9617	2711
清洁服务	811	26926	16753	4694	4303	1176
其他未列明服务业	819	26693	13223	6621	5314	1535
教育	**P**	**48867**	**24461**	**11139**	**9841**	**3426**
教育	82	48867	24461	11139	9841	3426
学前教育	821	6659	2054	2380	1496	729
初等教育	822	589	231	254	83	21
中等教育	823	949	350	328	185	86
高等教育	824	216	132	42	23	19
特殊教育	825	288	127	55	68	38
技能培训、教育辅助及其他教育	829	40166	21567	8080	7986	2533
卫生和社会工作	**Q**	**27151**	**11188**	**7504**	**5948**	**2511**
卫生	83	25068	10290	6998	5515	2265
医院	831	9279	3056	2042	3330	851
社区医疗与卫生院	832	2772	668	1360	474	270

2-2 续表 11 单位：个

行业中类	代码	企业单位数	东部地区	中部地区	西部地区	东北地区
门诊部(所)	833	10804	5538	3056	1272	938
计划生育技术服务活动	834	77	13	50	12	2
妇幼保健院(所、站)	835	97	48	20	22	7
专科疾病防治院(所、站)	836	421	203	99	67	52
疾病预防控制中心	837	112	57	19	17	19
其他卫生活动	839	1506	707	352	321	126
社会工作	84	2083	898	506	433	246
提供住宿社会工作	841	1716	702	432	364	218
不提供住宿社会工作	842	367	196	74	69	28
文化、体育和娱乐业	**R**	**195950**	**99724**	**44150**	**41220**	**10856**
新闻和出版业	85	4733	2810	830	722	371
新闻业	851	257	134	63	42	18
出版业	852	4476	2676	767	680	353
广播、电视、电影和影视录音制作业	86	14980	9290	2423	2568	699
广播	861	507	238	148	86	35
电视	862	1198	803	204	134	57
电影和影视节目制作	863	6636	4904	626	880	226
电影和影视节目发行	864	1004	664	126	163	51
电影放映	865	4833	2262	1202	1096	273
录音制作	866	802	419	117	209	57
文化艺术业	87	39903	27147	6189	5264	1303
文艺创作与表演	871	9647	4979	2365	1948	355
艺术表演场馆	872	679	308	172	145	54
图书馆与档案馆	873	363	205	66	51	41
文物及非物质文化遗产保护	874	729	244	233	218	34
博物馆	875	368	214	56	68	30
烈士陵园、纪念馆	876	63	29	25	5	4
群众文化活动	877	5446	4143	641	542	120
其他文化艺术业	879	22608	17025	2631	2287	665
体育	88	12069	8850	1355	1271	593
体育组织	881	1412	1050	151	154	57
体育场馆	882	870	572	115	122	61
休闲健身活动	883	8513	6322	935	831	425
其他体育	889	1274	906	154	164	50
娱乐业	89	124265	51627	33353	31395	7890
室内娱乐活动	891	114028	45382	31420	29846	7380
游乐园	892	1431	707	339	290	95
彩票活动	893	114	62	30	10	12
文化、娱乐、体育经纪代理	894	5124	3600	738	558	228
其他娱乐业	899	3568	1876	826	691	175
公共管理、社会保障和社会组织	**S**	**114**	**39**	**21**	**29**	**25**
社会保障	93	114	39	21	29	25
社会保障	930	114	39	21	29	25

2-3 按行业(大类)、直辖市和省会城市以及

(2014年)

行业大类	代码	企业单位数	北京	天津	石家庄	太原	呼和浩特
总计	--	**4433977**	**619279**	**240190**	**71995**	**43213**	**18404**
农、林、牧、渔业	A	**134170**	**6385**	**3102**	**2409**	**1376**	**1370**
农业	01	61978	3574	1430	988	562	598
林业	02	11369	801	222	184	292	99
畜牧业	03	32166	1494	690	572	454	590
渔业	04	16781	239	436	28	14	19
农、林、牧、渔服务业	05	11876	277	324	637	54	64
采矿业	B	**9716**	**126**	**136**	**519**	**403**	**151**
煤炭开采和洗选业	06	2040	19	14	109	287	20
石油和天然气开采业	07	147	9	11		2	
黑色金属矿采选业	08	750	20	12	183	42	25
有色金属矿采选业	09	580	2	3	7	1	15
非金属矿采选业	10	5478	65	40	206	56	86
开采辅助活动	11	418	10	46	5	8	4
其他采矿业	12	303	1	10	9	7	1
制造业	C	**762383**	**34073**	**50541**	**15170**	**3767**	**1394**
农副食品加工业	13	25328	941	1101	720	113	148
食品制造业	14	15936	994	1055	372	159	123
酒、饮料和精制茶制造业	15	7832	392	262	150	47	50
烟草制品业	16	156	1	2	1	1	1
纺织业	17	23114	458	1173	1499	27	46
纺织服装、服饰业	18	43548	2664	1764	487	37	70
皮革、毛皮、羽毛及其制品和制鞋业	19	14912	244	399	1125	10	13
木材加工和木、竹、藤、棕、草制品业	20	15121	853	782	786	36	10
家具制造业	21	19254	1413	956	395	69	16
造纸和纸制品业	22	21649	925	1450	291	54	32
印刷和记录媒介复制业	23	25903	1563	1309	441	211	78
文教、工美、体育和娱乐用品制造业	24	23970	742	1518	243	25	17
石油加工及炼焦	25	1888	201	217	55	30	3
化学原料和化学制品制造业	26	32931	1971	2764	1509	186	76
医药制造业	27	7210	582	446	300	48	45
化学纤维制造业	28	1277	34	58	74	10	1
橡胶和塑料制品业	29	51395	1650	2996	696	122	43
非金属矿物制品业	30	49275	2617	2369	1230	413	246
黑色金属冶炼和压延加工业	31	9447	335	1414	266	107	11
有色金属冶炼和压延加工业	32	6971	241	613	103	63	40

计划单列市分组的企业法人单位数

单位：个

沈阳	长春	哈尔滨	上海	南京	杭州	合肥	福州	南昌	济南	郑州	武汉	长沙	代码
108409	**57436**	**59594**	**403109**	**119129**	**252828**	**101473**	**96641**	**38214**	**83817**	**74623**	**135468**	**71505**	--
1968	**4190**	**3964**	**1887**	**1049**	**5876**	**3727**	**4181**	**1384**	**1058**	**1260**	**2011**	**2237**	A
782	1471	2022	1109	441	2938	1358	1932	517	457	523	786	1211	01
152	180	108	333	206	851	984	327	121	88	117	233	184	02
569	1311	676	222	121	757	703	483	410	147	409	218	385	03
136	177	82	123	77	995	384	981	172	25	25	332	124	04
329	1051	1076	100	204	335	298	458	164	341	186	442	333	05
122	**286**	**183**	**1**	**85**	**296**	**101**	**318**	**70**	**170**	**442**	**56**	**347**	B
10	43	9			5			3	24	244		38	06
2	7	3	1	1	1	2		2	3				07
4	2	8		5	4	25	4		15	11	4	24	08
4	2	4		7	20	21	4	2	3	41	2	11	09
89	204	135		69	262	39	308	51	110	132	44	256	10
7	19	11		2	1	5	1	7	5	11	4	6	11
6	9	13		1	3	9	1	5	10	3	2	12	12
21463	**10824**	**11140**	**81777**	**17099**	**52945**	**13271**	**16103**	**7458**	**12353**	**12618**	**16022**	**12289**	C
1212	1089	1763	602	275	967	689	944	640	405	550	554	621	13
540	386	442	968	269	667	436	543	275	315	563	392	400	14
236	342	370	193	98	568	133	323	92	135	145	127	196	15
2	11	3	2	1	4	1	2	1	4	2	7	63	16
254	51	177	2272	210	4454	320	1777	271	250	130	367	125	17
477	192	139	6024	990	4561	618	673	1006	267	213	1026	120	18
199	39	70	1038	151	1170	240	781	60	59	27	72	89	19
500	434	662	2010	230	1108	222	420	153	205	144	231	247	20
629	214	219	3112	257	958	446	454	118	258	171	291	212	21
431	139	161	3005	321	2381	223	517	131	241	261	356	316	22
656	481	455	2436	626	1412	631	539	362	451	571	677	637	23
408	109	192	1714	589	2248	271	1173	209	205	195	226	227	24
116	49	53	150	36	78	18	26	14	58	42	48	22	25
953	444	479	3367	824	2158	514	549	314	617	890	681	1829	26
217	201	213	527	219	286	170	108	223	189	217	245	280	27
16	11	12	113	24	284	42	51	3	22	18	9	6	28
1326	493	428	6377	734	3565	760	931	276	488	404	741	401	29
1649	1297	1020	3281	1077	2823	1310	1673	673	945	3275	1433	1287	30
365	127	122	582	262	582	168	144	63	220	132	166	161	31
250	56	74	657	220	410	57	76	144	118	317	122	158	32

2-3 续表 1

行业大类	代码	企业单位数	北京	天津	石家庄	太原	呼和浩特
金属制品业	33	73329	3888	7223	1070	387	115
通用设备制造业	34	81082	2941	6184	1136	671	73
专用设备制造业	35	54910	2336	4090	741	382	51
汽车制造业	36	21684	745	1205	191	17	8
铁路、船舶、航空航天和其他运输设备制造业	37	12171	226	1869	41	35	1
电气机械和器材制造业	38	51495	2016	2609	671	156	44
计算机、通信和其他电子设备制造业	39	37351	1223	1832	156	54	12
仪器仪表制造业	40	14781	1092	912	86	87	5
其他制造业	41	9268	278	899	140	108	9
废弃资源综合利用业	42	2588	82	394	136	15	3
金属制品、机械和设备修理业	43	6607	425	676	59	87	4
电力、热力、燃气及水生产和供应业	D	**11060**	**612**	**575**	**220**	**137**	**150**
电力、热力生产和供应业	44	6260	420	279	119	64	109
燃气生产和供应业	45	1439	49	120	31	34	13
水的生产和供应业	46	3361	143	176	70	39	28
建筑业	E	**203460**	**19012**	**12415**	**3896**	**3205**	**732**
房屋建筑业	47	32610	2110	2068	575	400	156
土木工程建筑业	48	33083	2197	2712	887	542	115
建筑安装业	49	38231	2891	2849	910	634	139
建筑装饰和其他建筑业	50	99536	11814	4786	1524	1629	322
批发和零售业	F	**1586349**	**197033**	**80350**	**28796**	**18230**	**7138**
批发业	51	1041136	99092	59827	20295	11574	2907
零售业	52	545213	97941	20523	8501	6656	4231
交通运输、仓储和邮政业	G	**131941**	**14399**	**13000**	**1845**	**1062**	**614**
铁路运输业	53	1495	117	144	15	21	27
道路运输业	54	56208	7828	4066	1262	682	414
水上运输业	55	4213	34	374		2	
航空运输业	56	1109	90	135	10	16	9
管道运输业	57	130	6	26			1
装卸搬运和运输代理业	58	50957	3930	6218	326	169	78
仓储业	59	12726	1804	1802	178	135	51
邮政业	60	5103	590	235	54	37	34
住宿和餐饮业	H	**105251**	**16580**	**3546**	**705**	**1077**	**422**
住宿业	61	32406	4724	819	317	370	187
餐饮业	62	72845	11856	2727	388	707	235

单位：个

沈阳	长春	哈尔滨	上海	南京	杭州	合肥	福州	南昌	济南	郑州	武汉	长沙	代码
1762	712	802	10832	1821	5090	1052	734	429	1269	615	1567	662	33
3600	856	1122	11191	2092	5749	1102	735	405	2306	1000	1520	1175	34
1847	700	696	6994	1478	2521	944	678	493	1198	1360	1452	1089	35
519	1192	210	2041	405	1562	597	288	258	495	228	818	396	36
224	126	78	679	382	556	56	151	62	119	65	216	72	37
1865	445	557	5133	1282	3634	1186	668	337	543	586	1037	671	38
399	171	147	2162	947	1640	499	433	175	226	195	629	399	39
379	148	196	1732	626	829	249	184	75	292	153	491	244	40
154	189	133	1513	410	342	138	317	141	296	60	251	65	41
48	57	43	211	76	191	67	55	26	33	37	70	56	42
230	63	102	859	167	147	112	156	29	124	52	200	63	43
384	**323**	**330**	**183**	**169**	**550**	**258**	**646**	**123**	**185**	**158**	**191**	**251**	D
289	205	200	59	38	342	72	468	44	68	62	66	144	44
30	59	50	26	32	53	37	22	26	57	35	26	35	45
65	59	80	98	99	155	149	156	53	60	61	99	72	46
6813	**3319**	**3387**	**16250**	**7926**	**10747**	**7658**	**4268**	**2661**	**4474**	**4797**	**10867**	**2664**	E
806	586	608	1868	1217	1379	858	962	643	773	695	1803	513	47
1331	664	528	2351	1486	2204	1188	726	436	730	853	2047	484	48
1831	846	701	3584	1818	1496	1378	564	499	839	733	2111	356	49
2845	1223	1550	8447	3405	5668	4234	2016	1083	2132	2516	4906	1311	50
42035	**20294**	**20791**	**148695**	**42242**	**92398**	**35494**	**35927**	**12800**	**38194**	**26456**	**50132**	**24858**	F
29544	8826	12239	113154	26010	63872	19479	27005	9691	27194	16557	29337	17720	51
12491	11468	8552	35541	16232	28526	16015	8922	3109	11000	9899	20795	7138	52
3278	**1834**	**1775**	**15535**	**3402**	**4272**	**2365**	**3048**	**812**	**1651**	**1494**	**4407**	**1244**	G
26	58	59	14	29	6	14	26	18	22	32	73	12	53
2273	939	1091	3830	1960	2809	1587	1043	430	1079	693	2307	630	54
2		17	302	227	81	78	971	29	20	6	161	36	55
33	28	35	51	16	26	17	26	8	18	32	28	18	56
2	3	3	6	3	2			3	10	2	7	2	57
436	245	226	8366	839	842	404	660	151	311	393	1286	361	58
412	487	259	2017	266	217	193	203	124	123	261	368	90	59
94	74	85	949	62	289	72	119	49	68	75	177	95	60
1322	**950**	**1001**	**12849**	**2676**	**4984**	**2158**	**2418**	**619**	**1232**	**1335**	**2637**	**1061**	H
594	421	470	3325	757	1698	568	896	283	341	602	892	464	61
728	529	531	9524	1919	3286	1590	1522	336	891	733	1745	597	62

2-3 续表 2

行业大类	代码	企业单位数	北京	天津	石家庄	太原	呼和浩特
信息传输、软件和信息技术服务业	I	**197057**	**46683**	**9177**	**2042**	**1407**	**595**
电信、广播电视和卫星传输服务	63	5950	1154	248	100	46	50
互联网和相关服务	64	17806	3659	804	167	88	78
软件和信息技术服务业	65	173301	41870	8125	1775	1273	467
金融业	J	**35738**	**4790**	**3270**	**933**	**348**	**296**
货币金融服务	66	10192	695	1234	174	146	154
资本市场服务	67	14593	2757	892	573	75	55
保险业	68	5135	622	181	130	104	73
其他金融业	69	5818	716	963	56	23	14
房地产业	K	**169930**	**18102**	**7091**	**3096**	**2179**	**989**
房地产业	70	169930	18102	7091	3096	2179	989
租赁和商务服务业	L	**595049**	**132058**	**27978**	**6723**	**5196**	**2691**
租赁业	71	32774	5692	2555	413	403	271
商务服务业	72	562275	126366	25423	6310	4793	2420
科学研究和技术服务业	M	**250370**	**74065**	**17103**	**3146**	**2142**	**902**
研究和试验发展	73	30164	4286	1488	392	265	62
专业技术服务业	74	127212	24442	7100	1622	1484	663
科技推广和应用服务业	75	92994	45337	8515	1132	393	177
水利、环境和公共设施管理业	N	**20011**	**3247**	**1120**	**396**	**199**	**128**
水利管理业	76	1569	125	105	25	16	27
生态保护和环境治理业	77	2849	312	134	62	40	17
公共设施管理业	78	15593	2810	881	309	143	84
居民服务、修理和其他服务业	O	**106539**	**19010**	**7103**	**893**	**1311**	**437**
居民服务业	79	41982	8386	2340	240	318	118
机动车、电子产品和日用产品修理业	80	38811	6174	2033	412	336	152
其他服务业	81	25746	4450	2730	241	657	167
教育	P	**22148**	**5573**	**775**	**115**	**124**	**129**
教育	82	22148	5573	775	115	124	129
卫生和社会工作	Q	**10880**	**1830**	**441**	**108**	**170**	**61**
卫生	83	10094	1725	409	107	162	55
社会工作	84	786	105	32	1	8	6
文化、体育和娱乐业	R	**81884**	**25699**	**2454**	**982**	**880**	**205**
新闻和出版业	85	3751	1351	100	53	80	23
广播、电视、电影和影视录音制作业	86	8048	2815	245	85	67	36
文化艺术业	87	27062	15050	896	163	163	58
体育	88	7530	2260	279	35	55	11
娱乐业	89	35493	4223	934	646	515	77
公共管理、社会保障和社会组织	S	**41**	**2**	**13**	**1**		
社会保障	93	41	2	13	1		

单位：个

沈阳	长春	哈尔滨	上海	南京	杭州	合肥	福州	南昌	济南	郑州	武汉	长沙	代码
3969	**1848**	**2381**	**14762**	**7319**	**14685**	**5052**	**3883**	**1538**	**4100**	**3266**	**6421**	**3301**	I
435	144	161	228	178	250	159	130	76	99	85	182	180	63
280	195	205	1185	799	833	701	333	184	300	261	550	408	64
3254	1509	2015	13349	6342	13602	4192	3420	1278	3701	2920	5689	2713	65
838	**420**	**818**	**2009**	**742**	**1164**	**875**	**669**	**492**	**543**	**435**	**756**	**504**	J
240	256	380	614	172	281	298	137	150	145	138	234	169	66
381	30	230	684	276	470	352	279	197	185	45	304	169	67
143	94	120	373	179	177	138	130	86	158	130	133	92	68
74	40	88	338	115	236	87	123	59	55	122	85	74	69
4554	**2128**	**2723**	**15940**	**3809**	**7241**	**3754**	**3085**	**1886**	**2964**	**4820**	**7295**	**3299**	K
4554	2128	2723	15940	3809	7241	3754	3085	1886	2964	4820	7295	3299	70
11952	**5284**	**5705**	**53442**	**16758**	**32457**	**15901**	**12831**	**5156**	**9962**	**10804**	**20337**	**11085**	L
876	653	494	2158	891	1476	1101	781	346	548	533	1054	543	71
11076	4631	5211	51284	15867	30981	14800	12050	4810	9414	10271	19283	10542	72
4950	**2118**	**2666**	**19240**	**9094**	**14983**	**5302**	**4088**	**1121**	**3745**	**3394**	**7742**	**4745**	M
985	317	277	2031	2014	1354	753	1112	103	521	339	1129	1758	73
2423	1159	1365	12567	5861	7485	3733	2215	702	1706	2201	4450	1908	74
1542	642	1024	4642	1219	6144	816	761	316	1518	854	2163	1079	75
396	**274**	**315**	**1490**	**460**	**1117**	**709**	**401**	**214**	**310**	**359**	**624**	**352**	N
57	37	30	86	43	53	22	36	23	29	46	77	46	76
50	40	34	151	93	142	82	105	26	38	77	99	58	77
289	197	251	1253	324	922	605	260	165	243	236	448	248	78
1875	**2030**	**1225**	**11618**	**2763**	**4337**	**2147**	**2328**	**948**	**1379**	**1287**	**2609**	**1245**	O
577	757	497	5892	768	1611	802	895	227	417	410	897	488	79
829	621	473	3893	1131	1816	828	928	280	664	554	1012	373	80
469	652	255	1833	864	910	517	505	441	298	323	700	384	81
543	**330**	**282**	**706**	**564**	**1163**	**591**	**448**	**223**	**288**	**308**	**961**	**423**	P
543	330	282	706	564	1163	591	448	223	288	308	961	423	82
432	**184**	**154**	**958**	**228**	**427**	**154**	**470**	**49**	**146**	**119**	**526**	**161**	Q
419	165	135	915	206	402	120	455	46	136	110	498	148	83
13	19	19	43	22	25	34	15	3	10	9	28	13	84
1515	**800**	**751**	**5764**	**2744**	**3183**	**1954**	**1529**	**660**	**1063**	**1271**	**1874**	**1439**	R
124	98	58	169	122	88	95	62	54	62	75	134	83	85
149	75	89	571	235	329	148	128	62	80	118	197	129	86
435	110	169	964	1050	539	365	269	114	295	259	465	302	87
109	43	61	926	144	432	78	142	27	66	41	151	99	88
698	474	374	3134	1193	1795	1268	928	403	560	778	927	826	89
		3	**3**		**3**	**2**							S
		3	3		3	2							93

2-3 续表 3

行业大类	代码	广州	南宁	海口	重庆	成都	贵阳
总计	--	**217166**	**52686**	**21152**	**316677**	**90334**	**38228**
农、林、牧、渔业	A	**1022**	**5215**	**710**	**49020**	**3056**	**2738**
农业	01	633	1326	380	23150	1582	1565
林业	02	108	468	41	2202	405	308
畜牧业	03	85	2145	166	12895	639	665
渔业	04	117	1085	58	8232	116	92
农、林、牧、渔服务业	05	79	191	65	2541	314	108
采矿业	B	**33**	**309**	**23**	**2557**	**128**	**343**
煤炭开采和洗选业	06		1	1	916	5	65
石油和天然气开采业	07	1		1	44	13	
黑色金属矿采选业	08		30	4	91	3	6
有色金属矿采选业	09	5	26	3	36	8	53
非金属矿采选业	10	23	230	10	1377	59	207
开采辅助活动	11	1	6	1	57	31	8
其他采矿业	12	3	16	3	36	9	4
制造业	C	**40074**	**4717**	**1180**	**50578**	**18894**	**3970**
农副食品加工业	13	604	483	92	3729	848	172
食品制造业	14	764	292	71	1303	957	177
酒、饮料和精制茶制造业	15	184	238	36	1023	798	127
烟草制品业	16	2	3	1	10	3	2
纺织业	17	1056	66	9	2067	278	41
纺织服装、服饰业	18	5566	82	64	1837	467	45
皮革、毛皮、羽毛及其制品和制鞋业	19	3792	64		1246	624	14
木材加工和木、竹、藤、棕、草制品业	20	441	448	32	1777	358	82
家具制造业	21	1008	128	57	2235	1091	102
造纸和纸制品业	22	1419	270	37	863	491	80
印刷和记录媒介复制业	23	1521	251	140	1220	755	187
文教、工美、体育和娱乐用品制造业	24	2158	87	35	957	185	68
石油加工及炼焦	25	63	15	3	79	45	5
化学原料和化学制品制造业	26	2508	318	44	1509	842	241
医药制造业	27	299	118	94	344	383	102
化学纤维制造业	28	32	1	6	26	29	2
橡胶和塑料制品业	29	2539	223	49	1874	997	247
非金属矿物制品业	30	1055	546	137	5670	1701	885
黑色金属冶炼和压延加工业	31	216	43	6	685	248	76
有色金属冶炼和压延加工业	32	212	29	10	479	182	62

单位：个

昆明	拉萨	西安	兰州	西宁	银川	乌鲁木齐	大连	宁波	厦门	青岛	深圳	代码
81245	**4247**	**95143**	**30512**	**16446**	**16892**	**46226**	**115368**	**179298**	**101148**	**164800**	**251082**	--
3009	**51**	**2009**	**2461**	**1484**	**778**	**522**	**3478**	**5364**	**1493**	**2179**	**147**	A
1669	25	872	786	616	326	155	1185	3309	785	836	79	01
402	14	309	204	261	72	54	411	360	89	174	5	02
748	9	650	1381	542	270	231	421	563	307	226	12	03
45	1	39	33	9	44	11	847	801	224	630	28	04
145	2	139	57	56	66	71	614	331	88	313	23	05
860	**86**	**243**	**231**	**266**	**73**	**224**	**203**	**113**	**26**	**140**	**46**	B
53	1	11	29	16	14	83	3			4	13	06
5		20		1	5	5	4		1		3	07
142	11	14	4	13		7	7	1	1	28		08
175	38	22	2	27		16	12	1	1	4	2	09
453	34	73	176	174	47	60	165	107	23	93	15	10
7		79	8	11	7	26	5	2		7	10	11
25	2	24	12	24		27	7	2		4	3	12
6373	**428**	**13670**	**3792**	**2010**	**1992**	**3477**	**21707**	**79319**	**18177**	**37490**	**64228**	C
448	59	419	361	173	195	124	1444	831	316	1529	167	13
372	32	396	129	94	113	108	541	353	414	647	274	14
217	27	125	45	40	63	68	176	282	109	320	95	15
7		2	4			1	1	1	1	5	4	16
72	15	137	34	24	88	61	379	2646	458	1188	634	17
84	12	134	42	33	25	64	1584	5058	1757	2719	2647	18
35	5	36	17	21	29	16	141	614	391	960	1121	19
168	2	188	47	26	42	49	616	674	264	588	286	20
174	24	376	96	29	56	94	311	826	438	838	1183	21
189	8	319	48	13	37	90	381	1883	802	904	2580	22
324	18	530	276	67	98	200	409	2098	640	1638	1995	23
131	53	194	53	97	14	36	206	3323	879	2407	2776	24
19		53	46	6	15	48	90	78	24	43	40	25
436	26	638	264	90	107	267	977	1315	673	1394	1157	26
125	21	337	52	69	28	59	113	136	95	158	161	27
6		19	4	3	3	6	24	208	25	61	34	28
427	3	455	252	64	107	374	1121	9135	1887	2912	6298	29
937	89	1304	768	363	263	451	1248	1612	793	1780	1055	30
130	1	246	135	59	39	95	674	970	90	379	128	31
147		189	53	71	28	20	105	927	94	241	403	32

2-3 续表 4

行业大类	代码	广州	南宁	海口	重庆	成都	贵阳
金属制品业	33	2727	260	62	4675	1516	311
通用设备制造业	34	2076	126	19	3532	1751	324
专用设备制造业	35	2013	196	38	2513	1380	175
汽车制造业	36	824	32	40	3429	515	72
铁路、船舶、航空航天和其他运输设备制造业	37	393	28	13	3585	184	19
电气机械和器材制造业	38	2399	150	38	1421	1015	172
计算机、通信和其他电子设备制造业	39	2809	111	17	899	584	46
仪器仪表制造业	40	544	24	8	641	261	43
其他制造业	41	254	48	8	478	215	38
废弃资源综合利用业	42	71	16	2	186	79	14
金属制品、机械和设备修理业	43	525	21	12	286	112	39
电力、热力、燃气及水生产和供应业	D	**222**	**155**	**49**	**2134**	**652**	**81**
电力、热力生产和供应业	44	76	81	20	1293	382	36
燃气生产和供应业	45	30	12	8	227	102	16
水的生产和供应业	46	116	62	21	614	168	29
建筑业	E	**5774**	**2300**	**2170**	**10247**	**5002**	**1841**
房屋建筑业	47	743	384	192	2981	1210	268
土木工程建筑业	48	748	344	306	887	777	270
建筑安装业	49	1610	307	382	1145	910	251
建筑装饰和其他建筑业	50	2673	1265	1290	5234	2105	1052
批发和零售业	F	**81009**	**21332**	**7925**	**104519**	**25212**	**15262**
批发业	51	60438	12713	4248	44353	15486	8239
零售业	52	20571	8619	3677	60166	9726	7023
交通运输、仓储和邮政业	G	**7259**	**1212**	**439**	**6444**	**3034**	**758**
铁路运输业	53	17	11	8	55	85	20
道路运输业	54	2325	751	145	3752	1752	387
水上运输业	55	245	66	32	412	12	5
航空运输业	56	19	10	11	42	59	10
管道运输业	57	4	1	1	5	3	6
装卸搬运和运输代理业	58	4026	207	186	1473	774	153
仓储业	59	439	107	35	424	231	126
邮政业	60	184	59	21	281	118	51
住宿和餐饮业	H	**5555**	**954**	**564**	**16406**	**3606**	**1172**
住宿业	61	1930	423	271	2435	1366	428
餐饮业	62	3625	531	293	13971	2240	744

单位：个

昆明	拉萨	西安	兰州	西宁	银川	乌鲁木齐	大连	宁波	厦门	青岛	深圳	代码
532	15	988	316	275	213	449	1800	7785	2005	3782	5588	33
394	1	1828	235	120	135	192	4675	12914	1073	4624	3205	34
275		1320	210	61	101	238	1415	5493	1597	3251	5584	35
105		166	20	8	9	32	282	3911	215	564	285	36
11		287	15	7	5	12	637	892	78	780	267	37
298	8	1371	120	84	94	215	855	9665	1142	1402	7606	38
43		801	23	13	10	17	284	3288	1062	785	15260	39
121		503	35	9	21	26	386	1314	367	354	2344	40
47	3	128	29	43	8	19	104	629	345	779	650	41
44	4	45	25	17	20	16	102	219	21	88	19	42
55	2	136	38	31	26	30	626	239	122	370	382	43
240	**22**	**284**	**127**	**121**	**124**	**120**	**317**	**429**	**81**	**280**	**177**	D
123	18	171	93	100	82	94	200	196	50	132	65	44
33	1	43	18	7	24	10	50	53	2	51	17	45
84	3	70	16	14	18	16	67	180	29	97	95	46
6361	**321**	**7712**	**1276**	**1233**	**895**	**1654**	**7992**	**5533**	**4224**	**9712**	**4122**	E
1083	193	1394	227	276	259	264	1101	763	517	2219	516	47
1075	55	1423	249	275	183	318	1097	1030	619	1374	572	48
970	29	1446	309	190	132	400	1636	1049	781	1792	713	49
3233	44	3449	491	492	321	672	4158	2691	2307	4327	2321	50
32802	**1332**	**34764**	**12406**	**5725**	**7404**	**23154**	**39445**	**50600**	**42234**	**66878**	**92483**	F
22154	548	19959	8156	3076	4382	17152	31571	40588	33161	52812	67777	51
10648	784	14805	4250	2649	3022	6002	7874	10012	9073	14066	24706	52
1768	**144**	**1931**	**686**	**303**	**362**	**1829**	**4529**	**4454**	**3637**	**7023**	**10092**	G
27	3	31	42	10	5	63	26	11	14	252	102	53
837	94	1054	301	150	230	679	1319	1737	1000	2127	2645	54
7		1	1		1	1	255	214	162	230	229	55
39	5	57	19	6	8	34	24	6	28	47	89	56
3		8	1			9	5			3	5	57
606	19	439	172	85	52	839	2429	2089	2158	3729	6280	58
128	4	249	119	33	18	139	355	276	199	529	325	59
121	19	92	31	19	48	65	116	121	76	106	417	60
1682	**255**	**2975**	**970**	**437**	**411**	**483**	**1954**	**2387**	**2081**	**2010**	**3777**	H
731	161	1210	363	239	179	280	806	981	849	702	1324	61
951	94	1765	607	198	232	203	1148	1406	1232	1308	2453	62

2-3 续表 5

行业大类	代码	广州	南宁	海口	重庆	成都	贵阳
信息传输、软件和信息技术服务业	I	**10217**	**1263**	**598**	**8046**	**3552**	**1091**
电信、广播电视和卫星传输服务	63	304	65	39	399	90	59
互联网和相关服务	64	1002	125	91	1007	236	153
软件和信息技术服务业	65	8911	1073	468	6640	3226	879
金融业	J	**963**	**321**	**208**	**3012**	**1055**	**489**
货币金融服务	66	224	170	93	955	327	180
资本市场服务	67	396	63	47	1311	394	175
保险业	68	230	66	54	427	185	46
其他金融业	69	113	22	14	319	149	88
房地产业	K	**12383**	**2649**	**2193**	**10674**	**5474**	**2272**
房地产业	70	12383	2649	2193	10674	5474	2272
租赁和商务服务业	L	**30309**	**7672**	**2841**	**27797**	**10774**	**4183**
租赁业	71	969	317	162	2694	726	345
商务服务业	72	29340	7355	2679	25103	10048	3838
科学研究和技术服务业	M	**12273**	**2083**	**874**	**6481**	**3329**	**1363**
研究和试验发展	73	2743	189	80	438	480	109
专业技术服务业	74	7708	1033	638	4808	2193	965
科技推广和应用服务业	75	1822	861	156	1235	656	289
水利、环境和公共设施管理业	N	**689**	**115**	**88**	**1443**	**499**	**173**
水利管理业	76	37	22	11	138	51	22
生态保护和环境治理业	77	160	27	14	306	74	33
公共设施管理业	78	492	66	63	999	374	118
居民服务、修理和其他服务业	O	**4873**	**1187**	**553**	**9718**	**2166**	**1582**
居民服务业	79	1711	272	160	4951	781	730
机动车、电子产品和日用产品修理业	80	2134	467	260	3182	1036	567
其他服务业	81	1028	448	133	1585	349	285
教育	P	**961**	**260**	**148**	**1424**	**777**	**244**
教育	82	961	260	148	1424	777	244
卫生和社会工作	Q	**388**	**86**	**63**	**796**	**487**	**150**
卫生	83	337	76	57	664	475	139
社会工作	84	51	10	6	132	12	11
文化、体育和娱乐业	R	**3162**	**856**	**526**	**5377**	**2636**	**515**
新闻和出版业	85	178	30	37	97	75	33
广播、电视、电影和影视录音制作业	86	330	85	75	287	133	47
文化艺术业	87	540	82	72	1406	287	63
体育	88	718	58	78	260	151	40
娱乐业	89	1396	601	264	3327	1990	332
公共管理、社会保障和社会组织	S				**4**	**1**	**1**
社会保障	93				4	1	1

单位：个

昆明	拉萨	西安	兰州	西宁	银川	乌鲁木齐	大连	宁波	厦门	青岛	深圳	代码
3891	**73**	**4115**	**680**	**368**	**371**	**1382**	**4865**	**3404**	**4523**	**4147**	**12042**	I
131	27	184	37	22	38	70	158	51	75	122	174	63
238	3	603	117	67	52	152	260	252	899	592	927	64
3522	43	3328	526	279	281	1160	4447	3101	3549	3433	10941	65
1256	**26**	**733**	**377**	**173**	**332**	**940**	**751**	**854**	**732**	**965**	**2649**	J
491	13	177	188	95	143	238	248	336	135	194	368	66
491	4	311	85	37	141	232	291	343	344	585	1389	67
112	7	154	59	19	29	66	110	95	62	123	228	68
162	2	91	45	22	19	404	102	80	191	63	664	69
3481	**148**	**6082**	**1739**	**1010**	**777**	**2140**	**5329**	**3389**	**3276**	**4405**	**7554**	K
3481	148	6082	1739	1010	777	2140	5329	3389	3276	4405	7554	70
11188	**885**	**10334**	**2654**	**1769**	**1654**	**5767**	**14796**	**13595**	**12544**	**17370**	**32597**	L
596	56	778	179	176	181	427	753	658	863	1033	1073	71
10592	829	9556	2475	1593	1473	5340	14043	12937	11681	16337	31524	72
3848	**179**	**4627**	**1044**	**693**	**592**	**2159**	**4669**	**4591**	**3512**	**4934**	**12573**	M
536	35	401	118	41	53	138	912	1036	486	1058	2125	73
1858	125	2994	792	537	408	1590	2303	2594	2320	2412	8848	74
1454	19	1232	134	115	131	431	1454	961	706	1464	1600	75
476	**8**	**721**	**117**	**80**	**136**	**226**	**659**	**618**	**423**	**964**	**465**	N
42	1	78	12	10	15	32	77	33	17	47	41	76
86	1	71	15	15	11	25	69	101	91	85	105	77
348	6	572	90	55	110	169	513	484	315	832	319	78
1922	**104**	**2479**	**854**	**328**	**393**	**1167**	**2465**	**2138**	**2449**	**3561**	**4055**	O
640	33	777	271	116	95	255	1063	850	991	1067	1579	79
659	61	999	464	157	214	559	864	828	1098	1064	1689	80
623	10	703	119	55	84	353	538	460	360	1430	787	81
328	**22**	**412**	**276**	**49**	**73**	**174**	**462**	**291**	**530**	**632**	**1539**	P
328	22	412	276	49	73	174	462	291	530	632	1539	82
182	**30**	**216**	**145**	**47**	**45**	**132**	**325**	**238**	**121**	**237**	**574**	Q
177	29	201	137	46	42	123	289	217	114	194	564	83
5	1	15	8	1	3	9	36	21	7	43	10	84
1577	**133**	**1833**	**677**	**349**	**480**	**675**	**1421**	**1980**	**1085**	**1873**	**1962**	R
41	2	124	44	11	27	29	26	16	26	60	64	85
197	6	306	67	41	103	73	100	128	88	155	269	86
461	23	456	157	46	30	91	230	262	302	437	451	87
74	1	103	22	25	16	25	151	206	233	138	272	88
804	101	844	387	226	304	457	914	1368	436	1083	906	89
1		**3**		**1**		**1**	**1**	**1**				S
1		3		1		1	1	1				93

2-4 按行业(中类)、

(2014年)

行业中类	代码	企业单位数	内资企业	国有企业	集体企业	股份合作企业
总计	--	**10617154**	**10385200**	**130216**	**147251**	**69767**
农、林、牧、渔业	A	**547263**	**545548**	**4968**	**3994**	**1894**
农业	01	233898	233021	1507	1289	824
谷物种植	011	40912	40858	563	198	79
豆类、油料和薯类种植	012	8215	8200	71	15	37
棉、麻、糖、烟草种植	013	5439	5429	183	35	15
蔬菜、食用菌及园艺作物种植	014	81509	81037	205	425	336
水果种植	015	47034	46854	214	345	166
坚果、含油果、香料和饮料作物种植	016	16587	16530	106	126	43
中药材种植	017	17472	17438	20	27	67
其他农业	019	16730	16675	145	118	81
林业	02	46901	46700	1707	911	218
林木育种和育苗	021	34483	34352	486	339	163
造林和更新	022	6622	6579	253	183	23
森林经营和管护	023	4074	4055	656	315	21
木材和竹材采运	024	954	949	207	51	3
林产品采集	025	768	765	105	23	8
畜牧业	03	152186	151886	511	469	470
牲畜饲养	031	106570	106367	363	308	314
家禽饲养	032	33732	33667	78	109	116
狩猎和捕捉动物	033	733	733	1		1
其他畜牧业	039	11151	11119	69	52	39
渔业	04	46046	45867	327	494	125
水产养殖	041	44298	44125	292	450	120
水产捕捞	042	1748	1742	35	44	5
农、林、牧、渔服务业	05	68232	68074	916	831	257
农业服务业	051	52267	52160	549	646	202
林业服务业	052	4404	4385	209	77	20
畜牧服务业	053	8183	8167	85	37	19
渔业服务业	054	3378	3362	73	71	16
采矿业	B	**101658**	**101114**	**1457**	**3030**	**844**
煤炭开采和洗选业	06	20533	20455	688	873	227
烟煤和无烟煤开采洗选	061	18852	18790	645	834	202
褐煤开采洗选	062	591	581	21	26	6
其他煤炭采选	069	1090	1084	22	13	19
石油和天然气开采业	07	588	568	58	2	6
石油开采	071	370	358	36	1	1
天然气开采	072	218	210	22	1	5
黑色金属矿采选业	08	16077	16004	104	410	113
铁矿采选	081	14328	14266	83	372	96
锰矿、铬矿采选	082	978	971	11	32	7
其他黑色金属矿采选	089	771	767	10	6	10
有色金属矿采选业	09	11109	10986	185	363	107

登记注册类型分组的企业法人单位数

单位：个

国有联营企业	集体联营企业	国有与集体联营	其他联营	国有独资公司	其他有限责任公司	股份有限公司	私营独资	私营合伙	代码
2323	**6893**	**1542**	**10644**	**27969**	**1820122**	**145986**	**1883884**	**239247**	--
103	**321**	**39**	**320**	**296**	**36673**	**3374**	**149319**	**11000**	A
46	99	9	118	103	15904	1265	55282	3905	01
34	16	3	14	26	1527	111	5581	405	011
	1		3	7	470	36	1008	136	012
	4		3	4	195	20	1840	72	013
5	37	2	49	34	7232	560	19108	1481	014
4	15	1	25	12	2392	177	16441	816	015
	7		8	4	1021	90	4449	370	016
	8	1	6	4	1341	121	4634	325	017
3	11	2	10	12	1726	150	2221	300	019
25	58	15	34	44	4908	438	12272	1275	02
9	14	5	22	26	3801	299	8650	847	021
6	14	2	4	6	683	75	2246	233	022
8	21	5	5	10	289	41	1103	152	023
2	8	1	1	1	64	15	167	26	024
	1	2	2	1	71	8	106	17	025
11	69	5	92	40	8473	876	54243	3309	03
7	42	4	63	33	6080	656	37081	2344	031
	20	1	26	7	1755	164	13136	736	032
			1		48	5	310	22	033
4	7		2		590	51	3716	207	039
7	26	4	29	25	2757	265	18383	1388	04
6	25	4	28	20	2592	243	17791	1357	041
1	1		1	5	165	22	592	31	042
14	69	6	47	84	4631	530	9139	1123	05
12	49	6	36	62	3595	390	6073	775	051
1	10		6	10	470	56	723	111	052
	10		5	7	340	50	1455	142	053
1				5	226	34	888	95	054
41	**157**	**16**	**141**	**415**	**15389**	**1814**	**33302**	**8761**	B
16	35	3	28	191	4330	437	4513	1929	06
16	32	1	25	174	3949	401	4121	1815	061
	1	1	3	15	170	21	98	25	062
	2	1		2	211	15	294	89	069
	11		1	15	184	51	54	6	07
			1	11	128	35	24	2	071
	11			4	56	16	30	4	072
1	15	4	16	56	2409	274	4578	1118	08
1	15	3	14	47	2125	231	4146	1000	081
		1	2	6	130	21	235	69	082
				3	154	22	197	49	089
9	17	4	17	43	2334	349	2478	658	09

2-4 续表 1

行业中类	代码	企业单位数	内资企业	国有企业	集体企业	股份合作企业
常用有色金属矿采选	091	7751	7661	114	160	70
贵金属矿采选	092	2196	2174	51	185	29
稀有稀土金属矿采选	093	1162	1151	20	18	8
非金属矿采选业	10	48083	47867	280	1334	361
土砂石开采	101	40957	40801	176	977	312
化学矿开采	102	1689	1684	15	74	13
采盐	103	548	543	53	181	4
石棉及其他非金属矿采选	109	4889	4839	36	102	32
开采辅助活动	11	3125	3097	117	31	16
煤炭开采和洗选辅助活动	111	528	525	41	6	4
石油和天然气开采辅助活动	112	1868	1846	63	18	7
其他开采辅助活动	119	729	726	13	7	5
其他采矿业	12	2143	2137	25	17	14
其他采矿业	120	2143	2137	25	17	14
制造业	**C**	**2616422**	**2491646**	**12449**	**35315**	**21683**
农副食品加工业	13	118957	115481	1656	1301	661
谷物磨制	131	26940	26769	294	173	91
饲料加工	132	13951	13432	96	89	97
植物油加工	133	10815	10607	85	118	33
制糖业	134	866	818	28	6	2
屠宰及肉类加工	135	19590	19217	920	517	136
水产品加工	136	11005	10171	77	162	150
蔬菜、水果和坚果加工	137	17024	16148	51	72	53
其他农副食品加工	139	18766	18319	105	164	99
食品制造业	14	55474	52863	424	516	329
焙烤食品制造	141	14712	14126	78	115	75
糖果、巧克力及蜜饯制造	142	5463	5215	26	43	38
方便食品制造	143	9690	9325	72	76	38
乳制品制造	144	1806	1665	32	22	19
罐头食品制造	145	3465	3229	28	34	16
调味品、发酵制品制造	146	7505	7201	70	103	53
其他食品制造	149	12833	12102	118	123	90
酒、饮料和精制茶制造业	15	44540	43147	439	916	332
酒的制造	151	14894	14464	170	239	140
饮料制造	152	14998	14173	137	212	109
精制茶加工	153	14648	14510	132	465	83
烟草制品业	16	454	451	66	20	3
烟叶复烤	161	212	211	26	2	1
卷烟制造	162	100	100	29	4	
其他烟草制品制造	169	142	140	11	14	2
纺织业	17	125279	119006	428	1082	648
棉纺织及印染精加工	171	46750	44585	174	402	209
毛纺织及染整精加工	172	7276	6853	42	87	45
麻纺织及染整精加工	173	1408	1334	24	23	11

单位：个

国有联营企业	集体联营企业	国有与集体联营	其他联营	国有独资公司	其他有限责任公司	股份有限公司	私营独资	私营合伙	代码
6	14	3	10	18	1532	230	1873	464	091
2	2	1	3	17	470	76	435	107	092
1	1		4	8	332	43	170	87	093
10	74	5	71	92	4617	586	20727	4829	10
6	61	4	51	60	3496	429	18673	4380	101
2	6		10	3	355	40	419	99	102
1	1		1	16	97	17	39	21	103
1	6	1	9	13	669	100	1596	329	109
5	4		4	16	1069	62	439	105	11
3				4	114	17	103	25	111
1	3		2	12	788	30	165	33	112
1	1		2		167	15	171	47	119
	1		4	2	446	55	513	116	12
	1		4	2	446	55	513	116	120
288	**1554**	**296**	**2209**	**2535**	**340020**	**30154**	**645742**	**72803**	**C**
26	116	23	114	143	16381	1925	35637	3362	13
4	27	6	26	48	2899	334	10974	836	131
	10	3	9	14	2861	316	2814	269	132
3	5		9	20	1534	204	3499	306	133
1		1		9	215	39	187	24	134
15	44	8	31	30	2823	349	5126	637	135
1	8	3	5	4	1361	158	2561	354	136
	8	1	10	4	2032	221	4344	436	137
2	14	1	24	14	2656	304	6132	500	139
9	26	11	38	55	8652	880	15766	1365	14
1	6	1	10	2	2061	139	4879	340	141
	1		1	1	675	49	1785	137	142
3	7		2	11	1437	158	3223	270	143
		3	1	10	492	83	204	23	144
1	1	1	3	3	517	76	773	135	145
1	3	1	6	8	1150	123	2354	159	146
3	8	5	15	20	2320	252	2548	301	149
14	42	10	31	59	6437	814	13824	1389	15
5	10	4	10	24	2471	384	4761	382	151
8	10	5	14	20	2527	270	4296	519	152
1	22	1	7	15	1439	160	4767	488	153
1			2	32	92	10	25	3	16
			1	5	39	3	6	2	161
1				23	30	3	3		162
			1	4	23	4	16	1	169
10	56	10	49	81	11156	974	31411	2488	17
3	22	4	18	42	4515	443	11523	1010	171
1	6	1	2	11	738	80	1640	144	172
	3		1	2	192	25	387	32	173

2-4 续表 2

行业中类	代码	企业单位数	内资企业	国有企业	集体企业	股份合作企业
丝绢纺织及印染精加工	174	3678	3526	29	50	27
化纤织造及印染精加工	175	11411	10931	13	34	22
针织或钩针编织物及其制品制造	176	20717	19598	52	158	83
家用纺织制成品制造	177	18528	17530	55	156	80
非家用纺织制成品制造	178	15511	14649	39	172	171
纺织服装、服饰业	18	145913	134894	257	1186	687
机织服装制造	181	97600	89708	180	900	422
针织或钩针编织服装制造	182	21389	19487	35	122	143
服饰制造	183	26924	25699	42	164	122
皮革、毛皮、羽毛及其制品和制鞋业	19	69782	64927	108	543	636
皮革鞣制加工	191	3353	3073	13	33	71
皮革制品制造	192	22302	20297	25	161	94
毛皮鞣制及制品加工	193	5022	4849	11	41	14
羽毛(绒)加工及制品制造	194	2248	2122	13	20	10
制鞋业	195	36857	34586	46	288	447
木材加工和木、竹、藤、棕、草制品业	20	81168	79729	365	789	319
木材加工	201	32224	32009	225	359	116
人造板制造	202	16905	16578	51	74	48
木制品制造	203	23224	22575	70	260	113
竹、藤、棕、草等制品制造	204	8815	8567	19	96	42
家具制造业	21	55923	53561	71	388	238
木质家具制造	211	38354	36975	43	260	161
竹、藤家具制造	212	912	880	5	8	2
金属家具制造	213	6251	5808	15	70	38
塑料家具制造	214	1053	997	3	12	4
其他家具制造	219	9353	8901	5	38	33
造纸和纸制品业	22	61963	59643	187	1021	624
纸浆制造	221	534	512	8	28	2
造纸	222	16047	15378	84	303	135
纸制品制造	223	45382	43753	95	690	487
印刷和记录媒介复制业	23	75046	73494	1210	2731	1232
印刷	231	68140	66686	1065	2386	1106
装订及印刷相关服务	232	6639	6574	135	341	122
记录媒介复制	233	267	234	10	4	4
文教、工美、体育和娱乐用品制造业	24	88489	81464	212	867	691
文教办公用品制造	241	8850	8233	38	129	73
乐器制造	242	2080	1851	11	26	18
工艺美术品制造	243	57122	53589	132	558	490
体育用品制造	244	7519	6532	17	46	38
玩具制造	245	10904	9372	10	102	58
游艺器材及娱乐用品制造	246	2014	1887	4	6	14
石油加工及炼焦	25	7623	7299	92	145	76
精炼石油产品制造	251	6082	5817	66	127	72
炼焦	252	1541	1482	26	18	4

单位：个

国有联营企业	集体联营企业	国有与集体联营	其他联营	国有独资公司	其他有限责任公司	股份有限公司	私营独资	私营合伙	代码
1	2		3	10	379	66	892	65	174
	2				434	31	2957	133	175
4	6		8	7	1781	101	4805	353	176
1	7	2	12	5	1750	117	4888	376	177
	8	3	5	4	1367	111	4319	375	178
4	52	7	79	119	13713	1060	38290	2853	18
3	38	5	51	95	9186	760	25554	2023	181
	7	1	12	9	1801	99	5124	330	182
1	7	1	16	15	2726	201	7612	500	183
4	15	2	41	22	6695	481	18887	1907	19
	1		5		456	40	893	97	191
	2	1	16	5	2035	129	5255	370	192
	1		1	1	534	36	1325	80	193
2			3	2	247	24	557	71	194
2	11	1	16	14	3423	252	10857	1289	195
9	52	3	50	33	7371	715	32807	3011	20
5	17	1	23	19	2526	255	16318	1214	201
	7	1	5	8	1758	204	5994	633	202
4	18	1	13	4	2484	190	6799	647	203
	10		9	2	603	66	3696	517	204
1	24	3	58	8	7466	398	16379	1225	21
	15	2	39	7	4729	288	12255	855	211
			2		122	1	294	37	212
	5	1	5		884	43	1411	119	213
					165	10	257	36	214
1	4		12	1	1566	56	2162	178	219
7	32	6	60	31	7403	560	16490	2076	22
	1			2	99	12	123	25	221
2	17	2	23	22	2155	218	3833	528	222
5	14	4	37	7	5149	330	12534	1523	223
21	117	9	77	81	9870	932	20660	2270	23
17	104	8	70	75	8963	832	18516	2076	231
3	13	1	7	5	840	91	2108	191	232
1				1	67	9	36	3	233
5	43	8	74	40	9111	684	25446	2129	24
	8	3	13	3	777	69	2255	230	241
			2	5	249	20	514	39	242
5	27	3	42	27	6229	434	17551	1464	243
	3	1	4	2	762	57	1321	144	244
	5	1	13	1	864	84	3454	226	245
				2	230	20	351	26	246
2	4	2	6	39	1628	244	1055	115	25
1	3	2	5	26	1154	191	871	89	251
1	1		1	13	474	53	184	26	252

2-4 续表 3

行业中类	代码	企业单位数	内资企业			
				国有企业	集体企业	股份合作企业
化学原料和化学制品制造业	26	113977	107048	739	2133	1125
基础化学原料制造	261	18534	17428	199	479	206
肥料制造	262	12566	12233	144	148	88
农药制造	263	2688	2557	40	44	27
涂料、油墨、颜料及类似产品制造	264	20756	19340	66	353	220
合成材料制造	265	11305	10219	41	155	76
专用化学产品制造	266	29603	27795	156	606	327
炸药、火工及焰火产品制造	267	6402	6357	32	157	37
日用化学产品制造	268	12123	11119	61	191	144
医药制造业	27	21457	19789	231	191	159
化学药品原料药制造	271	2922	2658	28	43	30
化学药品制剂制造	272	2534	2190	38	13	14
中药饮片加工	273	3277	3195	14	21	28
中成药生产	274	3392	3149	70	32	23
兽用药品制造	275	1674	1603	29	24	23
生物药品制造	276	3972	3608	23	14	14
卫生材料及医药用品制造	277	3686	3386	29	44	27
化学纤维制造业	28	6723	6190	26	56	27
纤维素纤维原料及纤维制造	281	1220	1109	9	10	4
合成纤维制造	282	5503	5081	17	46	23
橡胶和塑料制品业	29	158700	150276	295	1962	1672
橡胶制品业	291	27652	26205	91	499	322
塑料制品业	292	131048	124071	204	1463	1350
非金属矿物制品业	30	246035	241290	1068	5317	1917
水泥、石灰和石膏制造	301	15823	15540	248	465	135
石膏、水泥制品及类似制品制造	302	57162	56468	231	749	331
砖瓦、石材等建筑材料制造	303	105430	104211	307	3042	990
玻璃制造	304	4382	4187	23	39	29
玻璃制品制造	305	14375	13715	45	141	97
玻璃纤维和玻璃纤维增强塑料制品制造	306	5755	5522	19	90	45
陶瓷制品制造	307	14387	13642	64	146	102
耐火材料制品制造	308	13021	12746	50	405	92
石墨及其他非金属矿物制品制造	309	15700	15259	81	240	96
黑色金属冶炼和压延加工业	31	41423	40206	200	919	513
炼铁	311	1806	1777	20	57	12
炼钢	312	1048	1017	15	25	8
黑色金属铸造	313	18110	17734	58	540	288
钢压延加工	314	17021	16320	79	251	189
铁合金冶炼	315	3438	3358	28	46	16
有色金属冶炼和压延加工业	32	28890	27597	173	442	256
常用有色金属冶炼	321	5734	5564	50	98	43
贵金属冶炼	322	797	764	21	22	4
稀有稀土金属冶炼	323	1165	1112	14	16	8
有色金属合金制造	324	3506	3300	13	59	35

单位：个

国有联营企业	集体联营企业	国有与集体联营	其他联营	国有独资公司	其他有限责任公司	股份有限公司	私营独资	私营合伙	代码
21	102	24	95	234	18867	2256	22033	3411	26
3	20	4	17	87	3675	509	2700	444	261
4	15		10	29	2493	362	2414	279	262
1	1	1	3	3	555	119	363	35	263
3	15	4	20	18	3156	253	4277	493	264
	4	1	10	31	1904	212	1731	221	265
6	28	11	20	41	4811	536	5127	681	266
2	11		1	18	462	98	3154	957	267
2	8	3	14	7	1811	167	2267	301	268
7	7	12	13	47	5571	1019	1949	261	27
1	2	3	3	5	737	135	210	32	271
1	1	3	1	13	779	193	141	14	272
1	1	1	2	4	899	92	399	52	273
1	1	4	3	10	1096	292	236	47	274
		1	2	2	390	60	158	22	275
3	1		1	10	990	168	316	47	276
	1		1	3	680	79	489	47	277
	2	1	2	12	602	101	1004	144	28
	1			3	160	34	212	23	281
	1	1	2	9	442	67	792	121	282
9	72	14	136	65	18928	1385	40881	4927	29
2	15	3	40	19	3337	289	6305	807	291
7	57	11	96	46	15591	1096	34576	4120	292
37	278	28	219	300	33053	2921	85429	12612	30
10	21	7	20	108	3098	420	4173	629	301
6	40	5	46	84	8349	606	21893	2054	302
11	169	11	96	42	11630	933	41414	8217	303
1	3		5	4	774	65	759	89	304
3	6		17	14	1960	187	2944	290	305
	2		5	5	769	62	1343	124	306
3	12	3	10	17	1841	215	4793	417	307
	12	1	4	8	2066	195	3896	339	308
3	13	1	16	18	2566	238	4214	453	309
3	31	8	22	71	5407	513	10825	1353	31
	4		3	3	288	34	491	99	311
	2		1	2	230	20	194	29	312
	14	3	9	11	1568	155	6432	682	313
1	7	5	8	47	2491	227	3150	445	314
2	4		1	8	830	77	558	98	315
4	23	3	28	84	5086	574	5643	726	32
1	5		6	29	1077	171	1102	188	321
1	1		1	7	176	43	116	15	322
	3		5	5	266	47	148	31	323
1	2	1	2	9	647	69	553	66	324

2-4 续表 4

行业中类	代码	企业单位数	内资企业			
				国有企业	集体企业	股份合作企业
有色金属铸造	325	2241	2180	10	43	26
有色金属压延加工	326	15447	14677	65	204	140
金属制品业	33	222238	214580	477	3096	1875
结构性金属制品制造	331	73799	72192	169	982	527
金属工具制造	332	25563	24576	86	382	176
集装箱及金属包装容器制造	333	6549	6085	33	152	59
金属丝绳及其制品制造	334	11473	11127	25	175	88
建筑、安全用金属制品制造	335	32128	31017	42	316	352
金属表面处理及热处理加工	336	12538	11945	29	393	271
搪瓷制品制造	337	1987	1931	4	19	6
金属制日用品制造	338	19267	18273	19	157	129
其他金属制品制造	339	38934	37434	70	520	267
通用设备制造业	34	246951	238344	949	3330	2575
锅炉及原动设备制造	341	10239	9889	93	233	115
金属加工机械制造	342	43807	42549	198	579	349
物料搬运设备制造	343	10851	10258	76	133	92
泵、阀门、压缩机及类似机械制造	344	34001	32421	120	442	660
轴承、齿轮和传动部件制造	345	17644	16840	70	163	176
烘炉、风机、衡器、包装等设备制造	346	24371	22982	81	283	252
文化、办公用机械制造	347	2846	2431	19	24	22
通用零部件制造	348	84591	82828	223	1350	811
其他通用设备制造业	349	18601	18146	69	123	98
专用设备制造业	35	166834	159030	841	1738	1435
采矿、冶金、建筑专用设备制造	351	28038	27262	239	434	195
化工、木材、非金属加工专用设备制造	352	49084	46352	109	348	382
食品、饮料、烟草及饲料生产专用设备制造	353	5164	4958	33	70	98
印刷、制药、日化及日用品生产专用设备制造	354	10038	9494	39	114	108
纺织、服装和皮革加工专用设备制造	355	11379	10788	42	109	193
电子和电工机械专用设备制造	356	13587	12876	65	99	79
农、林、牧、渔专用机械制造	357	10900	10635	107	198	88
医疗仪器设备及器械制造	358	9609	8784	58	98	89
环保、社会公共服务及其他专用设备制造	359	29035	27881	149	268	203
汽车制造业	36	62546	57840	259	569	628
汽车整车制造	361	890	760	22	6	4
改装汽车制造	362	1195	1145	37	20	8
低速载货汽车制造	363	106	104	6	2	1
电车制造	364	612	603	2		1
汽车车身、挂车制造	365	1109	1066	4	18	4
汽车零部件及配件制造	366	58634	54162	188	523	610
铁路、船舶、航空航天和其他运输设备制造业	37	30208	28757	308	538	283
铁路运输设备制造	371	3205	3089	105	239	22
城市轨道交通设备制造	372	170	160	2	3	1
船舶及相关装置制造	373	8988	8540	106	138	56
航空、航天器及设备制造	374	967	849	49	10	7

单位：个

国有联营企业	集体联营企业	国有与集体联营	其他联营	国有独资公司	其他有限责任公司	股份有限公司	私营独资	私营合伙	代码
	3		1	1	279	27	694	78	325
1	9	2	13	33	2641	217	3030	348	326
15	115	13	217	111	27885	1797	55214	5613	33
4	48	3	74	50	10696	702	17558	1485	331
4	9	1	38	5	2502	173	7366	690	332
1	5		4	4	1057	86	1096	116	333
2	3	1	6	7	1478	65	2237	236	334
	14		21	7	3439	212	8634	1058	335
1	9	4	11	5	1287	96	3385	527	336
			1		270	23	410	50	337
2	8	1	24	8	2407	143	5483	431	338
1	19	3	38	25	4749	297	9045	1020	339
22	85	27	172	178	28879	2336	55695	6194	34
3	7	1	8	32	1723	199	2024	178	341
2	14	6	24	39	5929	478	9575	1004	342
1	6	1	8	19	1883	162	1595	154	343
1	10	3	18	28	3592	329	6253	755	344
2	4	2	5	12	1652	153	4315	605	345
5	8	3	22	17	3299	273	4171	454	346
1	2		7	2	421	44	337	41	347
4	28	10	66	25	7784	544	24659	2683	348
3	6	1	14	4	2596	154	2766	320	349
17	66	16	146	164	24344	2089	29748	3492	35
4	16	4	14	77	5229	445	4972	499	351
1	12	2	50	25	5899	383	9978	1291	352
1		1	2	2	737	81	1111	108	353
1	5		9	8	1480	124	1749	210	354
	6		4	6	820	91	2829	363	355
3	6	1	25	5	2475	212	1674	251	356
2	9	2	7	12	1659	160	2920	240	357
1	4	3	9	5	1570	177	1125	139	358
4	8	3	26	24	4475	416	3390	391	359
4	19	6	33	107	9162	808	11184	1417	36
	1		1	23	271	62	59	11	361
			2	14	385	56	105	13	362
					33	7	18	1	363
	1				105	12	135	11	364
				3	184	15	144	19	365
4	17	6	30	67	8184	656	10723	1362	366
7	21	14	16	87	4295	387	6128	660	37
1	5	3	4	32	670	81	413	44	371
2					50	4	21	5	372
4	7	8	3	21	1171	112	1616	185	373
	1	1	2	22	260	30	50	5	374

2-4 续表 5

行业中类	代码	企业单位数	内资企业	国有企业	集体企业	股份合作企业
摩托车制造	375	7967	7742	16	88	151
自行车制造	376	6927	6533	16	48	37
非公路休闲车及零配件制造	377	799	724	4	6	3
潜水救捞及其他未列明运输设备制造	379	1185	1120	10	6	6
电气机械和器材制造业	38	159576	150265	504	1638	1394
电机制造	381	16024	15145	80	136	183
输配电及控制设备制造	382	53281	50408	205	683	562
电线、电缆、光缆及电工器材制造	383	23081	21562	75	361	229
电池制造	384	5058	4519	24	42	31
家用电力器具制造	385	20366	19017	41	143	106
非电力家用器具制造	386	5610	5403	13	28	23
照明器具制造	387	26946	25340	29	149	197
其他电气机械及器材制造	389	9210	8871	37	96	63
计算机、通信和其他电子设备制造业	39	86373	75173	271	374	391
计算机制造	391	7940	6679	21	30	28
通信设备制造	392	7213	6303	57	39	47
广播电视设备制造	393	3153	2789	15	12	15
雷达及配套设备制造	394	207	196	6		1
视听设备制造	395	5119	4250	15	18	16
电子器件制造	396	13354	11256	50	58	69
电子元件制造	397	34622	30086	78	167	168
其他电子设备制造	399	14765	13614	29	50	47
仪器仪表制造业	40	34225	31561	222	488	500
通用仪器仪表制造	401	17435	16424	110	260	251
专用仪器仪表制造	402	5826	5408	62	87	71
钟表与计时仪器制造	403	2390	1875	13	54	23
光学仪器及眼镜制造	404	5664	5070	15	40	118
其他仪器仪表制造业	409	2910	2784	22	47	37
其他制造业	41	32760	31422	88	283	214
日用杂品制造	411	11482	10646	9	101	118
煤制品制造	412	3151	3135	17	51	19
其他未列明制造业	419	18127	17641	62	131	77
废弃资源综合利用业	42	11177	10862	66	135	76
金属废料和碎屑加工处理	421	5897	5684	29	97	31
非金属废料和碎屑加工处理	422	5280	5178	37	38	45
金属制品、机械和设备修理业	43	15718	15457	217	601	167
金属制品修理	431	938	900	10	36	5
通用设备修理	432	2230	2205	31	84	23
专用设备修理	433	2221	2187	48	117	17
铁路、船舶、航空航天等运输设备修理	434	4670	4578	63	172	59
电气设备修理	435	1242	1228	13	65	19
仪器仪表修理	436	307	298	8	13	4
其他机械和设备修理业	439	4110	4061	44	114	40

单位：个

国有联营企业	集体联营企业	国有与集体联营	其他联营	国有独资公司	其他有限责任公司	股份有限公司	私营独资	私营合伙	代码
	4		3	7	1060	68	2257	221	375
	4	1	4	1	828	71	1326	150	376
				1	56	4	275	13	377
		1		3	200	17	170	37	379
12	72	14	154	131	25284	1957	25458	3296	38
3	8		14	28	2256	211	2457	320	381
5	32	8	43	46	8890	742	6827	1208	382
3	20	1	16	15	3526	307	3775	431	383
1	3		7	11	898	113	503	68	384
	4	3	19	10	3379	174	3355	487	385
	1		8	4	932	91	905	81	386
	4	2	39	8	3887	214	6476	550	387
			8	9	1516	105	1160	151	389
4	13	6	196	97	12881	1194	9705	1491	39
1	4		28	4	1310	151	514	121	391
	2		4	16	1287	146	572	113	392
		2	4	3	441	61	407	54	393
				12	51	6	10	4	394
1	1		12	7	694	52	695	86	395
1	1		20	16	2134	246	1065	186	396
1	4	3	65	29	4378	329	4960	672	397
	1	1	63	10	2586	203	1482	255	399
1	23	9	32	49	5337	552	4571	691	40
1	13	5	15	20	2870	338	2105	340	401
	2	3	2	13	1051	126	641	93	402
	3		10	5	271	16	304	39	403
	1		2	8	609	37	1068	156	404
	4	1	3	3	536	35	453	63	409
7	16		19	20	3945	273	8047	1708	41
1	3		3	5	846	64	2758	1148	411
2	3		4	3	307	30	1529	132	412
4	10		12	12	2792	179	3760	428	419
4	16	2	8	14	2039	132	2618	253	42
3	10	1	4	5	1147	70	1153	112	421
1	6	1	4	9	892	62	1465	141	422
1	14	5	22	21	2480	183	2933	361	43
			1		164	18	212	27	431
	2	1	2	1	368	20	425	46	432
	2		1	2	348	24	465	32	433
	4	2	3	9	558	42	849	135	434
	1	1	4	4	243	16	192	28	435
			1		64	8	29	7	436
1	5	1	10	5	735	55	761	86	439

2-4 续表 6

行业中类	代码	企业单位数	内资企业	国有企业	集体企业	股份合作企业
电力、热力、燃气及水生产和供应业	D	**77815**	**75946**	**7877**	**6236**	**1289**
电力、热力生产和供应业	44	50789	49864	4430	3197	1002
电力生产	441	41192	40368	2184	2885	948
电力供应	442	4264	4244	1794	199	25
热力生产和供应	443	5333	5252	452	113	29
燃气生产和供应业	45	6881	6352	236	77	77
燃气生产和供应业	450	6881	6352	236	77	77
水的生产和供应业	46	20145	19730	3211	2962	210
自来水生产和供应	461	14937	14760	2652	2790	116
污水处理及其再生利用	462	4161	3938	526	157	21
其他水的处理、利用与分配	469	1047	1032	33	15	73
建筑业	E	**464930**	**463129**	**6111**	**7570**	**1812**
房屋建筑业	47	93480	93214	1540	3663	413
房屋建筑业	470	93480	93214	1540	3663	413
土木工程建筑业	48	81659	81360	2931	1509	286
铁路、道路、隧道和桥梁工程建筑	481	31062	30935	1319	504	111
水利和内河港口工程建筑	482	7163	7136	755	221	28
海洋工程建筑	483	248	247	8	3	1
工矿工程建筑	484	3632	3603	146	71	12
架线和管道工程建筑	485	9554	9506	310	357	34
其他土木工程建筑	489	30000	29933	393	353	100
建筑安装业	49	80559	80108	752	1238	352
电气安装	491	20524	20391	231	410	91
管道和设备安装	492	18199	18088	236	354	109
其他建筑安装业	499	41836	41629	285	474	152
建筑装饰和其他建筑业	50	209232	208447	888	1160	761
建筑装饰业	501	153924	153272	333	680	591
工程准备活动	502	18172	18141	225	189	54
提供施工设备服务	503	5546	5528	36	49	17
其他未列明建筑业	509	31590	31506	294	242	99
批发和零售业	F	**3510668**	**3470470**	**30499**	**40612**	**17109**
批发业	51	2178369	2145269	18557	19712	8254
农、林、牧产品批发	511	123694	123281	4111	1919	482
食品、饮料及烟草制品批发	512	218262	215429	4509	1863	845
纺织、服装及家庭用品批发	513	290748	282874	817	1212	780
文化、体育用品及器材批发	514	76021	74380	584	426	394
医药及医疗器材批发	515	59708	58910	567	203	271
矿产品、建材及化工产品批发	516	634118	629311	4374	9114	2475
机械设备、五金产品及电子产品批发	517	524678	515146	2020	2560	2145
贸易经纪与代理	518	86680	84305	660	480	249
其他批发业	519	164460	161633	915	1935	613
零售业	52	1332299	1325201	11942	20900	8855
综合零售	521	152428	150968	2088	9488	1003
食品、饮料及烟草制品专门零售	522	136422	135721	2813	1968	944
纺织、服装及日用品专门零售	523	148418	146950	646	1566	860

单位：个

国有联营企业	集体联营企业	国有与集体联营	其他联营	国有独资公司	其他有限责任公司	股份有限公司	私营独资	私营合伙	代码
119	**291**	**77**	**135**	**1755**	**13476**	**1968**	**13871**	**8888**	D
75	187	53	87	1112	8546	1448	9455	7902	44
56	177	46	80	627	6126	1164	8731	7786	441
15	8	6	2	359	780	117	197	67	442
4	2	1	5	126	1640	167	527	49	443
8	8	3	8	75	1771	199	1062	229	45
8	8	3	8	75	1771	199	1062	229	450
36	96	21	40	568	3159	321	3354	757	46
31	90	20	33	420	1833	223	2817	653	461
5	5	1	6	140	1158	80	297	39	462
	1		1	8	168	18	240	65	469
58	**233**	**54**	**334**	**1923**	**109978**	**8428**	**39602**	**5946**	E
8	82	22	51	474	26565	2795	8245	1207	47
8	82	22	51	474	26565	2795	8245	1207	470
25	43	15	72	974	20702	1687	6823	917	48
14	10	8	27	555	8514	784	2126	295	481
6	9	2	3	150	1854	197	668	91	482
				7	57	3	21	2	483
	3	2	7	60	955	88	223	40	484
3	8	1	8	102	2759	222	584	82	485
2	13	2	27	100	6563	393	3201	407	489
10	38	7	62	235	17791	1228	5942	868	49
5	9		15	76	4948	325	1171	186	491
2	9	4	9	60	4036	268	1312	207	492
3	20	3	38	99	8807	635	3459	475	499
15	70	10	149	240	44920	2718	18592	2954	50
3	32	7	118	88	32512	1952	13209	2134	501
3	12		13	57	3646	216	1849	264	502
2	4	1	6	5	1265	101	646	98	503
7	22	2	12	90	7497	449	2888	458	509
740	**2200**	**456**	**3746**	**3963**	**597292**	**37098**	**571304**	**50835**	F
364	1016	216	2184	2699	360409	20950	252608	26621	51
49	123	27	121	406	13429	1214	24787	1698	511
65	92	29	188	609	32713	2044	28406	2886	512
18	55	15	193	157	40452	2245	29322	2815	513
9	18	10	63	98	12327	703	8908	915	514
14	16	3	78	68	13039	893	5349	673	515
105	441	56	587	877	114647	6663	84081	8248	516
56	139	48	694	266	90292	4790	40055	6159	517
18	29	7	116	109	15619	1039	7538	1117	518
30	103	21	144	109	27891	1359	24162	2110	519
376	1184	240	1562	1264	236883	16148	318696	24214	52
73	388	45	186	115	23624	2035	44636	2678	521
38	133	21	143	255	21178	1453	32985	2114	522
17	87	15	153	45	22420	1498	40642	2285	523

2-4 续表 7

行业中类	代码	企业单位数	内资企业	国有企业	集体企业	股份合作企业
文化、体育用品及器材专门零售	524	82431	81915	1620	1145	953
医药及医疗器材专门零售	525	107452	107251	1015	890	916
汽车、摩托车、燃料及零配件专门零售	526	172677	171736	1766	2006	1082
家用电器及电子产品专门零售	527	190089	189466	401	574	1040
五金、家具及室内装饰材料专门零售	528	192641	192126	674	1686	1287
货摊、无店铺及其他零售业	529	149741	149068	919	1577	770
交通运输、仓储和邮政业	**G**	**311134**	**306287**	**10012**	**5944**	**1909**
铁路运输业	53	3028	3012	394	157	11
铁路旅客运输	531	465	464	67	10	2
铁路货物运输	532	1167	1159	115	39	4
铁路运输辅助活动	533	1396	1389	212	108	5
道路运输业	54	163981	162830	3113	2861	1127
城市公共交通运输	541	10925	10811	648	363	148
公路旅客运输	542	9562	9460	635	363	141
道路货物运输	543	131357	130639	741	1352	684
道路运输辅助活动	544	12137	11920	1089	783	154
水上运输业	55	12027	11707	348	586	91
水上旅客运输	551	1210	1180	63	92	11
水上货物运输	552	7447	7369	143	396	55
水上运输辅助活动	553	3370	3158	142	98	25
航空运输业	56	1671	1589	118	5	4
航空客货运输	561	696	653	54	4	2
通用航空服务	562	402	390	19		1
航空运输辅助活动	563	573	546	45	1	1
管道运输业	57	366	345	31	6	1
管道运输业	570	366	345	31	6	1
装卸搬运和运输代理业	58	85893	83951	920	1538	420
装卸搬运	581	14419	14294	222	1163	94
运输代理业	582	71474	69657	698	375	326
仓储业	59	29391	28119	4047	732	162
谷物、棉花等农产品仓储	591	9761	9723	3372	200	41
其他仓储业	599	19630	18396	675	532	121
邮政业	60	14777	14734	1041	59	93
邮政基本服务	601	1233	1231	851	26	7
快递服务	602	13544	13503	190	33	86
住宿和餐饮业	**H**	**230530**	**225529**	**6392**	**4545**	**2211**
住宿业	61	81095	79558	4981	2838	944
旅游饭店	611	26276	25119	2323	636	209
一般旅馆	612	46849	46534	2258	1911	625
其他住宿业	619	7970	7905	400	291	110
餐饮业	62	149435	145971	1411	1707	1267
正餐服务	621	115960	113641	1181	1335	894
快餐服务	622	10723	10154	79	122	150
饮料及冷饮服务	623	7030	6738	20	46	76
其他餐饮业	629	15722	15438	131	204	147

单位：个

国有联营企业	集体联营企业	国有与集体联营	其他联营	国有独资公司	其他有限责任公司	股份有限公司	私营独资	私营合伙	代码
22	72	10	99	348	15087	1006	15070	1453	524
47	120	20	241	51	15212	1391	43733	2923	525
125	140	89	193	250	37219	3191	37946	3918	526
10	44	7	221	50	39070	2218	30661	3167	527
19	108	12	192	53	35572	1776	46305	3054	528
25	92	21	134	97	27501	1580	26718	2622	529
172	**320**	**90**	**415**	**1868**	**65639**	**5503**	**33802**	**6955**	**G**
5	4	5	3	44	808	84	247	36	53
	1	1		9	128	13	39	3	531
2			2	22	367	47	80	15	532
3	3	4	1	13	313	24	128	18	533
63	179	34	185	853	36775	3343	19418	3849	54
11	20	8	15	280	3422	504	917	192	541
12	38	7	22	160	2775	578	750	432	542
25	76	9	116	181	27747	1945	16245	2874	543
15	45	10	32	232	2831	316	1506	351	544
12	17	4	16	130	2658	321	867	662	55
	4		1	15	280	42	113	51	551
8	12	1	12	59	1554	193	485	511	552
4	1	3	3	56	824	86	269	100	553
1			3	72	500	58	69	17	56
			1	20	181	24	31	9	561
				8	139	12	21	3	562
1			2	44	180	22	17	5	563
2				6	106	23	47	7	57
2				6	106	23	47	7	570
33	59	15	149	245	16147	949	7667	1612	58
4	42	4	14	29	2682	178	2470	459	581
29	17	11	135	216	13465	771	5197	1153	582
47	51	28	20	480	5589	439	3702	525	59
32	22	8	6	333	1160	149	1450	211	591
15	29	20	14	147	4429	290	2252	314	599
9	10	4	39	38	3056	286	1785	247	60
7	6		1	13	59	15	44	3	601
2	4	4	38	25	2997	271	1741	244	602
73	**237**	**46**	**226**	**622**	**37129**	**3205**	**70028**	**7263**	**H**
53	134	31	79	437	14990	1583	21167	3048	61
21	33	9	18	310	6975	770	3511	601	611
23	80	20	49	112	6491	678	15439	2124	612
9	21	2	12	15	1524	135	2217	323	619
20	103	15	147	185	22139	1622	48861	4215	62
17	85	10	103	159	17436	1297	38692	3262	621
1	9	1	16	12	1373	124	3181	252	622
	2		7	2	934	52	2156	307	623
2	7	4	21	12	2396	149	4832	394	629

2-4 续表 8

行业中类	代码	企业单位数	内资企业	国有企业	集体企业	股份合作企业
信息传输、软件和信息技术服务业	**I**	**280125**	**270712**	**2480**	**677**	**1120**
电信、广播电视和卫星传输服务	63	13448	12862	1604	180	111
电信	631	10205	9634	1001	75	76
广播电视传输服务	632	2924	2912	579	104	34
卫星传输服务	633	319	316	24	1	1
互联网和相关服务	64	33801	33452	202	53	131
互联网接入及相关服务	641	3836	3807	48	11	15
互联网信息服务	642	24128	23852	133	37	97
其他互联网服务	649	5837	5793	21	5	19
软件和信息技术服务业	65	232876	224398	674	444	878
软件开发	651	140675	134396	232	147	420
信息系统集成服务	652	20963	20433	84	31	73
信息技术咨询服务	653	39899	39086	215	167	256
数据处理和存储服务	654	3839	3689	16	10	10
集成电路设计	655	3011	2704	11	3	8
其他信息技术服务业	659	24489	24090	116	86	111
金融业	**J**	**85730**	**83193**	**3998**	**1143**	**2365**
货币金融服务	66	31091	29968	2395	969	1798
中央银行服务	661	126	126	72	2	3
货币银行服务	662	11177	10639	2074	914	1614
非货币银行服务	663	19763	19178	238	53	179
银行监管服务	664	25	25	11		2
资本市场服务	67	28623	28296	452	77	151
证券市场服务	671	2345	2262	95	4	21
期货市场服务	672	367	363	28	2	1
证券期货监管服务	673	28	28	2		
资本投资服务	674	19965	19778	270	55	93
其他资本市场服务	679	5918	5865	57	16	36
保险业	68	15057	14144	941	59	330
人身保险	681	5266	4681	387	14	146
财产保险	682	5641	5407	512	17	158
再保险	683	30	23	2		
养老金	684	176	174	9	11	3
保险经纪与代理服务	685	3002	2945	17	9	16
保险监管服务	686	19	18	1	1	
其他保险活动	689	923	896	13	7	7
其他金融业	69	10959	10785	210	38	86
金融信托与管理服务	691	2933	2895	75	16	24
控股公司服务	692	1510	1485	33	4	15
非金融机构支付服务	693	435	429	7		6
金融信息服务	694	1772	1755	13	4	17
其他未列明金融业	699	4309	4221	82	14	24

单位：个

国有联营企业	集体联营企业	国有与集体联营	其他联营	国有独资公司	其他有限责任公司	股份有限公司	私营独资	私营合伙	代码
56	**57**	**35**	**327**	**646**	**61962**	**4297**	**18317**	**3557**	**I**
34	16	13	37	400	2889	1053	1233	141	63
23	13	8	31	265	1984	805	992	100	631
9	3	5	6	130	803	230	222	40	632
2				5	102	18	19	1	633
7	4	5	49	41	6456	497	5595	838	64
	1	1	14	5	887	65	445	69	641
6	2	4	31	31	4346	364	4265	640	642
1	1		4	5	1223	68	885	129	649
15	37	17	241	205	52617	2747	11489	2578	65
6	11	7	149	88	31311	1638	5506	1430	651
2	6	2	10	29	4813	298	1030	226	652
4	15	4	45	50	9547	416	2752	491	653
		1	4	3	793	57	299	59	654
1			8	6	577	43	135	36	655
2	5	3	25	29	5576	295	1767	336	659
71	**52**	**22**	**73**	**657**	**20362**	**14032**	**4274**	**3809**	**J**
38	34	11	32	118	7066	5874	1544	384	66
	1				7	14	1	1	661
28	23	6	10	49	575	4558	97	17	662
10	10	5	22	69	6479	1297	1446	366	663
					5	5			664
8	10	4	24	317	7908	894	1709	2510	67
1	1	1		24	796	291	70	144	671
1				4	183	19	15	8	672
					5	2	1	3	673
3	9	2	17	259	5260	462	1180	2050	674
3		1	7	30	1664	120	443	305	679
22	4	5	9	89	2572	6929	339	59	68
11		3	2	15	454	3105	77	15	681
9	4	2	3	36	575	3527	93	9	682
					5	9	1		683
					11	127	1		684
1			2	34	1230	116	101	13	685
					7	1	2	1	686
1			2	4	290	44	64	21	689
3	4	2	8	133	2816	335	682	856	69
	1		1	37	736	97	191	249	691
1			3	34	357	42	58	272	692
				1	173	14	27	8	693
1			3	7	438	34	143	44	694
1	3	2	1	54	1112	148	263	283	699

2-4 续表 9

行业中类	代码	企业单位数	内资企业	国有企业	集体企业	股份合作企业
房地产业	K	**409795**	**399179**	**8699**	**8095**	**2791**
房地产业	70	409795	399179	8699	8095	2791
房地产开发经营	701	170428	163333	2808	1078	532
物业管理	702	122856	121116	2301	2223	753
房地产中介服务	703	77900	77259	647	470	409
自有房地产经营活动	704	22368	21555	1835	3457	974
其他房地产业	709	16243	15916	1108	867	123
租赁和商务服务业	L	**1025732**	**1008683**	**14625**	**17397**	**6401**
租赁业	71	68518	67892	396	407	353
机械设备租赁	711	66028	65431	353	367	336
文化及日用品出租	712	2490	2461	43	40	17
商务服务业	72	957214	940791	14229	16990	6048
企业管理服务	721	203576	200294	6275	9157	1396
法律服务	722	10595	10574	175	119	110
咨询与调查	723	262146	252272	1385	1313	1573
广告业	724	195200	194527	966	501	809
知识产权服务	725	8258	8165	65	25	41
人力资源服务	726	53158	52988	885	1130	272
旅行社及相关服务	727	39370	39101	1453	440	356
安全保护服务	728	9058	9023	632	340	43
其他商务服务业	729	175853	173847	2393	3965	1448
科学研究和技术服务业	M	**408386**	**400628**	**9468**	**4209**	**3068**
研究和试验发展	73	46996	45111	789	396	608
自然科学研究和试验发展	731	4616	4489	75	14	43
工程和技术研究和试验发展	732	27708	26668	452	194	210
农业科学研究和试验发展	733	5731	5643	149	85	45
医学研究和试验发展	734	8283	7663	89	94	281
社会人文科学研究	735	658	648	24	9	29
专业技术服务业	74	213054	209367	7198	2578	1620
气象服务	741	930	927	301	87	8
地震服务	742	230	229	27	3	2
海洋服务	743	391	377	20	7	2
测绘服务	744	6231	6223	438	205	53
质检技术服务	745	14567	14207	1107	510	174
环境与生态监测	746	3336	3310	118	45	36
地质勘查	747	4808	4743	547	69	39
工程技术	748	92203	90963	3681	946	565
其他专业技术服务业	749	90358	88388	959	706	741
科技推广和应用服务业	75	148336	146150	1481	1235	840
技术推广服务	751	120700	118983	1081	1028	674
科技中介服务	752	8127	7966	216	90	75
其他科技推广和应用服务业	759	19509	19201	184	117	91
水利、环境和公共设施管理业	N	**54616**	**53979**	**2771**	**1380**	**309**
水利管理业	76	4779	4743	733	281	24
防洪除涝设施管理	761	491	490	70	30	2

单位：个

国有联营企业	集体联营企业	国有与集体联营	其他联营	国有独资公司	其他有限责任公司	股份有限公司	私营独资	私营合伙	代码
118	**238**	**80**	**357**	**3229**	**128327**	**10150**	**27750**	**4977**	**K**
118	238	80	357	3229	128327	10150	27750	4977	70
31	34	21	54	2099	66220	5865	4812	819	701
41	73	20	182	675	37281	2510	8989	1376	702
6	25	5	81	83	16840	1140	11308	2229	703
29	85	27	23	167	3876	281	1500	310	704
11	21	7	17	205	4110	354	1141	243	709
187	**538**	**138**	**1202**	**6274**	**224994**	**14072**	**84275**	**30698**	**L**
10	19	4	68	92	14588	868	9922	1441	71
8	17	4	65	86	14090	841	9543	1387	711
2	2		3	6	498	27	379	54	712
177	519	134	1134	6182	210406	13204	74353	29257	72
64	158	53	205	4370	47187	3242	9572	9407	721
3	8	3	24	7	899	93	1502	3595	722
22	67	20	264	263	54891	2659	17462	7802	723
15	25	10	240	255	42041	2460	19664	3128	724
1	2	1	9	13	1475	77	613	568	725
15	34	8	75	117	11406	741	6101	1022	726
20	29	11	75	307	10259	1188	3398	666	727
4	15	2	13	155	2302	205	708	138	728
33	181	26	229	695	39946	2539	15333	2931	729
118	**217**	**63**	**481**	**1401**	**85612**	**5331**	**29616**	**4956**	**M**
9	34	10	54	109	9432	635	3092	610	73
		1	1	6	940	64	308	45	731
4	18	6	37	73	5353	347	1352	303	732
2	8	2	6	16	1218	99	655	100	733
3	7		9	12	1778	109	710	151	734
	1	1	1	2	143	16	67	11	735
76	116	37	295	1077	48714	3359	17129	3046	74
2	4	1		15	217	23	52	10	741
					56	2	20	6	742
			1	2	79	4	31	2	743
5	3	3	5	37	1514	148	537	123	744
20	13	11	27	128	3790	321	1040	189	745
4	2	1	5	19	837	64	214	34	746
7	7		5	68	1409	124	315	60	747
29	53	13	126	681	22865	1715	5693	1230	748
9	34	8	126	127	17947	958	9227	1392	749
33	67	16	132	215	27466	1337	9395	1300	75
25	54	13	105	158	21551	1021	7315	1031	751
2	6	1	10	34	1678	94	687	109	752
6	7	2	17	23	4237	222	1393	160	759
34	**63**	**20**	**60**	**1139**	**13316**	**1176**	**5310**	**792**	**N**
10	20	5	7	185	1082	115	455	70	76
1	2		1	29	92	5	63	5	761

2-4 续表 10

行业中类	代码	企业单位数	内资企业	国有企业	集体企业	股份合作企业
水资源管理	762	1133	1124	198	71	7
天然水收集与分配	763	672	665	166	65	4
水文服务	764	296	293	34	13	4
其他水利管理业	769	2187	2171	265	102	7
生态保护和环境治理业	77	7263	7071	325	84	43
生态保护	771	1211	1196	93	14	8
环境治理业	772	6052	5875	232	70	35
公共设施管理业	78	42574	42165	1713	1015	242
市政设施管理	781	4817	4731	467	189	22
环境卫生管理	782	4162	4140	265	173	21
城乡市容管理	783	1208	1203	36	24	9
绿化管理	784	20921	20859	343	233	107
公园和游览景区管理	785	11466	11232	602	396	83
居民服务、修理和其他服务业	**O**	**220268**	**218887**	**2223**	**3992**	**2411**
居民服务业	79	79578	78981	776	1497	948
家庭服务	791	13936	13901	39	106	92
托儿所服务	792	345	344	4	2	1
洗染服务	793	3707	3667	23	44	48
理发及美容服务	794	18166	17910	33	120	378
洗浴服务	795	8335	8251	58	173	115
保健服务	796	7413	7361	13	18	91
婚姻服务	797	6522	6494	41	79	42
殡葬服务	798	2977	2943	254	330	39
其他居民服务业	799	18177	18110	311	625	142
机动车、电子产品和日用产品修理业	80	87071	86630	897	1743	1152
汽车、摩托车修理与维护	801	63148	62900	763	1443	898
计算机和办公设备维修	802	9820	9716	42	64	89
家用电器修理	803	9878	9823	49	121	123
其他日用产品修理业	809	4225	4191	43	115	42
其他服务业	81	53619	53276	550	752	311
清洁服务	811	26926	26814	146	276	159
其他未列明服务业	819	26693	26462	404	476	152
教育	**P**	**48867**	**48494**	**1150**	**808**	**652**
教育	82	48867	48494	1150	808	652
学前教育	821	6659	6610	103	86	27
初等教育	822	589	582	31	10	7
中等教育	823	949	938	68	21	15
高等教育	824	216	214	22	2	3
特殊教育	825	288	286	10	5	3
技能培训、教育辅助及其他教育	829	40166	39864	916	684	597
卫生和社会工作	**Q**	**27151**	**26988**	**1083**	**901**	**559**
卫生	83	25068	24930	960	781	539
医院	831	9279	9207	479	170	266
社区医疗与卫生院	832	2772	2770	244	240	18

单位：个

国有联营企业	集体联营企业	国有与集体联营	其他联营	国有独资公司	其他有限责任公司	股份有限公司	私营独资	私营合伙	代码
2	10	2	2	59	266	27	87	15	762
2	3	2	1	31	108	26	65	17	763
1			2	6	59	14	33	4	764
4	5	1	1	60	557	43	207	29	769
8	7	4	10	104	1672	135	747	106	77
3	2	2		17	205	12	203	27	771
5	5	2	10	87	1467	123	544	79	772
16	36	11	43	850	10562	926	4108	616	78
4	5	1	3	291	1312	93	330	48	781
4	4	3	2	105	979	78	334	62	782
			4	25	219	18	93	9	783
1	11	3	27	91	5285	341	2067	284	784
7	16	4	7	338	2767	396	1284	213	785
55	**204**	**55**	**255**	**262**	**35780**	**2523**	**55601**	**5933**	**O**
25	77	27	97	90	11783	835	23342	2423	79
1	6		20	3	2612	142	2740	309	791
					39	2	107	16	792
			6	1	533	33	1175	97	793
	6		25	2	1961	121	7219	588	794
1	6	2	7	8	899	96	3456	400	795
1	3	1	5	3	841	59	2896	346	796
3	4		9	2	1045	49	1384	150	797
9	18	18	10	30	556	57	420	67	798
10	34	6	15	41	3297	276	3945	450	799
20	81	20	106	70	13569	1033	24899	2449	80
16	65	16	70	55	9448	763	19976	1960	801
1	3	2	14	7	1975	138	1452	191	802
	10	1	16	4	1448	91	2427	206	803
3	3	1	6	4	698	41	1044	92	809
10	46	8	52	102	10428	655	7360	1061	81
1	11	6	34	41	5093	291	3541	530	811
9	35	2	18	61	5335	364	3819	531	819
20	**58**	**19**	**89**	**89**	**7925**	**713**	**10026**	**1963**	**P**
20	58	19	89	89	7925	713	10026	1963	82
2	10	1	11	1	321	49	2763	295	821
		1			33	1	182	34	822
2	1	2	3	1	90	15	213	59	823
	2		2	2	36	8	22	8	824
				1	37	8	67	16	825
16	45	15	73	84	7408	632	6779	1551	829
14	**57**	**13**	**52**	**31**	**2414**	**305**	**9525**	**1777**	**Q**
14	53	11	47	24	2137	281	9102	1720	83
7	16	3	16	11	1084	166	2977	829	831
3	11	6	5	1	65	21	863	92	832

2-4 续表 11

行业中类	代码	企业单位数	内资企业	国有企业	集体企业	股份合作企业
门诊部(所)	833	10804	10765	120	285	218
计划生育技术服务活动	834	77	76	14	14	
妇幼保健院(所、站)	835	97	94	12	4	3
专科疾病防治院(所、站)	836	421	420	12	9	10
疾病预防控制中心	837	112	112	28	14	
其他卫生活动	839	1506	1486	51	45	24
社会工作	84	2083	2058	123	120	20
提供住宿社会工作	841	1716	1694	76	68	17
不提供住宿社会工作	842	367	364	47	52	3
文化、体育和娱乐业	**R**	**195950**	**194674**	**3913**	**1390**	**1340**
新闻和出版业	85	4733	4698	1323	168	40
新闻业	851	257	249	31	6	3
出版业	852	4476	4449	1292	162	37
广播、电视、电影和影视录音制作业	86	14980	14793	1431	278	105
广播	861	507	504	46	15	3
电视	862	1198	1192	167	27	7
电影和影视节目制作	863	6636	6591	124	24	46
电影和影视节目发行	864	1004	992	109	10	15
电影放映	865	4833	4720	968	197	29
录音制作	866	802	794	17	5	5
文化艺术业	87	39903	39725	714	435	416
文艺创作与表演	871	9647	9609	290	130	82
艺术表演场馆	872	679	671	110	22	3
图书馆与档案馆	873	363	362	50	36	4
文物及非物质文化遗产保护	874	729	726	40	26	3
博物馆	875	368	363	21	10	6
烈士陵园、纪念馆	876	63	63	9	11	
群众文化活动	877	5446	5421	89	101	86
其他文化艺术业	879	22608	22510	105	99	232
体育	88	12069	11659	167	113	150
体育组织	881	1412	1379	31	15	24
体育场馆	882	870	841	49	22	13
休闲健身活动	883	8513	8192	72	66	99
其他体育	889	1274	1247	15	10	14
娱乐业	89	124265	123799	278	396	629
室内娱乐活动	891	114028	113751	160	285	524
游乐园	892	1431	1378	35	31	15
彩票活动	893	114	112	16	2	1
文化、娱乐、体育经纪代理	894	5124	5085	29	23	67
其他娱乐业	899	3568	3473	38	55	22
公共管理、社会保障和社会组织	**S**	**114**	**114**	**41**	**13**	
社会保障	93	114	114	41	13	
社会保障	930	114	114	41	13	

单位：个

国有联营企业	集体联营企业	国有与集体联营	其他联营	国有独资公司	其他有限责任公司	股份有限公司	私营独资	私营合伙	代码
2	22	2	22	3	591	60	4779	738	833
1				1	7	1	8		834
			2		17		20	3	835
					39	3	169	14	836
1				1	16		14	3	837
	4		2	7	318	30	272	41	839
	4	2	5	7	277	24	423	57	84
	2	2	4	5	246	21	386	48	841
	2		1	2	31	3	37	9	842
56	**96**	**23**	**221**	**862**	**23821**	**1842**	**82211**	**8332**	**R**
12	8	5	9	289	1250	105	257	36	85
1	2	1	2	10	49	7	24	2	851
11	6	4	7	279	1201	98	233	34	852
21	15	5	22	197	3743	307	1276	169	86
			1	4	167	13	37	2	861
5	1	1		32	305	59	108	5	862
	1	1	10	44	1590	108	635	65	863
3	2	1	1	23	296	12	34	18	864
12	11	2	10	90	1204	105	372	59	865
1				4	181	10	90	20	866
10	21	2	48	290	8858	490	5010	1035	87
5	6	1	8	180	1676	114	2067	585	871
	1		1	22	173	18	85	7	872
			1	1	51	1	41	7	873
1			1	24	189	21	128	6	874
				4	80	5	55	10	875
	1				9	1	10	3	876
1	6	1	10	17	1217	57	593	99	877
3	7		27	42	5463	273	2031	318	879
	11	4	10	44	2103	147	2336	340	88
	4		1	5	331	27	114	24	881
	1	1	1	17	181	7	144	33	882
	6	3	5	17	1318	94	1976	262	883
			3	5	273	19	102	21	889
13	41	7	132	42	7867	793	73332	6752	89
11	34	6	110	12	5696	620	71846	6508	891
1	1		4	11	313	44	245	53	892
				1	18	1	19	4	893
1	2		15	15	1183	72	451	83	894
	4	1	3	3	657	56	771	104	899
			1	**2**	**13**	**1**	**9**	**2**	**S**
			1	2	13	1	9	2	93
			1	2	13	1	9	2	930

2-4 续表 12

行业中类	代码	私营有限责任公司	私营股份有限公司	其他	港、澳、台商投资企业	与港、澳、台商合资经营
总计	--	**4983152**	**159905**	**756299**	**112076**	**26036**
农、林、牧、渔业	A	**88733**	**4960**	**239554**	**1063**	**235**
农业	01	37770	1967	112933	559	119
谷物种植	011	3979	164	28158	34	11
豆类、油料和薯类种植	012	1014	76	5326	8	4
棉、麻、糖、烟草种植	013	443	19	2596	6	
蔬菜、食用菌及园艺作物种植	014	17528	804	33231	295	57
水果种植	015	6135	318	19793	126	22
坚果、含油果、香料和饮料作物种植	016	2503	135	7668	39	11
中药材种植	017	3088	229	7567	20	7
其他农业	019	3080	222	8594	31	7
林业	02	12025	700	12070	121	25
林木育种和育苗	021	9565	509	9617	83	15
造林和更新	022	1525	114	1212	19	3
森林经营和管护	023	663	51	715	15	6
木材和竹材采运	024	150	9	244	3	
林产品采集	025	122	17	282	1	1
畜牧业	03	20255	1265	61798	169	46
牲畜饲养	031	13776	908	44388	117	37
家禽饲养	032	4746	267	12506	31	4
狩猎和捕捉动物	033	69	3	273		
其他畜牧业	039	1664	87	4631	21	5
渔业	04	8405	361	13271	122	25
水产养殖	041	7962	338	12897	118	23
水产捕捞	042	443	23	374	4	2
农、林、牧、渔服务业	05	10278	667	39482	92	20
农业服务业	051	7753	511	31501	64	15
林业服务业	052	1053	75	1564	13	3
畜牧服务业	053	885	55	5077	6	2
渔业服务业	054	587	26	1340	9	
采矿业	B	**27528**	**2111**	**6108**	**288**	**115**
煤炭开采和洗选业	06	6024	423	738	37	19
烟煤和无烟煤开采洗选	061	5570	390	615	25	16
褐煤开采洗选	062	156	13	25	7	1
其他煤炭采选	069	298	20	98	5	2
石油和天然气开采业	07	139	14	27	10	1
石油开采	071	98	8	13	7	
天然气开采	072	41	6	14	3	1
黑色金属矿采选业	08	5778	393	735	44	22
铁矿采选	081	5159	329	645	42	20
锰矿、铬矿采选	082	383	36	38	1	1
其他黑色金属矿采选	089	236	28	52	1	1
有色金属矿采选业	09	3489	334	599	55	27

单位：个

与港、澳、台商合作经营	港、澳、台商独资	港、澳、台商投资股份有限公司	其他港、澳、台投资	外商投资企业	中外合资经营	中外合作经营	外资企业	外商投资股份有限公司	其他外商投资	代码
3651	77115	2615	2659	119878	34349	3150	76091	2825	3463	--
38	690	71	29	652	209	39	313	34	57	A
17	366	41	16	318	97	19	157	18	27	01
	21	1	1	20	6		12	1	1	011
	3	1		7	2		2	2	1	012
	6			4	3	1				013
9	204	17	8	177	52	11	89	8	17	014
3	80	18	3	54	13	3	31	4	3	015
2	21	2	3	18	4		10	2	2	016
2	10	1		14	8	4	2			017
1	21	1	1	24	9		11	1	3	019
6	77	10	3	80	17	3	47	5	8	02
4	55	7	2	48	11	1	26	4	6	021
	13	2	1	24	5	1	16	1	1	022
2	6	1		4	1		3			023
	3			2		1	1			024
				2			1		1	025
7	105	10	1	131	52	9	52	7	11	03
5	67	7	1	86	33	5	37	4	7	031
2	24	1		34	13	3	12	3	3	032
										033
	14	2		11	6	1	3		1	039
4	83	4	6	57	18	4	28	3	4	04
4	81	4	6	55	16	4	28	3	4	041
	2			2	2					042
4	59	6	3	66	25	4	29	1	7	05
4	39	5	1	43	16	3	16	1	7	051
	9		1	6	1		5			052
	4			10	3		7			053
	7	1	1	7	5	1	1			054
22	133	13	5	256	110	37	81	16	12	B
1	15	1	1	41	25	3	8	5		06
1	7	1		37	22	3	7	5		061
	6			3	2		1			062
	2		1	1	1					069
3	4	2		10		3	5		2	07
3	2	2		5		3	2			071
	2			5			3		2	072
3	17	2		29	14	4	8	2	1	08
3	17	2		20	8	2	7	2	1	081
				6	3	2	1			082
				3	3					089
4	20	4		68	33	19	11	3	2	09

2-4 续表 13

行业中类	代码	私营有限责任公司	私营股份有限公司	其他	港、澳、台商投资企业	与港、澳、台商合资经营
常用有色金属矿采选	091	2484	239	444	46	26
贵金属矿采选	092	645	47	104	5	1
稀有稀土金属矿采选	093	360	48	51	4	
非金属矿采选业	10	10423	804	3654	127	42
土砂石开采	101	8274	637	3265	93	23
化学矿开采	102	532	48	68	3	2
采盐	103	98	4	10	2	1
石棉及其他非金属矿采选	109	1519	115	311	29	16
开采辅助活动	11	985	73	171	12	4
煤炭开采和洗选辅助活动	111	137	21	50	2	1
石油和天然气开采辅助活动	112	646	33	45	10	3
其他开采辅助活动	119	202	19	76		
其他采矿业	12	690	70	184	3	
其他采矿业	120	690	70	184	3	
制造业	C	**1193759**	**37644**	**95195**	**62253**	**15653**
农副食品加工业	13	40388	2088	11660	1297	517
谷物磨制	131	7740	443	2874	70	21
饲料加工	132	5780	332	742	201	104
植物油加工	133	3315	205	1271	65	28
制糖业	134	247	15	44	21	10
屠宰及肉类加工	135	6765	357	1459	186	64
水产品加工	136	4556	153	618	280	112
蔬菜、水果和坚果加工	137	5926	266	2724	302	115
其他农副食品加工	139	6059	317	1928	172	63
食品制造业	14	20476	989	3327	1131	338
焙烤食品制造	141	5397	216	806	316	73
糖果、巧克力及蜜饯制造	142	1951	94	414	127	23
方便食品制造	143	3143	165	720	157	49
乳制品制造	144	643	35	98	36	10
罐头食品制造	145	1385	60	196	91	44
调味品、发酵制品制造	146	2637	149	384	110	33
其他食品制造	149	5320	270	709	294	106
酒、饮料和精制茶制造业	15	13169	842	4829	527	179
酒的制造	151	4754	315	795	131	55
饮料制造	152	4955	301	790	301	106
精制茶加工	153	3460	226	3244	95	18
烟草制品业	16	44	2	151	2	2
烟叶复烤	161	13	2	111	1	1
卷烟制造	162	4		3		
其他烟草制品制造	169	27		37	1	1
纺织业	17	65974	1496	3143	3851	1203
棉纺织及印染精加工	171	24343	646	1231	1403	487
毛纺织及染整精加工	172	3701	121	234	287	91
麻纺织及染整精加工	173	537	44	53	47	18

单位：个

与港、澳、台商合作经营	港、澳、台商独资	港、澳、台商投资股份有限公司	其他港、澳、台投资	外商投资企业	中外合资经营	中外合作经营	外资企业	外商投资股份有限公司	其他外商投资	代码
3	15	2		44	28	7	6	2	1	091
1	2	1		17	1	11	4	1		092
	3	1		7	4	1	1		1	093
9	68	4	4	89	28	7	42	5	7	10
7	57	3	3	63	15	5	36	3	4	101
	1			2	2					102
	1			3			3			103
2	9	1	1	21	11	2	3	2	3	109
1	7			16	8	1	6	1		11
	1			1			1			111
1	6			12	8		4			112
				3		1	1	1		119
1	2			3	2		1			12
1	2			3	2		1			120
1729	**43019**	**1304**	**548**	**62523**	**21288**	**1499**	**37862**	**1114**	**760**	**C**
47	686	33	14	2179	1020	108	992	37	22	13
6	39	4		101	55	3	38	3	2	131
4	88	2	3	318	135	23	154	3	3	132
	36	1		143	62	3	77		1	133
	9	1	1	27	14		11	2		134
12	101	8	1	187	94	5	79	4	5	135
10	146	9	3	554	287	46	215	4	2	136
11	169	4	3	574	265	18	275	11	5	137
4	98	4	3	275	108	10	143	10	4	139
30	715	33	15	1480	533	51	847	33	16	14
8	225	8	2	270	57	8	195	8	2	141
6	91	3	4	121	22	8	87	3	1	142
3	97	7	1	208	72	10	119	5	2	143
1	22	2	1	105	54	2	40	8	1	144
2	41	3	1	145	83	4	55	3		145
2	70	3	2	194	65	9	120			146
8	169	7	4	437	180	10	231	6	10	149
21	301	22	4	866	412	23	385	37	9	15
7	63	5	1	299	117	8	154	17	3	151
13	170	10	2	524	281	15	207	17	4	152
1	68	7	1	43	14		24	3	2	153
				1	1					16
										161
										162
				1	1					169
97	2457	74	20	2422	970	64	1326	38	24	17
37	851	26	2	762	310	22	409	13	8	171
5	184	5	2	136	72	2	60		2	172
1	27		1	27	13	2	12			173

2-4 续表 14

行业中类	代码	私营有限责任公司	私营股份有限公司	其他	港、澳、台商投资企业	与港、澳、台商合资经营
丝绢纺织及印染精加工	174	1859	58	85	91	54
化纤织造及印染精加工	175	7090	91	124	319	118
针织或钩针编织物及其制品制造	176	11571	189	480	744	174
家用纺织制成品制造	177	9314	193	574	452	134
非家用纺织制成品制造	178	7559	154	362	508	127
纺织服装、服饰业	18	70035	1588	4964	6394	1415
机织服装制造	181	46078	1131	3282	4511	954
针织或钩针编织服装制造	182	11109	187	508	1211	283
服饰制造	183	12848	270	1174	672	178
皮革、毛皮、羽毛及其制品和制鞋业	19	32629	762	2195	2970	526
皮革鞣制加工	191	1280	56	128	179	53
皮革制品制造	192	11222	265	717	1218	181
毛皮鞣制及制品加工	193	2533	60	212	86	32
羽毛(绒)加工及制品制造	194	1043	35	95	73	38
制鞋业	195	16551	346	1043	1414	222
木材加工和木、竹、藤、棕、草制品业	20	27636	1125	5444	722	207
木材加工	201	7607	374	2950	101	31
人造板制造	202	6800	323	672	187	71
木制品制造	203	10686	317	969	305	70
竹、藤、棕、草等制品制造	204	2543	111	853	129	35
家具制造业	21	24354	655	2293	1252	229
木质家具制造	211	16228	432	1661	717	124
竹、藤家具制造	212	321	19	69	23	7
金属家具制造	213	2945	71	201	249	54
塑料家具制造	214	461	10	39	31	3
其他家具制造	219	4399	123	323	232	41
造纸和纸制品业	22	28677	777	1692	1506	384
纸浆制造	221	174	7	31	13	5
造纸	222	7262	262	532	419	151
纸制品制造	223	21241	508	1129	1074	228
印刷和记录媒介复制业	23	30867	973	2444	1016	283
印刷	231	28469	868	2131	956	261
装订及印刷相关服务	232	2310	103	304	36	14
记录媒介复制	233	88	2	9	24	8
文教、工美、体育和娱乐用品制造业	24	37933	976	3245	4035	643
文教办公用品制造	241	4339	82	214	346	81
乐器制造	242	888	29	50	78	24
工艺美术品制造	243	23496	651	2480	1918	326
体育用品制造	244	3918	87	132	504	75
玩具制造	245	4117	112	325	1119	124
游艺器材及娱乐用品制造	246	1175	15	44	70	13
石油加工及炼焦	25	3483	187	221	130	60
精炼石油产品制造	251	2876	150	184	107	48
炼焦	252	607	37	37	23	12

单位：个

与港、澳、台商合作经营	港、澳、台商独资	港、澳、台商投资股份有限公司	其他港、澳、台投资	外商投资企业	中外合资经营	中外合作经营	外资企业	外商投资股份有限公司	其他外商投资	代码
2	35			61	34	3	23	1		174
4	188	7	2	161	80	1	75	5		175
31	520	11	8	375	160	17	189	4	5	176
9	295	12	2	546	206	13	313	8	6	177
8	357	13	3	354	95	4	245	7	3	178
164	4663	114	38	4625	1841	127	2550	61	46	18
110	3334	86	27	3381	1316	95	1889	50	31	181
38	873	12	5	691	305	19	356	6	5	182
16	456	16	6	553	220	13	305	5	10	183
88	2292	43	21	1885	557	54	1202	34	38	19
10	114	1	1	101	40	6	52	3		191
33	978	16	10	787	214	22	521	13	17	192
	50	2	2	87	47	1	38		1	193
3	32			53	26	3	22		2	194
42	1118	24	8	857	230	22	569	18	18	195
31	453	22	9	717	300	33	355	8	21	20
2	66	1	1	114	36	2	69		7	201
7	102	7		140	64	4	67	2	3	202
11	206	11	7	344	141	14	175	5	9	203
11	79	3	1	119	59	13	44	1	2	204
39	959	13	12	1110	336	20	724	13	17	21
24	553	8	8	662	205	12	426	7	12	211
2	13		1	9	3		6			212
3	188	2	2	194	56	4	129	5		213
1	27			25	4		21			214
9	178	3	1	220	68	4	142	1	5	219
57	1028	20	17	814	290	21	463	21	19	22
	7		1	9	3		3	1	2	221
18	235	11	4	250	124	6	111	6	3	222
39	786	9	12	555	163	15	349	14	14	223
58	644	20	11	536	194	25	295	11	11	23
50	616	19	10	498	180	21	275	11	11	231
4	17		1	29	9	2	18			232
4	11	1		9	5	2	2			233
113	3152	84	43	2990	833	72	2003	55	27	24
11	246	5	3	271	96	8	162	4	1	241
2	50	2		151	48	3	94	4	2	242
51	1496	34	11	1615	459	38	1082	23	13	243
6	403	14	6	483	101	7	362	10	3	244
42	902	28	23	413	111	15	267	13	7	245
1	55	1		57	18	1	36	1	1	246
4	60	5	1	194	108	9	73	2	2	25
1	53	4	1	158	80	7	68	2	1	251
3	7	1		36	28	2	5		1	252

2-4 续表 15

行业中类	代码	私营有限责任公司	私营股份有限公司	其他	港、澳、台商投资企业	与港、澳、台商合资经营
化学原料和化学制品制造业	26	50494	2341	3173	3079	973
基础化学原料制造	261	8196	454	435	434	207
肥料制造	262	5413	321	513	132	53
农药制造	263	1179	86	100	53	24
涂料、油墨、颜料及类似产品制造	264	9596	327	539	729	180
合成材料制造	265	5368	179	286	470	137
专用化学产品制造	266	14214	580	651	738	246
炸药、火工及焰火产品制造	267	1018	149	261	19	11
日用化学产品制造	268	5510	245	388	504	115
医药制造业	27	8848	600	874	671	347
化学药品原料药制造	271	1293	84	52	107	61
化学药品制剂制造	272	871	67	41	132	70
中药饮片加工	273	1218	98	365	33	13
中成药生产	274	1127	107	100	129	77
兽用药品制造	275	800	50	42	21	14
生物药品制造	276	1773	118	130	128	53
卫生材料及医药用品制造	277	1766	76	144	121	59
化学纤维制造业	28	4010	105	98	305	131
纤维素纤维原料及纤维制造	281	593	30	30	55	15
合成纤维制造	282	3417	75	68	250	116
橡胶和塑料制品业	29	73928	1957	4045	4890	933
橡胶制品业	291	13366	418	692	723	120
塑料制品业	292	60562	1539	3353	4167	813
非金属矿物制品业	30	80492	3860	13759	2337	810
水泥、石灰和石膏制造	301	5127	327	752	141	65
石膏、水泥制品及类似制品制造	302	17393	865	3816	406	167
砖瓦、石材等建筑材料制造	303	28923	1519	6907	602	188
玻璃制造	304	2200	87	109	112	44
玻璃制品制造	305	7452	226	333	329	117
玻璃纤维和玻璃纤维增强塑料制品制造	306	2815	92	151	99	26
陶瓷制品制造	307	5078	230	711	399	105
耐火材料制品制造	308	5034	198	446	83	37
石墨及其他非金属矿物制品制造	309	6470	316	534	166	61
黑色金属冶炼和压延加工业	31	18530	765	1046	560	271
炼铁	311	622	53	91	15	8
炼钢	312	425	20	46	21	18
黑色金属铸造	313	7178	320	476	152	59
钢压延加工	314	8822	269	329	345	174
铁合金冶炼	315	1483	103	104	27	12
有色金属冶炼和压延加工业	32	13288	569	698	650	219
常用有色金属冶炼	321	2442	170	182	87	36
贵金属冶炼	322	305	24	28	18	7
稀有稀土金属冶炼	323	508	40	21	13	8
有色金属合金制造	324	1697	63	83	94	31

单位：个

与港、澳、台商合作经营	港、澳、台商独资	港、澳、台商投资股份有限公司	其他港、澳、台投资	外商投资企业	中外合资经营	中外合作经营	外资企业	外商投资股份有限公司	其他外商投资	代码
86	1938	68	14	3850	1495	95	2153	76	31	26
12	204	7	4	672	326	18	308	16	4	261
4	65	9	1	201	94	9	82	11	5	262
	27	1	1	78	47	1	27	2	1	263
25	511	11	2	687	253	15	400	14	5	264
6	311	13	3	616	213	15	374	10	4	265
19	451	20	2	1070	415	18	618	14	5	266
2	5	1		26	14	2	8	1	1	267
18	364	6	1	500	133	17	336	8	6	268
17	272	31	4	997	522	30	416	24	5	27
6	38	2		157	92	9	52	4		271
3	47	11	1	212	112	5	89	5	1	272
	18	1	1	49	31	1	15	1	1	273
2	47	3		114	73	3	35	3		274
	6	1		50	36	1	12	1		275
4	60	10	1	236	115	8	105	7	1	276
2	56	3	1	179	63	3	108	3	2	277
5	160	9		228	101	3	118	3	3	28
	39	1		56	26	1	27	1	1	281
5	121	8		172	75	2	91	2	2	282
132	3688	86	51	3534	963	84	2380	63	44	29
20	560	15	8	724	200	15	493	12	4	291
112	3128	71	43	2810	763	69	1887	51	40	292
153	1303	57	14	2408	1020	113	1183	51	41	30
8	64	1	3	142	65	6	63	5	3	301
16	215	8		288	144	13	119	4	8	302
18	374	19	3	617	259	21	304	17	16	303
2	62	2	2	83	38	1	41	2	1	304
8	194	8	2	331	130	8	184	7	2	305
4	63	5	1	134	48	4	80	1	1	306
87	194	11	2	346	124	50	162	7	3	307
2	41	3		192	107	3	77	3	2	308
8	96		1	275	105	7	153	5	5	309
19	261	7	2	657	316	21	300	10	10	31
1	5	1		14	6	1	6		1	311
1	2			10	6	1	3			312
9	82	2		224	104	13	101	3	3	313
8	157	4	2	356	168	5	173	6	4	314
	15			53	32	1	17	1	2	315
25	382	19	5	643	274	20	331	11	7	32
6	36	7	2	83	42	1	35	2	3	321
4	7			15	7	4	3		1	322
	4	1		40	25	5	10			323
2	56	5		112	43	3	62	4		324

2-4 续表 16

行业中类	代码					
		私营有限责任公司	私营股份有限公司	其他	港、澳、台商投资企业	与港、澳、台商合资经营
有色金属铸造	325	919	38	61	30	6
有色金属压延加工	326	7417	234	323	408	131
金属制品业	33	109165	2775	6212	4031	906
结构性金属制品制造	331	36324	1103	2467	813	190
金属工具制造	332	12135	280	729	475	108
集装箱及金属包装容器制造	333	3245	92	135	233	78
金属丝绳及其制品制造	334	6379	116	309	162	55
建筑、安全用金属制品制造	335	15833	368	721	565	145
金属表面处理及热处理加工	336	5540	130	257	316	69
搪瓷制品制造	337	1042	12	94	28	8
金属制日用品制造	338	8820	168	473	619	114
其他金属制品制造	339	19847	506	1027	820	139
通用设备制造业	34	129226	3326	5350	3336	980
锅炉及原动设备制造	341	4745	193	335	107	47
金属加工机械制造	342	22244	696	1412	529	132
物料搬运设备制造	343	5675	182	271	235	91
泵、阀门、压缩机及类似机械制造	344	19230	453	527	502	177
轴承、齿轮和传动部件制造	345	9158	216	307	302	110
烘炉、风机、衡器、包装等设备制造	346	13373	347	394	510	153
文化、办公用机械制造	347	1398	39	74	206	36
通用零部件制造	348	42177	914	1550	768	196
其他通用设备制造业	349	11226	286	480	177	38
专用设备制造业	35	87905	2672	4357	3272	762
采矿、冶金、建筑专用设备制造	351	13760	559	815	256	93
化工、木材、非金属加工专用设备制造	352	26305	577	990	1327	222
食品、饮料、烟草及饲料生产专用设备制造	353	2416	85	213	78	15
印刷、制药、日化及日用品生产专用设备制造	354	5157	196	294	253	75
纺织、服装和皮革加工专用设备制造	355	6038	115	172	313	82
电子和电工机械专用设备制造	356	7361	236	384	299	50
农、林、牧、渔专用机械制造	357	4501	200	530	77	18
医疗仪器设备及器械制造	358	5077	172	257	277	86
环保、社会公共服务及其他专用设备制造	359	17290	532	702	392	121
汽车制造业	36	31656	892	1096	1303	488
汽车整车制造	361	268	13	19	24	12
改装汽车制造	362	446	28	31	15	11
低速载货汽车制造	363	28	3	5		
电车制造	364	304	11	21	4	1
汽车车身、挂车制造	365	628	19	28	16	7
汽车零部件及配件制造	366	29982	818	992	1244	457
铁路、船舶、航空航天和其他运输设备制造业	37	14990	429	594	551	182
铁路运输设备制造	371	1336	64	70	28	16
城市轨道交通设备制造	372	69	1	2	2	2
船舶及相关装置制造	373	4750	163	200	130	52
航空、航天器及设备制造	374	369	22	21	34	11

单位：个

与港、澳、台商合作经营	港、澳、台商独资	港、澳、台商投资股份有限公司	其他港、澳、台投资	外商投资企业	中外合资经营	中外合作经营	外资企业	外商投资股份有限公司	其他外商投资	代码
1	23			31	11	1	16	1	2	325
12	256	6	3	362	146	6	205	4	1	326
145	2850	80	50	3627	1206	90	2220	71	40	33
23	571	18	11	794	298	30	433	19	14	331
26	325	14	2	512	157	13	325	12	5	332
10	141	4		231	103	4	119	5		333
7	98	2		184	76	3	97	6	2	334
18	377	14	11	546	170	9	356	7	4	335
15	224	5	3	277	72	7	194	2	2	336
2	18			28	11		15	1	1	337
28	452	12	13	375	124	11	228	7	5	338
16	644	11	10	680	195	13	453	12	7	339
70	2191	65	30	5271	1665	95	3388	76	47	34
3	53	4		243	121		112	9	1	341
18	361	15	3	729	222	12	477	9	9	342
5	135	2	2	358	143	11	198	5	1	343
6	310	7	2	1078	336	13	704	18	7	344
5	177	6	4	502	163	14	319	5	1	345
11	332	10	4	879	282	20	558	12	7	346
5	160	3	2	209	42	3	157	2	5	347
14	535	15	8	995	296	21	656	12	10	348
3	128	3	5	278	60	1	207	4	6	349
57	2351	71	31	4532	1304	71	3012	74	71	35
3	153	6	1	520	206	8	286	11	9	351
22	1047	23	13	1405	296	19	1048	18	24	352
4	57	2		128	42	4	80	2		353
6	164	4	4	291	86	8	182	8	7	354
7	215	8	1	278	76	5	191	4	2	355
6	227	11	5	412	87	4	308	4	9	356
2	53	4		188	55	2	123	3	5	357
5	184	2		548	214	12	302	11	9	358
2	251	11	7	762	242	9	492	13	6	359
26	760	25	4	3403	1242	43	2002	46	70	36
	12			106	85	1	18	1	1	361
	4			35	21		12	2		362
				2	1	1				363
	3			5	2		3			364
1	8			27	15		11	1		365
25	733	25	4	3228	1118	41	1958	42	69	366
14	344	7	4	900	370	23	488	16	3	37
1	11			88	61	1	25		1	371
				8	5		2		1	372
2	71	2	3	318	131	12	171	4		373
2	21			84	41	1	38	4		374

2-4 续表 17

行业中类	代码	私营有限责任公司	私营股份有限公司	其他	港、澳、台商投资企业	与港、澳、台商合资经营
摩托车制造	375	3652	104	111	95	39
自行车制造	376	3849	55	143	194	52
非公路休闲车及零配件制造	377	337	6	19	43	4
潜水救捞及其他未列明运输设备制造	379	628	14	28	25	6
电气机械和器材制造业	38	85254	2192	2905	4789	1216
电机制造	381	8893	204	352	381	125
输配电及控制设备制造	382	29509	793	855	1406	357
电线、电缆、光缆及电工器材制造	383	11957	365	481	816	168
电池制造	384	2654	84	80	283	84
家用电力器具制造	385	10682	198	416	718	182
非电力家用器具制造	386	3066	111	140	103	24
照明器具制造	387	13160	284	341	942	236
其他电气机械及器材制造	389	5333	153	240	140	40
计算机、通信和其他电子设备制造业	39	45548	1259	1743	5397	1003
计算机制造	391	4170	141	156	628	73
通信设备制造	392	3784	98	138	452	90
广播电视设备制造	393	1683	40	52	216	50
雷达及配套设备制造	394	98	4	4	5	1
视听设备制造	395	2472	57	124	497	85
电子器件制造	396	6950	241	219	895	213
电子元件制造	397	18191	423	618	2182	421
其他电子设备制造	399	8200	255	432	522	70
仪器仪表制造业	40	17869	555	662	1236	249
通用仪器仪表制造	401	9487	332	277	325	107
专用仪器仪表制造	402	3043	104	110	137	38
钟表与计时仪器制造	403	1034	31	72	437	37
光学仪器及眼镜制造	404	2864	43	109	293	55
其他仪器仪表制造业	409	1441	45	94	44	12
其他制造业	41	14681	498	1623	764	108
日用杂品制造	411	5164	136	290	538	63
煤制品制造	412	689	40	309	8	5
其他未列明制造业	419	8828	322	1024	218	40
废弃资源综合利用业	42	4695	202	602	139	60
金属废料和碎屑加工处理	421	2608	115	299	90	40
非金属废料和碎屑加工处理	422	2087	87	303	49	20
金属制品、机械和设备修理业	43	7515	187	750	110	29
金属制品修理	431	383	10	34	24	6
通用设备修理	432	1096	23	83	8	1
专用设备修理	433	917	31	183	13	1
铁路、船舶、航空航天等运输设备修理	434	2518	54	110	32	17
电气设备修理	435	577	12	53	8	2
仪器仪表修理	436	142	4	18	4	
其他机械和设备修理业	439	1882	53	269	21	2

单位：个

与港、澳、台商合作经营	港、澳、台商独资	港、澳、台商投资股份有限公司	其他港、澳、台投资	外商投资企业	中外合资经营	中外合作经营	外资企业	外商投资股份有限公司	其他外商投资	代码
3	51	2		130	56	4	68	1	1	375
5	134	2	1	200	57	3	133	7		376
	39			32	9		23			377
1	17	1		40	10	2	28			379
91	3314	123	45	4522	1517	88	2776	93	48	38
9	237	9	1	498	182	15	289	10	2	381
22	968	46	13	1467	503	27	901	24	12	382
24	601	13	10	703	210	12	451	20	10	383
3	185	10	1	256	102	10	137	4	3	384
19	492	19	6	631	204	10	396	15	6	385
1	73	4	1	104	35	1	61	5	2	386
11	667	20	8	664	226	12	402	12	12	387
2	91	2	5	199	55	1	139	3	1	389
99	4126	120	49	5803	1163	69	4409	109	53	39
5	527	18	5	633	90	2	525	11	5	391
4	346	7	5	458	114	9	322	11	2	392
1	158	6	1	148	42	2	100	3	1	393
	4			6	2	1	2		1	394
12	388	8	4	372	104	8	253	4	3	395
20	632	21	9	1203	285	14	874	18	12	396
44	1653	47	17	2354	404	27	1852	49	22	397
13	418	13	8	629	122	6	481	13	7	399
16	916	34	21	1428	452	24	909	25	18	40
4	198	14	2	686	229	9	432	10	6	401
	90	6	3	281	87	4	180	6	4	402
8	372	7	13	78	16	4	53	1	4	403
4	225	7	2	301	100	6	189	6		404
	31		1	82	20	1	55	2	4	409
15	616	14	11	574	144	14	390	12	14	41
11	449	10	5	298	86	7	194	5	6	411
	3			8	3		4		1	412
4	164	4	6	268	55	7	192	7	7	419
4	71	4		176	75	3	96	1	1	42
2	46	2		123	53	2	67		1	421
2	25	2		53	22	1	29	1		422
6	66	1	8	151	64	6	76	3	2	43
1	17			14	6		8			431
2	4		1	17	3		13		1	432
	12			21	7	2	12			433
3	5		7	60	38	3	18	1		434
	5	1		6	1		4	1		435
	4			5			5			436
	19			28	9	1	16	1	1	439

2-4 续表 18

行业中类	代码	私营有限责任公司	私营股份有限公司	其他	港、澳、台商投资企业	与港、澳、台商合资经营
电力、热力、燃气及水生产和供应业	D	**13753**	**1363**	**4848**	**993**	**493**
电力、热力生产和供应业	44	8411	1000	2959	520	264
电力生产	441	6148	876	2534	463	234
电力供应	442	394	30	251	11	6
热力生产和供应	443	1869	94	174	46	24
燃气生产和供应业	45	2025	163	411	284	157
燃气生产和供应业	450	2025	163	411	284	157
水的生产和供应业	46	3317	200	1478	189	72
自来水生产和供应	461	1678	141	1263	89	37
污水处理及其再生利用	462	1306	43	154	94	33
其他水的处理、利用与分配	469	333	16	61	6	2
建筑业	E	**257038**	**9655**	**14387**	**964**	**471**
房屋建筑业	47	42904	2375	2870	131	73
房屋建筑业	470	42904	2375	2870	131	73
土木工程建筑业	48	41322	1496	2558	148	65
铁路、道路、隧道和桥梁工程建筑	481	15155	645	868	64	21
水利和内河港口工程建筑	482	2788	120	244	17	12
海洋工程建筑	483	129	2	14	1	
工矿工程建筑	484	1832	72	92	9	4
架线和管道工程建筑	485	4684	151	201	23	14
其他土木工程建筑	489	16734	506	1139	34	14
建筑安装业	49	47717	1654	2214	215	94
电气安装	491	12118	400	406	67	31
管道和设备安装	492	10643	405	434	52	23
其他建筑安装业	499	24956	849	1374	96	40
建筑装饰和其他建筑业	50	125095	4130	6745	470	239
建筑装饰业	501	94152	2970	4491	411	218
工程准备活动	502	10762	339	512	18	4
提供施工设备服务	503	2924	147	227	8	4
其他未列明建筑业	509	17257	674	1515	33	13
批发和零售业	F	**1836856**	**50772**	**226988**	**17119**	**2305**
批发业	51	1251543	30994	149142	13764	1652
农、林、牧产品批发	511	32231	1361	41323	186	31
食品、饮料及烟草制品批发	512	97138	2877	41165	1305	186
纺织、服装及家庭用品批发	513	195090	3379	6324	3577	372
文化、体育用品及器材批发	514	46981	1059	1885	812	89
医药及医疗器材批发	515	33605	1149	2982	321	60
矿产品、建材及化工产品批发	516	361576	9659	26408	1950	320
机械设备、五金产品及电子产品批发	517	343910	7952	14060	3538	388
贸易经纪与代理	518	48547	1229	7548	1029	76
其他批发业	519	92465	2329	7447	1046	130
零售业	52	585313	19778	77846	3355	653
综合零售	521	51310	1944	11355	609	104
食品、饮料及烟草制品专门零售	522	53794	1922	15960	359	60
纺织、服装及日用品专门零售	523	67862	1846	7008	787	123

单位：个

与港、澳、台商合作经营	港、澳、台商独资	港、澳、台商投资股份有限公司	其他港、澳、台投资	外商投资企业	中外合资经营	中外合作经营	外资企业	外商投资股份有限公司	其他外商投资	代码
68	**398**	**28**	**6**	**876**	**470**	**84**	**260**	**43**	**19**	D
34	203	16	3	405	237	52	77	30	9	44
30	184	12	3	361	211	48	67	26	9	441
3	1	1		9	5		3	1		442
1	18	3		35	21	4	7	3		443
15	105	6	1	245	147	7	79	7	5	45
15	105	6	1	245	147	7	79	7	5	450
19	90	6	2	226	86	25	104	6	5	46
17	32	2	1	88	43	16	28		1	461
2	54	4	1	129	40	6	74	6	3	462
	4			9	3	3	2		1	469
63	**350**	**29**	**51**	**837**	**343**	**47**	**365**	**20**	**62**	E
4	46	4	4	135	46	12	58	5	14	47
4	46	4	4	135	46	12	58	5	14	470
20	49	6	8	151	67	14	61	2	7	48
15	19	3	6	63	25	9	27	1	1	481
1	4			10	7		2		1	482
	1									483
1	4			20	9	4	7			484
2	5		2	25	14	1	9	1		485
1	16	3		33	12		16		5	489
16	92	4	9	236	87	8	123	5	13	49
4	24	2	6	66	22	2	38		4	491
5	21	2	1	59	28	1	27	1	2	492
7	47		2	111	37	5	58	4	7	499
23	163	15	30	315	143	13	123	8	28	50
17	141	13	22	241	107	8	97	7	22	501
2	6	2	4	13	7		2	1	3	502
3	1			10	6	1	3			503
1	15		4	51	23	4	21		3	509
243	**12930**	**415**	**1226**	**23079**	**4021**	**309**	**17011**	**512**	**1226**	F
149	10604	265	1094	19336	3133	210	14924	375	694	51
5	137	6	7	227	53	4	151	6	13	511
32	1024	28	35	1528	323	21	1105	32	47	512
31	2686	79	409	4297	801	55	3169	95	177	513
7	652	12	52	829	141	13	615	25	35	514
5	236	15	5	477	94	6	357	8	12	515
29	1490	46	65	2857	458	29	2193	55	122	516
27	2936	46	141	5994	782	36	4929	87	160	517
5	563	15	370	1346	220	33	965	40	88	518
8	880	18	10	1781	261	13	1440	27	40	519
94	2326	150	132	3743	888	99	2087	137	532	52
11	453	17	24	851	169	26	412	23	221	521
13	248	20	18	342	77	9	217	15	24	522
15	611	24	14	681	120	12	476	24	49	523

2-4 续表 19

行业中类	代码	私营有限责任公司	私营股份有限公司	其他	港、澳、台商投资企业	与港、澳、台商合资经营
文化、体育用品及器材专门零售	524	40320	1264	3446	253	41
医药及医疗器材专门零售	525	31430	1380	7882	86	25
汽车、摩托车、燃料及零配件专门零售	526	72812	3211	7788	426	127
家用电器及电子产品专门零售	527	101713	3137	7153	291	56
五金、家具及室内装饰材料专门零售	528	90556	2670	8162	245	35
货摊、无店铺及其他零售业	529	75516	2404	9092	299	82
交通运输、仓储和邮政业	**G**	**155549**	**5484**	**12625**	**2614**	**729**
铁路运输业	53	974	36	204	6	4
铁路旅客运输	531	140	7	44		
铁路货物运输	532	390	16	60	4	3
铁路运输辅助活动	533	444	13	100	2	1
道路运输业	54	81177	3248	6605	658	163
城市公共交通运输	541	3628	294	361	68	25
公路旅客运输	542	2833	285	429	83	27
道路货物运输	543	71070	2477	5097	401	93
道路运输辅助活动	544	3646	192	718	106	18
水上运输业	55	5362	221	412	164	112
水上旅客运输	551	413	35	60	20	17
水上货物运输	552	3568	139	233	39	18
水上运输辅助活动	553	1381	47	119	105	77
航空运输业	56	667	19	56	31	16
航空客货运输	561	304	8	15	18	9
通用航空服务	562	163	7	17	4	2
航空运输辅助活动	563	200	4	24	9	5
管道运输业	57	92	4	20	6	4
管道运输业	570	92	4	20	6	4
装卸搬运和运输代理业	58	50217	1288	2692	1136	259
装卸搬运	581	6009	226	698	57	31
运输代理业	582	44208	1062	1994	1079	228
仓储业	59	10155	347	1795	595	167
谷物、棉花等农产品仓储	591	1641	92	1006	22	5
其他仓储业	599	8514	255	789	573	162
邮政业	60	6905	321	841	18	4
邮政基本服务	601	110	14	75	1	
快递服务	602	6795	307	766	17	4
住宿和餐饮业	**H**	**77859**	**3590**	**12103**	**2430**	**650**
住宿业	61	24188	1394	3691	851	332
旅游饭店	611	8229	554	920	666	280
一般旅馆	612	13779	689	2256	154	43
其他住宿业	619	2180	151	515	31	9
餐饮业	62	53671	2196	8412	1579	318
正餐服务	621	41016	1745	6409	1120	245
快餐服务	622	3978	155	701	194	26
饮料及冷饮服务	623	2731	100	305	117	18
其他餐饮业	629	5946	196	997	148	29

单位：个

				外商投资企业						代码
与港、澳、台商合作经营	港、澳、台商独资	港、澳、台商投资股份有限公司	其他港、澳、台投资	外商投资企业	中外合资经营	中外合作经营	外资企业	外商投资股份有限公司	其他外商投资	
7	181	17	7	263	33	5	162	8	55	524
4	32	18	7	115	34	3	43	2	33	525
21	245	22	11	515	240	14	193	27	41	526
5	206	14	10	332	64	9	207	15	37	527
6	183	7	14	270	60	8	160	8	34	528
12	167	11	27	374	91	13	217	15	38	529
326	**1392**	**86**	**81**	**2233**	**784**	**216**	**1084**	**64**	**85**	**G**
	2			10	3	1	4		2	53
				1			1			531
	1			4	1	1	1		1	532
	1			5	2		2		1	533
266	166	26	37	493	162	166	121	18	26	54
19	19	4	1	46	18	14	8	2	4	541
44	3	2	7	19	9	3	3	2	2	542
156	109	16	27	317	117	75	98	9	18	543
47	35	4	2	111	18	74	12	5	2	544
6	34	10	2	156	110	5	33	5	3	55
1	1	1		10	6		3		1	551
2	15	4		39	23	1	11	3	1	552
3	18	5	2	107	81	4	19	2	1	553
	7	5	3	51	19	1	20	7	4	56
	4	3	2	25	10		9	5	1	561
	1	1		8	1		5	1	1	562
	2	1	1	18	8	1	6	1	2	563
	1		1	15	10		5			57
	1		1	15	10		5			570
35	785	29	28	806	256	26	471	21	32	58
3	20		3	68	43	7	13	2	3	581
32	765	29	25	738	213	19	458	19	29	582
18	385	15	10	677	213	17	423	13	11	59
	16		1	16	6	1	9			591
18	369	15	9	661	207	16	414	13	11	599
1	12	1		25	11		7		7	60
	1			1	1					601
1	11	1		24	10		7		7	602
152	**1496**	**81**	**51**	**2571**	**693**	**129**	**1519**	**123**	**107**	**H**
82	381	43	13	686	262	79	285	34	26	61
65	279	35	7	491	205	65	189	20	12	611
14	86	8	3	161	48	10	80	13	10	612
3	16		3	34	9	4	16	1	4	619
70	1115	38	38	1885	431	50	1234	89	81	62
47	777	25	26	1199	286	38	767	56	52	621
8	149	7	4	375	66	4	272	20	13	622
7	86	4	2	175	40	4	112	9	10	623
8	103	2	6	136	39	4	83	4	6	629

2-4 续表 20

行业中类	代码	私营有限责任公司	私营股份有限公司	其他	港、澳、台商投资企业	与港、澳、台商合资经营
信息传输、软件和信息技术服务业	I	**165496**	**4075**	**7610**	**3846**	**498**
电信、广播电视和卫星传输服务	63	4166	165	820	348	54
电信	631	3477	128	656	340	54
广播电视传输服务	632	562	33	152	6	
卫星传输服务	633	127	4	12	2	
互联网和相关服务	64	17320	620	1634	163	20
互联网接入及相关服务	641	2021	53	172	13	2
互联网信息服务	642	12250	484	1162	127	13
其他互联网服务	649	3049	83	300	23	5
软件和信息技术服务业	65	144010	3290	5156	3335	424
软件开发	651	88953	1953	2545	2475	294
信息系统集成服务	652	13027	346	456	208	41
信息技术咨询服务	653	23477	541	1106	341	40
数据处理和存储服务	654	2235	60	142	58	7
集成电路设计	655	1749	61	66	99	19
其他信息技术服务业	659	14569	329	841	154	23
金融业	J	**27305**	**1861**	**3169**	**904**	**350**
货币金融服务	66	7692	771	1242	547	201
中央银行服务	661	8	3	14		
货币银行服务	662	324	53	297	155	3
非货币银行服务	663	7360	714	930	392	198
银行监管服务	664		1	1		
资本市场服务	67	12618	591	1023	155	59
证券市场服务	671	668	52	94	25	17
期货市场服务	672	85	1	16	4	3
证券期货监管服务	673	9	1	5		
资本投资服务	674	9061	408	649	95	29
其他资本市场服务	679	2795	129	259	31	10
保险业	68	2088	247	451	101	57
人身保险	681	208	82	162	35	26
财产保险	682	195	88	179	27	7
再保险	683	5		1	1	
养老金	684	3	4	5		
保险经纪与代理服务	685	1281	56	69	28	19
保险监管服务	686	5				
其他保险活动	689	391	17	35	10	5
其他金融业	69	4907	252	453	101	33
金融信托与管理服务	691	1285	73	110	18	8
控股公司服务	692	597	18	51	16	1
非金融机构支付服务	693	174	8	11	4	1
金融信息服务	694	932	40	79	11	1
其他未列明金融业	699	1919	113	202	52	22

单位：个

与港、澳、台商合作经营	港、澳、台商独资	港、澳、台商投资股份有限公司	其他港、澳、台投资	外商投资企业	中外合资经营	中外合作经营	外资企业	外商投资股份有限公司	其他外商投资	代码
46	**3044**	**174**	**84**	**5567**	**1067**	**71**	**4110**	**195**	**124**	I
2	190	87	15	238	31	3	125	65	14	63
2	183	86	15	231	28	3	121	65	14	631
	6			6	2		4			632
	1	1		1	1					633
2	129	4	8	186	40	6	127	7	6	64
	9	2		16	3		11	1	1	641
2	103	2	7	149	33	6	102	6	2	642
	17		1	21	4		14		3	649
42	2725	83	61	5143	996	62	3858	123	104	65
28	2069	47	37	3804	723	34	2904	83	60	651
4	146	8	9	322	68	18	229	3	4	652
6	273	15	7	472	85	4	348	17	18	653
	46	2	3	92	15		76		1	654
	76	3	1	208	43	1	149	12	3	655
4	115	8	4	245	62	5	152	8	18	659
16	**483**	**29**	**26**	**1633**	**781**	**28**	**600**	**176**	**48**	J
5	316	16	9	576	164	5	364	30	13	66
										661
2	137	10	3	383	69	1	286	19	8	662
3	179	6	6	193	95	4	78	11	5	663
										664
2	76	5	13	172	71	12	73	7	9	67
	4	4		58	48	2	6		2	671
			1							672
										673
1	57	1	7	92	18	8	56	5	5	674
1	15		5	22	5	2	11	2	2	679
5	33	5	1	812	521	10	123	136	22	68
1	6	1	1	550	404	4	52	79	11	681
1	16	3		207	85	3	57	54	8	682
	1			6			5		1	683
				2	2					684
3	5	1		29	21	2	3	1	2	685
				1			1			686
	5			17	9	1	5	2		689
4	58	3	3	73	25	1	40	3	4	69
2	6	1	1	20	6		13	1		691
1	12		2	9	2		6	1		692
	3			2		1	1			693
	9	1		6			5		1	694
1	28	1		36	17		15	1	3	699

2-4 续表 21

行业中类	代码	私营有限责任公司	私营股份有限公司	其他	港、澳、台商投资企业	与港、澳、台商合资经营
房地产业	K	**184468**	**8967**	**10933**	**6974**	**2231**
房地产业	70	184468	8967	10933	6974	2231
房地产开发经营	701	72010	4658	2292	4776	1674
物业管理	702	57602	2401	4689	1097	278
房地产中介服务	703	40055	1399	2562	386	67
自有房地产经营活动	704	8031	202	758	524	161
其他房地产业	709	6770	307	632	191	51
租赁和商务服务业	L	**546682**	**16175**	**45025**	**7734**	**1160**
租赁业	71	34552	1214	3958	356	168
机械设备租赁	711	33313	1180	3841	342	162
文化及日用品出租	712	1239	34	117	14	6
商务服务业	72	512130	14961	41067	7378	992
企业管理服务	721	93957	2905	12346	1540	275
法律服务	722	2021	90	1925	7	1
咨询与调查	723	152986	3682	7883	4295	403
广告业	724	114577	3364	6472	325	48
知识产权服务	725	4980	96	199	51	6
人力资源服务	726	27469	958	2755	97	21
旅行社及相关服务	727	18076	981	1842	139	34
安全保护服务	728	3949	159	358	13	3
其他商务服务业	729	94115	2726	7287	911	201
科学研究和技术服务业	M	**213265**	**5794**	**37029**	**3016**	**574**
研究和试验发展	73	26820	796	1717	642	149
自然科学研究和试验发展	731	2700	82	210	51	12
工程和技术研究和试验发展	732	17169	442	708	367	77
农业科学研究和试验发展	733	2686	97	475	44	11
医学研究和试验发展	734	3992	158	270	176	49
社会人文科学研究	735	273	17	54	4	
专业技术服务业	74	113388	3383	7351	1539	266
气象服务	741	141	9	57		
地震服务	742	94	4	15		
海洋服务	743	209	6	14	4	2
测绘服务	744	2743	144	265	1	
质检技术服务	745	6110	246	521	113	29
环境与生态监测	746	1757	62	112	12	1
地质勘查	747	1813	92	188	19	3
工程技术	748	49092	1591	2683	497	81
其他专业技术服务业	749	51429	1229	3496	893	150
科技推广和应用服务业	75	73057	1615	27961	835	159
技术推广服务	751	57668	1236	26023	651	127
科技中介服务	752	4215	126	623	56	9
其他科技推广和应用服务业	759	11174	253	1315	128	23
水利、环境和公共设施管理业	N	**23557**	**966**	**3086**	**349**	**106**
水利管理业	76	1259	69	428	15	7
防洪除涝设施管理	761	144	2	44	1	1

单位：个

与港、澳、台商合作经营	港、澳、台商独资	港、澳、台商投资股份有限公司	其他港、澳、台投资	外商投资企业	中外合资经营	中外合作经营	外资企业	外商投资股份有限公司	其他外商投资	代码
574	**3949**	**136**	**84**	**3642**	**1284**	**275**	**1844**	**122**	**117**	K
574	3949	136	84	3642	1284	275	1844	122	117	70
436	2551	85	30	2319	911	196	1100	76	36	701
55	711	30	23	643	173	31	371	22	46	702
20	274	9	16	255	53	5	164	10	23	703
34	315	4	10	289	96	21	159	8	5	704
29	98	8	5	136	51	22	50	6	7	709
150	**6023**	**129**	**272**	**9315**	**1342**	**149**	**7055**	**226**	**543**	L
7	173	2	6	270	90	6	146	7	21	71
6	166	2	6	255	85	4	138	7	21	711
1	7			15	5	2	8			712
143	5850	127	266	9045	1252	143	6909	219	522	72
44	1076	38	107	1742	275	28	1200	65	174	721
1	5			14	2		8	1	3	722
44	3721	53	74	5579	604	64	4587	107	217	723
17	218	9	33	348	74	14	214	3	43	724
1	43		1	42	10	1	30	1		725
2	66	1	7	73	26	5	29	5	8	726
9	86	5	5	130	31	5	64	13	17	727
1	5	2	2	22	15		5		2	728
24	630	19	37	1095	215	26	772	24	58	729
57	**2199**	**59**	**127**	**4742**	**1401**	**103**	**3014**	**89**	**135**	M
12	457	18	6	1243	450	21	724	24	24	73
1	35	2	1	76	31	2	40	1	2	731
7	267	13	3	673	218	9	422	12	12	732
1	31	1		44	15	5	21	1	2	733
3	120	2	2	444	186	5	236	9	8	734
	4			6			5	1		735
26	1133	27	87	2148	534	56	1447	43	68	74
				3			1		2	741
				1			1			742
	2			10	6		4			743
			1	7			4		3	744
1	81	1	1	247	89	7	139	8	4	745
	8	1	2	14	3	1	9	1		746
1	13	2		46	9	16	17	2	2	747
11	339	10	56	743	161	12	536	10	24	748
13	690	13	27	1077	266	20	736	22	33	749
19	609	14	34	1351	417	26	843	22	43	75
17	466	11	30	1066	348	21	647	17	33	751
2	42	1	2	105	17	2	79	2	5	752
	101	2	2	180	52	3	117	3	5	759
31	**191**	**13**	**8**	**288**	**96**	**31**	**125**	**17**	**19**	N
	8			21	8	1	9	1	2	76
										761

2-4 续表 22

行业中类	代码	私营有限责任公司	私营股份有限公司	其他	港、澳、台商投资企业	与港、澳、台商合资经营
水资源管理	762	250	17	111	4	1
天然水收集与分配	763	92	8	75	3	3
水文服务	764	90	5	28	3	1
其他水利管理业	769	683	37	170	4	1
生态保护和环境治理业	77	3165	128	533	86	35
生态保护	771	331	16	263	5	1
环境治理业	772	2834	112	270	81	34
公共设施管理业	78	19133	769	2125	248	64
市政设施管理	781	1690	66	210	48	5
环境卫生管理	782	1801	58	251	14	7
城乡市容管理	783	676	20	70	2	
绿化管理	784	10847	370	849	33	11
公园和游览景区管理	785	4119	255	745	151	41
居民服务、修理和其他服务业	**O**	**93517**	**3366**	**12710**	**609**	**136**
居民服务业	79	30800	1166	5095	274	58
家庭服务	791	6793	233	805	17	3
托儿所服务	792	104	2	67		
洗染服务	793	1492	51	164	19	5
理发及美容服务	794	6328	196	933	96	12
洗浴服务	795	2318	146	566	44	12
保健服务	796	2594	99	391	29	8
婚姻服务	797	3265	100	321	14	1
殡葬服务	798	860	53	222	23	8
其他居民服务业	799	7046	286	1626	32	9
机动车、电子产品和日用产品修理业	80	34994	1323	4274	197	54
汽车、摩托车修理与维护	801	23291	962	3174	110	39
计算机和办公设备维修	802	5206	158	374	44	10
家用电器修理	803	4701	152	474	27	3
其他日用产品修理业	809	1796	51	252	16	2
其他服务业	81	27723	877	3341	138	24
清洁服务	811	15140	444	1101	58	12
其他未列明服务业	819	12583	433	2240	80	12
教育	**P**	**17701**	**766**	**6515**	**153**	**38**
教育	82	17701	766	6515	153	38
学前教育	821	860	33	2048	19	7
初等教育	822	76	5	202	3	
中等教育	823	178	18	252	3	1
高等教育	824	65	3	39	2	
特殊教育	825	93	3	43	1	1
技能培训、教育辅助及其他教育	829	16429	704	3931	125	29
卫生和社会工作	**Q**	**5006**	**334**	**4917**	**76**	**32**
卫生	83	4423	306	4532	57	26
医院	831	1961	178	1044	32	17
社区医疗与卫生院	832	148	13	1040	1	

单位：个

与港、澳、台商合作经营	港、澳、台商独资	港、澳、台商投资股份有限公司	其他港、澳、台投资	外商投资企业	中外合资经营	中外合作经营	外资企业	外商投资股份有限公司	其他外商投资	代码
	3			5	3		2			762
				4	2		1		1	763
	2									764
	3			12	3	1	6	1	1	769
5	43	1	2	106	38	6	53	4	5	77
2	2			10	3	3	4			771
3	41	1	2	96	35	3	49	4	5	772
26	140	12	6	161	50	24	63	12	12	78
15	27		1	38	8	15	9	3	3	781
1	6			8	4	2	1		1	782
	2			3	1		2			783
1	17	3	1	29	9	1	13	2	4	784
9	88	9	4	83	28	6	38	7	4	785
33	**392**	**21**	**27**	**772**	**186**	**32**	**466**	**36**	**52**	**O**
17	176	12	11	323	72	8	198	18	27	79
1	10		3	18	1		9	1	7	791
				1			1			792
1	11	1	1	21	11	1	8	1		793
1	79	2	2	160	20	1	120	10	9	794
5	24	3		40	19	1	17	2	1	795
3	16	2		23	8		12		3	796
	13			14	1		11	1	1	797
6	7	2		11	2	4	3	1	1	798
	16	2	5	35	10	1	17	2	5	799
15	115	6	7	244	71	14	136	9	14	80
11	55	2	3	138	58	11	53	5	11	801
1	28	4	1	60	7	1	48	3	1	802
2	20		2	28	6	1	19		2	803
1	12		1	18		1	16	1		809
1	101	3	9	205	43	10	132	9	11	81
	38	1	7	54	10	2	39	2	1	811
1	63	2	2	151	33	8	93	7	10	819
17	**87**	**5**	**6**	**220**	**52**	**10**	**117**	**10**	**31**	**P**
17	87	5	6	220	52	10	117	10	31	82
3	8	1		30	3		9	1	17	821
	2		1	4	1		3			822
	1		1	8	1		7			823
1		1								824
				1			1			825
13	76	3	4	177	47	10	97	9	14	829
8	**33**	**1**	**2**	**87**	**33**	**25**	**16**	**5**	**8**	**Q**
8	20	1	2	81	31	24	14	5	7	83
6	8	1		40	20	13	2	3	2	831
			1	1	1					832

2-4 续表 23

行业中类	代码	私营有限责任公司	私营股份有限公司	其他	港、澳、台商投资企业	与港、澳、台商合资经营
门诊部(所)	833	1638	79	2206	17	7
计划生育技术服务活动	834	8		22		
妇幼保健院(所、站)	835	22		11	1	
专科疾病防治院(所、站)	836	114	4	46	1	1
疾病预防控制中心	837	22	2	11		
其他卫生活动	839	510	30	152	5	1
社会工作	84	583	28	385	19	6
提供住宿社会工作	841	482	24	313	16	5
不提供住宿社会工作	842	101	4	72	3	1
文化、体育和娱乐业	**R**	**55060**	**2022**	**13485**	**691**	**260**
新闻和出版业	85	964	42	190	14	3
新闻业	851	89	1	21	3	
出版业	852	875	41	169	11	3
广播、电视、电影和影视录音制作业	86	6530	238	456	125	47
广播	861	183	5	28	1	
电视	862	416	22	37	3	
电影和影视节目制作	863	3711	99	133	20	9
电影和影视节目发行	864	431	16	21	10	1
电影放映	865	1376	88	197	86	36
录音制作	866	413	8	40	5	1
文化艺术业	87	20104	576	1716	92	19
文艺创作与表演	871	3653	132	680	26	5
艺术表演场馆	872	181	8	40	6	4
图书馆与档案馆	873	141	7	22		
文物及非物质文化遗产保护	874	209	17	61	2	1
博物馆	875	129	5	38	2	1
烈士陵园、纪念馆	876	10	1	8		
群众文化活动	877	2818	80	246	11	
其他文化艺术业	879	12963	326	621	45	8
体育	88	5501	190	543	210	65
体育组织	881	686	26	91	21	4
体育场馆	882	319	11	42	20	7
休闲健身活动	883	3782	133	359	159	50
其他体育	889	714	20	51	10	4
娱乐业	89	21961	976	10580	250	126
室内娱乐活动	891	17077	770	10092	150	99
游乐园	892	525	34	66	28	7
彩票活动	893	33	1	16	1	1
文化、娱乐、体育经纪代理	894	2928	92	124	22	4
其他娱乐业	899	1398	79	282	49	15
公共管理、社会保障和社会组织	**S**	**20**		**12**		
社会保障	93	20		12		
社会保障	930	20		12		

单位：个

与港、澳、台商合作经营	港、澳、台商独资	港、澳、台商投资股份有限公司	其他港、澳、台投资	外商投资企业	中外合资经营	中外合作经营	外资企业	外商投资股份有限公司	其他外商投资	代码
2	7		1	22	4	8	5		5	833
				1	1					834
	1			2			1	1		835
										836
										837
	4			15	5	3	6	1		839
	13			6	2	1	2		1	84
	11			6	2	1	2		1	841
	2									842
78	**306**	**21**	**26**	**585**	**189**	**66**	**249**	**23**	**58**	R
3	7		1	21	7	2	7		5	85
1	2			5			1		4	851
2	5		1	16	7	2	6		1	852
5	63	4	6	62	28	2	21	2	9	86
			1	2	1		1			861
	3			3	2				1	862
1	10			25	6	1	15		3	863
	9			2	1				1	864
4	37	4	5	27	16	1	5	2	3	865
	4			3	2				1	866
6	59	4	4	86	18	3	47	3	15	87
3	17	1		12	5		5		2	871
1	1			2	2					872
				1			1			873
	1			1		1				874
	1			3	1		2			875
										876
	9		2	14	1	1	9	2	1	877
2	30	3	2	53	9	1	30	1	12	879
41	96	4	4	200	52	32	96	12	8	88
3	14			12	5	1	5	1		881
4	9			9	3		4	1	1	882
34	68	3	4	162	37	30	80	10	5	883
	5	1		17	7	1	7		2	889
23	81	9	11	216	84	27	78	6	21	89
14	26	4	7	127	51	20	33	3	20	891
2	16	1	2	25	6	2	15	2		892
				1	1					893
1	15		2	17	9		7		1	894
6	24	4		46	17	5	23	1		899
										S
										93
										930

2-5 按地区、登记注册类型分组

(2014年)

地区	企业单位数	内资企业	国有企业	集体企业	股份合作企业	国有联营企业	集体联营企业
全国	**10617154**	**10385200**	**130216**	**147251**	**69767**	**2323**	**6893**
北京	619279	603677	6467	10944	14299	72	286
天津	240190	232672	3586	4543	891	61	245
河北	388801	386376	4814	6702	2148	59	215
山西	171179	170706	4610	3885	357	72	82
内蒙古	134578	134092	2341	958	612	26	73
辽宁	401336	392813	7242	11622	2493	58	232
吉林	113983	112950	2953	1746	616	34	113
黑龙江	132421	131484	4632	2700	1566	73	140
上海	403109	369549	2781	5849	1874	86	199
江苏	1184337	1150633	6929	10874	3394	142	377
浙江	1080455	1057529	3418	10126	10437	38	165
安徽	363443	361113	5271	3831	1922	80	174
福建	457591	442449	5975	6690	2303	136	377
江西	222139	220095	5109	2694	2355	115	377
山东	819061	806469	6873	7730	2539	84	253
河南	399985	398492	6079	5976	2161	231	548
湖北	429641	426474	5875	4680	1631	151	384
湖南	277672	275872	3661	3978	879	63	270
广东	1102077	1045534	10235	17145	8399	221	669
广西	230232	228648	3651	3601	596	37	118
海南	43752	43054	1424	694	346	26	55
重庆	316677	315096	2319	2182	1412	38	162
四川	260661	258536	4367	4339	2128	63	331
贵州	147403	146972	3407	1879	1042	85	230
云南	192072	190959	3093	3027	1064	68	201
西藏	9030	8970	657	378	64	20	66
陕西	207718	206637	5101	4713	782	88	319
甘肃	93913	93658	2327	2144	779	33	93
青海	29731	29586	956	466	167	11	28
宁夏	33919	33777	562	201	104	7	19
新疆	110769	110328	3501	954	407	45	92

的企业法人单位数

单位：个

国有与集体联营	其他联营	国有独资公司	其他有限责任公司	股份有限公司	私营独资	私营合伙	私营有限责任公司
1542	**10644**	**27969**	**1820122**	**145986**	**1883884**	**239247**	**4983152**
107	601	1452	147300	5248	34573	8492	363326
35	632	631	51949	2699	13158	4055	133379
29	135	827	86229	6412	67875	10619	154679
13	25	635	21332	2073	22380	2164	96777
16	53	498	36455	2893	14652	1936	54364
54	322	920	74339	7156	71993	3048	182205
11	66	436	26967	3230	21203	1271	38270
28	134	416	36570	3928	22439	2069	34049
205	131	1198	30242	1891	37183	6214	276499
123	1064	1559	91556	12104	201333	17383	735555
48	107	3075	53556	4387	201872	28576	703048
48	672	1147	61534	5805	54482	9854	172783
70	222	1305	90240	6728	54812	16306	214983
61	214	498	45376	5571	45765	15377	63220
61	125	1145	108296	9531	151929	10671	407460
83	781	749	105919	8665	118617	8124	67793
66	201	783	108826	5990	95930	11465	132582
49	137	1454	42254	6717	68079	14052	99822
165	3948	2025	238754	14765	158791	24992	499459
14	74	818	33690	4638	63753	4732	96329
15	33	177	15317	1088	2935	1082	15562
28	171	1004	38958	3662	127717	8227	98828
54	205	1195	66662	6152	58695	9260	80136
40	151	898	35528	2336	54875	5542	24336
27	106	824	41855	3604	38778	4241	69749
7	9	82	1194	236	2423	428	2232
32	166	722	77732	3653	40053	3889	50923
18	63	319	20440	2396	16261	2174	26716
8	20	177	3633	492	4650	832	12210
6	11	191	5344	519	4491	363	17326
21	65	809	22075	1417	12187	1809	58552

2-5 续表

地 区	私营股份有限公司	其他	港、澳、台商投资企业	与港、澳、台商合资经营	与港、澳、台商合作经营	港、澳、台商独资
全 国	**159905**	**756299**	**112076**	**26036**	**3651**	**77115**
北 京	7016	3494	6017	1245	202	4435
天 津	2141	14667	2156	742	43	1272
河 北	8044	37589	850	398	57	351
山 西	3342	12959	189	101	5	69
内蒙古	2366	16849	194	80	7	91
辽 宁	6805	24324	2261	1031	85	1061
吉 林	2512	13522	260	121	11	113
黑龙江	1916	20824	345	139	22	155
上 海	3116	2081	12616	2001	385	10083
江 苏	21860	46380	13464	4098	207	8737
浙 江	4139	34537	11059	4717	154	5179
安 徽	7457	36053	965	369	26	510
福 建	7358	34944	9746	1888	168	7347
江 西	6496	26867	1265	303	25	862
山 东	12357	87415	3177	1387	105	1572
河 南	4599	68167	728	294	37	357
湖 北	6126	51784	1266	482	43	660
湖 南	8396	26061	991	461	40	435
广 东	11872	54094	40312	4712	1870	31559
广 西	5592	11005	847	278	57	473
海 南	825	3475	383	102	15	229
重 庆	6248	24140	722	222	12	431
四 川	5489	19460	832	284	23	468
贵 州	1942	14681	215	88	6	108
云 南	3893	20429	496	203	14	231
西 藏	92	1082	19	4	2	9
陕 西	3292	15172	341	132	15	175
甘 肃	1893	18002	102	41	3	52
青 海	926	5010	62	28	5	19
宁 夏	652	3981	44	16	1	17
新 疆	1143	7251	152	69	6	55

单位：个

港、澳、台商投资股份有限公司	其他港、澳、台投资	外商投资企业	中外合资经营	中外合作经营	外资企业	外商投资股份有限公司	其他外商投资
2615	**2659**	**119878**	**34349**	**3150**	**76091**	**2825**	**3463**
96	39	9585	2254	229	6791	174	137
65	34	5362	1569	120	3468	117	88
27	17	1575	755	70	644	57	49
9	5	284	164	20	71	15	14
9	7	292	137	13	108	17	17
64	20	6262	2469	224	3274	173	122
8	7	773	306	31	379	26	31
17	12	592	243	20	253	44	32
122	25	20944	3103	412	17204	125	100
328	94	20240	5894	313	13310	449	274
158	851	11867	5617	229	5655	143	223
45	15	1365	547	29	655	56	78
264	79	5396	1403	103	3486	244	160
58	17	779	286	22	354	53	64
76	37	9415	3035	204	5846	175	155
34	6	765	405	44	244	40	32
63	18	1901	601	34	578	50	638
45	10	809	378	37	309	33	52
889	1282	16231	3097	762	10952	527	893
31	8	737	270	49	316	39	63
30	7	315	115	19	158	12	11
38	19	859	300	21	463	34	41
41	16	1293	543	47	601	62	40
9	4	216	82	15	89	18	12
35	13	617	180	18	312	43	64
3	1	41	17	2	16	4	2
17	2	740	302	25	329	52	32
4	2	153	75	7	53	11	7
8	2	83	32	10	27	12	2
6	4	98	58	3	29	5	3
16	6	289	112	18	117	15	27

2-6 按行业(中类)、

行业中类	代码	企业单位数	1949年及以前	1950-1977年
总计	--	**10617154**	**2879**	**50337**
农、林、牧、渔业	A	**547263**	**103**	**2410**
农业	01	233898	41	768
谷物种植	011	40912	25	305
豆类、油料和薯类种植	012	8215	5	36
棉、麻、糖、烟草种植	013	5439		129
蔬菜、食用菌及园艺作物种植	014	81509	4	55
水果种植	015	47034	3	105
坚果、含油果、香料和饮料作物种植	016	16587	4	78
中药材种植	017	17472		6
其他农业	019	16730		54
林业	02	46901	20	924
林木育种和育苗	021	34483	6	164
造林和更新	022	6622	1	144
森林经营和管护	023	4074	8	405
木材和竹材采运	024	954	5	116
林产品采集	025	768		95
畜牧业	03	152186	20	238
牲畜饲养	031	106570	14	163
家禽饲养	032	33732	2	18
狩猎和捕捉动物	033	733		
其他畜牧业	039	11151	4	57
渔业	04	46046	3	162
水产养殖	041	44298	3	141
水产捕捞	042	1748		21
农、林、牧、渔服务业	05	68232	19	318
农业服务业	051	52267	13	192
林业服务业	052	4404	2	68
畜牧服务业	053	8183	2	33
渔业服务业	054	3378	2	25
采矿业	B	**101658**	**46**	**920**
煤炭开采和洗选业	06	20533	22	499
烟煤和无烟煤开采洗选	061	18852	22	469
褐煤开采洗选	062	591		21
其他煤炭采选	069	1090		9
石油和天然气开采业	07	588	1	3
石油开采	071	370	1	3
天然气开采	072	218		
黑色金属矿采选业	08	16077	9	54
铁矿采选	081	14328	9	42
锰矿、铬矿采选	082	978		9
其他黑色金属矿采选	089	771		3
有色金属矿采选业	09	11109	4	83
常用有色金属矿采选	091	7751	2	54

开业(成立)时间分组的企业法人单位数

单位：个

1978-1991年	1992-1995年	1996年	1997年	1998年	1999年	2000年	代码
153957	**201478**	**67328**	**73882**	**120854**	**122716**	**186842**	--
2681	**2213**	**823**	**861**	**2517**	**1754**	**3807**	A
671	669	242	273	732	570	1184	01
157	106	32	28	79	80	140	011
16	13	4	5	18	3	21	012
39	17	4	5	14	9	33	013
147	248	80	118	349	240	485	014
136	159	57	64	131	115	276	015
91	62	21	25	70	58	86	016
18	12	9	11	25	20	58	017
67	52	35	17	46	45	85	019
659	291	102	90	290	195	500	02
183	124	45	48	177	119	328	021
99	50	15	8	30	31	97	022
283	85	31	28	68	28	59	023
80	18	5	6	9	12	10	024
14	14	6		6	5	6	025
450	492	229	262	737	546	1170	03
269	319	166	187	473	348	798	031
123	142	44	63	191	152	284	032
4	1		1	2	2	4	033
54	30	19	11	71	44	84	039
330	346	105	117	278	182	379	04
308	322	97	113	268	170	354	041
22	24	8	4	10	12	25	042
571	415	145	119	480	261	574	05
383	301	108	76	326	170	388	051
90	39	14	15	42	23	56	052
45	38	13	17	64	37	84	053
53	37	10	11	48	31	46	054
2949	**2480**	**989**	**905**	**1617**	**1319**	**2335**	B
1154	848	352	321	458	374	562	06
1095	818	336	301	441	356	537	061
23	10	8	12	9	12	13	062
36	20	8	8	8	6	12	069
14	18	7	11	14	19	23	07
9	14	3	9	7	16	22	071
5	4	4	2	7	3	1	072
232	243	101	76	180	165	322	08
199	219	87	65	161	145	292	081
24	12	10	9	13	17	19	082
9	12	4	2	6	3	11	089
357	306	118	123	178	180	284	09
192	178	68	69	122	104	187	091

2-6 续表 1

行业中类	代码	企业单位数	1949年及以前	1950-1977年
贵金属矿采选	092	2196	1	19
稀有稀土金属矿采选	093	1162	1	10
非金属矿采选业	10	48083	10	263
土砂石开采	101	40957	4	154
化学矿开采	102	1689		25
采盐	103	548	5	51
石棉及其他非金属矿采选	109	4889	1	33
开采辅助活动	11	3125		11
煤炭开采和洗选辅助活动	111	528		5
石油和天然气开采辅助活动	112	1868		4
其他开采辅助活动	119	729		2
其他采矿业	12	2143		7
其他采矿业	120	2143		7
制造业	C	**2616422**	**632**	**12273**
农副食品加工业	13	118957	35	903
谷物磨制	131	26940	16	184
饲料加工	132	13951	1	9
植物油加工	133	10815	7	85
制糖业	134	866		40
屠宰及肉类加工	135	19590	5	449
水产品加工	136	11005		42
蔬菜、水果和坚果加工	137	17024	1	21
其他农副食品加工	139	18766	5	73
食品制造业	14	55474	17	346
焙烤食品制造	141	14712	3	93
糖果、巧克力及蜜饯制造	142	5463	1	24
方便食品制造	143	9690	1	36
乳制品制造	144	1806	1	27
罐头食品制造	145	3465	2	17
调味品、发酵制品制造	146	7505	6	107
其他食品制造	149	12833	3	42
酒、饮料和精制茶制造业	15	44540	44	435
酒的制造	151	14894	38	233
饮料制造	152	14998	1	21
精制茶加工	153	14648	5	181
烟草制品业	16	454	12	17
烟叶复烤	161	212		1
卷烟制造	162	100	12	11
其他烟草制品制造	169	142		5
纺织业	17	125279	28	459
棉纺织及印染精加工	171	46750	13	222
毛纺织及染整精加工	172	7276	2	23
麻纺织及染整精加工	173	1408		12
丝绢纺织及印染精加工	174	3678	5	34
化纤织造及印染精加工	175	11411	1	8

单位：个

1978-1991年	1992-1995年	1996年	1997年	1998年	1999年	2000年	代码
140	111	41	44	39	57	69	092
25	17	9	10	17	19	28	093
1148	1000	388	361	736	549	1068	10
838	802	317	279	592	440	886	101
63	37	25	22	32	23	51	102
118	58	13	8	14	10	16	103
129	103	33	52	98	76	115	109
29	41	14	10	38	20	45	11
12	7		4	10	3	8	111
10	30	11	4	21	15	28	112
7	4	3	2	7	2	9	119
15	24	9	3	13	12	31	12
15	24	9	3	13	12	31	120
59775	**80123**	**26231**	**27936**	**45175**	**44613**	**67675**	**C**
2694	3381	1340	1381	2645	2397	3726	13
592	845	311	276	735	581	964	131
243	382	189	244	349	386	456	132
260	283	93	93	203	196	354	133
61	37	11	12	13	8	21	134
681	560	256	272	471	395	573	135
343	497	172	171	280	269	404	136
211	401	164	158	312	296	479	137
303	376	144	155	282	266	475	139
1391	1989	725	741	1281	1152	1690	14
303	431	174	150	302	230	360	141
176	307	97	109	175	139	173	142
198	246	98	86	177	179	257	143
58	66	29	32	58	52	89	144
111	164	36	64	91	88	142	145
283	314	123	132	217	201	278	146
262	461	168	168	261	263	391	149
1512	1518	614	691	1167	1107	1544	15
865	707	303	365	576	537	687	151
212	422	175	208	325	384	494	152
435	389	136	118	266	186	363	153
37	25	3	5	9	12	9	16
8	6	1	1	4	7	7	161
15	9	1	1	4	2	1	162
14	10	1	3	1	3	1	169
2356	3213	1087	1315	2087	2195	4065	17
938	1211	417	547	851	864	1655	171
231	315	105	102	167	178	280	172
56	40	12	23	27	26	65	173
126	156	46	47	92	80	184	174
87	152	57	93	165	190	383	175

2-6 续表 2

行业中类	代码	企业单位数	1949年及以前	1950-1977年
针织或钩针编织物及其制品制造	176	20717	2	59
家用纺织制成品制造	177	18528	2	58
非家用纺织制成品制造	178	15511	3	43
纺织服装、服饰业	18	145913	11	307
机织服装制造	181	97600	9	227
针织或钩针编织服装制造	182	21389		31
服饰制造	183	26924	2	49
皮革、毛皮、羽毛及其制品和制鞋业	19	69782	12	170
皮革鞣制加工	191	3353	1	19
皮革制品制造	192	22302	2	33
毛皮鞣制及制品加工	193	5022	2	17
羽毛(绒)加工及制品制造	194	2248		6
制鞋业	195	36857	7	95
木材加工和木、竹、藤、棕、草制品业	20	81168	6	234
木材加工	201	32224	3	121
人造板制造	202	16905	2	18
木制品制造	203	23224		57
竹、藤、棕、草等制品制造	204	8815	1	38
家具制造业	21	55923	4	106
木质家具制造	211	38354	4	77
竹、藤家具制造	212	912		4
金属家具制造	213	6251		15
塑料家具制造	214	1053		1
其他家具制造	219	9353		9
造纸和纸制品业	22	61963	20	216
纸浆制造	221	534		6
造纸	222	16047	18	99
纸制品制造	223	45382	2	111
印刷和记录媒介复制业	23	75046	78	682
印刷	231	68140	73	617
装订及印刷相关服务	232	6639	5	64
记录媒介复制	233	267		1
文教、工美、体育和娱乐用品制造业	24	88489	8	272
文教办公用品制造	241	8850	1	59
乐器制造	242	2080		10
工艺美术品制造	243	57122	6	179
体育用品制造	244	7519		11
玩具制造	245	10904	1	10
游艺器材及娱乐用品制造	246	2014		3
石油加工及炼焦	25	7623	11	55
精炼石油产品制造	251	6082	9	40
炼焦	252	1541	2	15
化学原料和化学制品制造业	26	113977	35	787
基础化学原料制造	261	18534	15	170
肥料制造	262	12566	1	171

单位：个

1978-1991年	1992-1995年	1996年	1997年	1998年	1999年	2000年	代码
312	474	166	190	282	322	586	176
254	375	130	161	248	255	423	177
352	490	154	152	255	280	489	178
1975	3583	1117	1182	1750	1982	3536	18
1399	2432	771	799	1185	1333	2391	181
322	706	209	216	312	376	625	182
254	445	137	167	253	273	520	183
1103	2191	699	641	942	1016	1387	19
78	177	51	51	107	77	104	191
268	553	148	142	252	274	396	192
53	67	21	26	38	47	105	193
61	71	33	36	40	43	75	194
643	1323	446	386	505	575	707	195
1102	1390	555	529	1004	982	1690	20
454	406	182	160	353	343	550	201
148	266	98	129	229	230	398	202
363	504	181	171	291	279	481	203
137	214	94	69	131	130	261	204
633	1152	469	533	772	756	1108	21
454	796	332	385	541	532	781	211
14	25	3	5	11	12	15	212
86	174	75	63	103	102	154	213
13	29	10	8	13	16	12	214
66	128	49	72	104	94	146	219
1563	2092	771	774	1170	1199	1640	22
17	31	11	7	11	6	16	221
527	635	252	234	329	387	480	222
1019	1426	508	533	830	806	1144	223
4348	4298	1244	1421	2051	1691	2650	23
3845	3898	1127	1290	1862	1526	2419	231
491	382	113	120	180	150	226	232
12	18	4	11	9	15	5	233
1777	2711	812	820	1369	1441	2153	24
241	315	120	126	204	199	302	241
56	87	25	16	33	48	73	242
1032	1593	471	474	829	873	1309	243
116	232	79	69	111	113	181	244
307	440	99	109	156	179	249	245
25	44	18	26	36	29	39	246
213	298	88	97	172	157	226	25
180	249	77	81	148	136	194	251
33	49	11	16	24	21	32	252
3606	4877	1599	1724	2892	2746	4099	26
682	783	275	266	504	452	683	261
222	299	139	108	250	184	332	262

2-6 续表 3

行业中类	代码	企业单位数	1949年及以前	1950-1977年
农药制造	263	2688	2	35
涂料、油墨、颜料及类似产品制造	264	20756	6	84
合成材料制造	265	11305	3	39
专用化学产品制造	266	29603	3	134
炸药、火工及焰火产品制造	267	6402	1	106
日用化学产品制造	268	12123	4	48
医药制造业	27	21457	26	254
化学药品原料药制造	271	2922	5	40
化学药品制剂制造	272	2534	8	60
中药饮片加工	273	3277		18
中成药生产	274	3392	9	105
兽用药品制造	275	1674		14
生物药品制造	276	3972	4	5
卫生材料及医药用品制造	277	3686		12
化学纤维制造业	28	6723	1	13
纤维素纤维原料及纤维制造	281	1220	1	5
合成纤维制造	282	5503		8
橡胶和塑料制品业	29	158700	6	373
橡胶制品业	291	27652	1	126
塑料制品业	292	131048	5	247
非金属矿物制品业	30	246035	45	1642
水泥、石灰和石膏制造	301	15823	9	402
石膏、水泥制品及类似制品制造	302	57162	8	174
砖瓦、石材等建筑材料制造	303	105430	13	673
玻璃制造	304	4382	1	18
玻璃制品制造	305	14375	4	58
玻璃纤维和玻璃纤维增强塑料制品制造	306	5755		23
陶瓷制品制造	307	14387	4	124
耐火材料制品制造	308	13021	5	99
石墨及其他非金属矿物制品制造	309	15700	1	71
黑色金属冶炼和压延加工业	31	41423	7	289
炼铁	311	1806		13
炼钢	312	1048		16
黑色金属铸造	313	18110	2	141
钢压延加工	314	17021	5	104
铁合金冶炼	315	3438		15
有色金属冶炼和压延加工业	32	28890	11	111
常用有色金属冶炼	321	5734	6	32
贵金属冶炼	322	797		14
稀有稀土金属冶炼	323	1165		6
有色金属合金制造	324	3506	1	12
有色金属铸造	325	2241	2	8
有色金属压延加工	326	15447	2	39
金属制品业	33	222238	30	740
结构性金属制品制造	331	73799	7	151

单位：个

1978-1991年	1992-1995年	1996年	1997年	1998年	1999年	2000年	代码
166	157	57	59	103	103	124	263
619	1032	302	372	588	611	822	264
282	393	134	156	239	212	369	265
1025	1383	413	455	736	743	1022	266
273	203	76	63	135	124	325	267
337	627	203	245	337	317	422	268
700	1092	343	342	571	492	720	27
122	160	52	50	88	79	115	271
150	237	63	63	98	75	107	272
59	69	34	29	47	35	64	273
165	245	84	73	134	102	149	274
60	73	20	33	55	61	74	275
52	156	44	49	68	62	105	276
92	152	46	45	81	78	106	277
123	197	74	71	96	124	241	28
27	46	12	13	15	21	47	281
96	151	62	58	81	103	194	282
3389	5014	1649	1747	2848	2971	4360	29
809	977	358	323	566	552	796	291
2580	4037	1291	1424	2282	2419	3564	292
8431	8532	2905	2525	4738	4063	6192	30
760	673	205	195	390	318	489	301
1404	1536	572	473	954	752	1303	302
4510	4097	1322	1044	2018	1706	2561	303
63	116	38	35	49	52	80	304
272	354	135	114	206	219	343	305
178	227	82	82	126	111	170	306
307	501	184	188	311	294	402	307
561	625	186	213	371	311	384	308
376	403	181	181	313	300	460	309
1519	1825	519	586	953	913	1275	31
44	61	20	18	30	27	47	311
23	47	9	8	19	16	27	312
960	1014	268	318	532	472	656	313
397	613	187	198	311	342	461	314
95	90	35	44	61	56	84	315
676	978	307	360	537	524	806	32
145	177	59	63	117	103	165	321
25	40	11	15	7	16	37	322
27	45	12	20	36	19	39	323
73	110	39	35	77	60	98	324
68	93	24	24	53	45	62	325
338	513	162	203	247	281	405	326
4300	5887	1868	2042	3310	3572	5043	33
1038	1655	542	570	995	1068	1490	331

2-6 续表 4

行业中类	代码	企业单位数	1949年及以前	1950-1977年
金属工具制造	332	25563	5	169
集装箱及金属包装容器制造	333	6549	2	45
金属丝绳及其制品制造	334	11473	3	49
建筑、安全用金属制品制造	335	32128	4	80
金属表面处理及热处理加工	336	12538		83
搪瓷制品制造	337	1987		10
金属制日用品制造	338	19267	4	45
其他金属制品制造	339	38934	5	108
通用设备制造业	34	246951	63	1252
锅炉及原动设备制造	341	10239	9	144
金属加工机械制造	342	43807	15	216
物料搬运设备制造	343	10851	4	87
泵、阀门、压缩机及类似机械制造	344	34001	13	230
轴承、齿轮和传动部件制造	345	17644	1	125
烘炉、风机、衡器、包装等设备制造	346	24371	5	124
文化、办公用机械制造	347	2846	1	12
通用零部件制造	348	84591	9	265
其他通用设备制造业	349	18601	6	49
专用设备制造业	35	166834	33	842
采矿、冶金、建筑专用设备制造	351	28038	10	212
化工、木材、非金属加工专用设备制造	352	49084	4	86
食品、饮料、烟草及饲料生产专用设备制造	353	5164		53
印刷、制药、日化及日用品生产专用设备制造	354	10038	5	56
纺织、服装和皮革加工专用设备制造	355	11379	3	88
电子和电工机械专用设备制造	356	13587	1	29
农、林、牧、渔专用机械制造	357	10900	5	169
医疗仪器设备及器械制造	358	9609	2	60
环保、社会公共服务及其他专用设备制造	359	29035	3	89
汽车制造业	36	62546	18	326
汽车整车制造	361	890	6	17
改装汽车制造	362	1195	5	33
低速载货汽车制造	363	106		3
电车制造	364	612		1
汽车车身、挂车制造	365	1109		6
汽车零部件及配件制造	366	58634	7	266
铁路、船舶、航空航天和其他运输设备制造业	37	30208	27	239
铁路运输设备制造	371	3205	14	60
城市轨道交通设备制造	372	170		3
船舶及相关装置制造	373	8988	11	108
航空、航天器及设备制造	374	967	1	15
摩托车制造	375	7967		27
自行车制造	376	6927	1	17
非公路休闲车及零配件制造	377	799		3
潜水救捞及其他未列明运输设备制造	379	1185		6
电气机械和器材制造业	38	159576	25	599

单位：个

1978-1991年	1992-1995年	1996年	1997年	1998年	1999年	2000年	代码
532	734	227	275	437	451	674	332
230	322	82	105	152	159	184	333
225	308	97	114	184	187	241	334
541	742	269	282	414	482	734	335
687	568	153	173	295	315	385	336
29	39	28	14	32	24	24	337
288	532	181	198	256	337	472	338
730	987	289	311	545	549	839	339
5432	7093	2280	2548	4038	3952	5900	34
393	434	134	172	259	231	315	341
810	950	315	374	604	560	868	342
246	382	105	150	185	183	257	343
908	1334	402	452	750	684	1067	344
453	599	233	190	319	344	546	345
508	876	287	294	468	502	693	346
72	123	31	29	41	42	77	347
1832	2111	688	787	1231	1236	1808	348
210	284	85	100	181	170	269	349
3021	4057	1339	1504	2473	2355	3680	35
558	670	246	259	486	400	587	351
600	904	305	348	519	580	977	352
174	206	77	65	120	108	145	353
212	345	104	144	180	192	261	354
351	389	139	167	226	231	438	355
147	240	68	84	147	157	234	356
313	270	104	85	198	178	260	357
203	356	109	115	179	171	258	358
463	677	187	237	418	338	520	359
1220	1840	579	652	957	1000	1432	36
30	38	20	20	19	16	19	361
52	58	18	11	27	23	30	362
5	5	4	2	5	3	6	363
3	3		2	2	2	7	364
16	22	6	7	10	19	16	365
1114	1714	531	610	894	937	1354	366
773	1097	323	354	534	579	804	37
217	164	42	36	60	74	111	371
5	3	3		1	5	2	372
214	267	67	73	121	121	157	373
23	19	5	6	14	13	20	374
196	439	158	161	215	264	289	375
94	176	41	64	101	82	180	376
9	17	5	5	8	7	23	377
15	12	2	9	14	13	22	379
2977	4774	1519	1710	2405	2735	3798	38

2-6 续表 5

行业中类	代码	企业单位数	1949年及以前	1950-1977年
电机制造	381	16024	4	110
输配电及控制设备制造	382	53281	9	255
电线、电缆、光缆及电工器材制造	383	23081	4	89
电池制造	384	5058	4	23
家用电力器具制造	385	20366	3	44
非电力家用器具制造	386	5610		10
照明器具制造	387	26946	1	52
其他电气机械及器材制造	389	9210		16
计算机、通信和其他电子设备制造业	39	86373	4	166
计算机制造	391	7940		5
通信设备制造	392	7213	1	30
广播电视设备制造	393	3153	1	3
雷达及配套设备制造	394	207		11
视听设备制造	395	5119		6
电子器件制造	396	13354		32
电子元件制造	397	34622	1	64
其他电子设备制造	399	14765	1	15
仪器仪表制造业	40	34225	9	234
通用仪器仪表制造	401	17435	5	113
专用仪器仪表制造	402	5826	2	69
钟表与计时仪器制造	403	2390	2	18
光学仪器及眼镜制造	404	5664		22
其他仪器仪表制造业	409	2910		12
其他制造业	41	32760	3	64
日用杂品制造	411	11482	2	26
煤制品制造	412	3151		6
其他未列明制造业	419	18127	1	32
废弃资源综合利用业	42	11177	1	21
金属废料和碎屑加工处理	421	5897	1	10
非金属废料和碎屑加工处理	422	5280		11
金属制品、机械和设备修理业	43	15718	2	119
金属制品修理	431	938		5
通用设备修理	432	2230	1	14
专用设备修理	433	2221		27
铁路、船舶、航空航天等运输设备修理	434	4670		50
电气设备修理	435	1242		5
仪器仪表修理	436	307		
其他机械和设备修理业	439	4110	1	18
电力、热力、燃气及水生产和供应业	**D**	**77815**	**135**	**2880**
电力、热力生产和供应业	44	50789	79	2080
电力生产	441	41192	35	1390
电力供应	442	4264	44	676
热力生产和供应	443	5333		14
燃气生产和供应业	45	6881	6	15
燃气生产和供应业	450	6881	6	15

单位：个

1978-1991年	1992-1995年	1996年	1997年	1998年	1999年	2000年	代码
315	492	147	176	267	298	415	381
1224	1741	516	634	836	1071	1291	382
637	920	300	355	524	502	684	383
82	150	34	46	66	67	117	384
269	565	233	185	282	299	495	385
46	103	42	53	53	64	115	386
298	644	209	206	298	344	519	387
106	159	38	55	79	90	162	389
951	2192	600	738	1048	1069	1802	39
48	149	39	44	85	86	127	391
111	265	82	89	126	143	188	392
51	132	35	45	73	54	99	393
4	6	3	3	2	3	4	394
72	174	41	76	65	63	111	395
142	310	64	97	132	120	271	396
446	941	271	294	430	469	791	397
77	215	65	90	135	131	211	399
875	1420	435	494	673	742	1019	40
483	721	235	283	391	420	549	401
150	236	73	76	113	132	158	402
85	151	33	34	32	46	58	403
97	206	62	65	89	95	160	404
60	106	32	36	48	49	94	409
473	716	189	231	381	373	630	41
235	390	101	123	172	176	309	411
75	99	34	30	89	58	101	412
163	227	54	78	120	139	220	419
137	143	47	55	99	121	174	42
81	82	30	33	44	72	83	421
56	61	17	22	55	49	91	422
468	548	132	123	203	195	276	43
35	30	11	9	9	10	20	431
60	75	25	16	40	30	44	432
76	88	16	16	30	30	33	433
168	177	36	48	71	51	71	434
28	43	18	7	14	17	33	435
12	12	2	1	3	5	8	436
89	123	24	26	36	52	67	439
6603	**3355**	**1079**	**1121**	**1763**	**1589**	**2170**	**D**
4214	2136	747	759	1226	1126	1423	44
3431	1714	650	646	1023	902	1152	441
611	261	64	66	136	163	157	442
172	161	33	47	67	61	114	443
147	190	58	65	104	121	165	45
147	190	58	65	104	121	165	450

2-6 续表 6

行业中类	代码	企业单位数	1949年及以前	1950-1977年
水的生产和供应业	46	20145	50	785
自来水生产和供应	461	14937	49	782
污水处理及其再生利用	462	4161		3
其他水的处理、利用与分配	469	1047	1	
建筑业	E	**464930**	**98**	**4551**
房屋建筑业	47	93480	58	3259
房屋建筑业	470	93480	58	3259
土木工程建筑业	48	81659	21	930
铁路、道路、隧道和桥梁工程建筑	481	31062	11	350
水利和内河港口工程建筑	482	7163	3	306
海洋工程建筑	483	248		
工矿工程建筑	484	3632	3	92
架线和管道工程建筑	485	9554	2	82
其他土木工程建筑	489	30000	2	100
建筑安装业	49	80559	11	227
电气安装	491	20524	4	49
管道和设备安装	492	18199	1	72
其他建筑安装业	499	41836	6	106
建筑装饰和其他建筑业	50	209232	8	135
建筑装饰业	501	153924	7	53
工程准备活动	502	18172		29
提供施工设备服务	503	5546	1	7
其他未列明建筑业	509	31590		46
批发和零售业	F	**3510668**	**1156**	**16276**
批发业	51	2178369	378	7412
农、林、牧产品批发	511	123694	67	1551
食品、饮料及烟草制品批发	512	218262	70	1295
纺织、服装及家庭用品批发	513	290748	13	337
文化、体育用品及器材批发	514	76021	20	128
医药及医疗器材批发	515	59708	3	285
矿产品、建材及化工产品批发	516	634118	163	2919
机械设备、五金产品及电子产品批发	517	524678	19	449
贸易经纪与代理	518	86680	12	176
其他批发业	519	164460	11	272
零售业	52	1332299	778	8864
综合零售	521	152428	323	5102
食品、饮料及烟草制品专门零售	522	136422	42	1143
纺织、服装及日用品专门零售	523	148418	26	477
文化、体育用品及器材专门零售	524	82431	298	811
医药及医疗器材专门零售	525	107452	24	511
汽车、摩托车、燃料及零配件专门零售	526	172677	21	212
家用电器及电子产品专门零售	527	190089	8	92
五金、家具及室内装饰材料专门零售	528	192641	9	244
货摊、无店铺及其他零售业	529	149741	27	272

单位：个

1978-1991年	1992-1995年	1996年	1997年	1998年	1999年	2000年	代码
2242	1029	274	297	433	342	582	46
2181	947	238	281	378	296	498	461
24	28	13	6	31	33	59	462
37	54	23	10	24	13	25	469
10907	**13704**	**3915**	**4251**	**6424**	**6131**	**7670**	E
5811	4688	1118	1181	1852	1520	1899	47
5811	4688	1118	1181	1852	1520	1899	470
2312	2656	622	707	1179	1088	1387	48
937	1160	275	304	503	437	587	481
453	387	61	73	118	125	149	482
5	4	1	1	2	3	4	483
148	151	31	30	70	56	81	484
398	442	113	109	180	182	218	485
371	512	141	190	306	285	348	489
1479	2447	789	930	1287	1351	1575	49
472	763	256	328	415	424	507	491
426	668	194	231	302	340	426	492
581	1016	339	371	570	587	642	499
1305	3913	1386	1433	2106	2172	2809	50
886	3147	1156	1179	1635	1688	2175	501
138	321	74	91	176	183	225	502
43	49	21	23	41	45	73	503
238	396	135	140	254	256	336	509
33077	**43142**	**16879**	**19379**	**33530**	**35036**	**52326**	F
17880	25585	9974	11644	20449	21842	32062	51
2367	1413	472	439	1057	968	1657	511
2877	2338	934	971	1862	1863	2756	512
1325	2444	1009	1341	2063	2401	3668	513
461	905	388	437	709	788	1217	514
562	884	301	381	685	721	1002	515
5922	9010	3477	3933	7005	7523	10576	516
2394	6084	2474	3169	5379	5888	8445	517
563	829	306	295	494	511	886	518
1409	1678	613	678	1195	1179	1855	519
15197	17557	6905	7735	13081	13194	20264	52
5017	2486	866	895	1488	1387	2327	521
2036	1495	601	619	1064	1191	1737	522
1271	1478	646	745	1211	1198	2021	523
1026	1260	451	532	831	939	1350	524
1088	1139	474	445	958	861	1465	525
1669	4022	1394	1692	2731	2603	3944	526
619	1586	827	988	1703	1943	3055	527
1349	2347	926	1094	1837	1861	2523	528
1122	1744	720	725	1258	1211	1842	529

2-6 续表 7

行业中类	代码	企业单位数	1949年及以前	1950-1977年
交通运输、仓储和邮政业	G	**311134**	**222**	**2768**
铁路运输业	53	3028	23	77
铁路旅客运输	531	465	10	26
铁路货物运输	532	1167	4	15
铁路运输辅助活动	533	1396	9	36
道路运输业	54	163981	70	1062
城市公共交通运输	541	10925	8	205
公路旅客运输	542	9562	34	331
道路货物运输	543	131357	20	358
道路运输辅助活动	544	12137	8	168
水上运输业	55	12027	9	252
水上旅客运输	551	1210	2	38
水上货物运输	552	7447	1	176
水上运输辅助活动	553	3370	6	38
航空运输业	56	1671		6
航空客货运输	561	696		2
通用航空服务	562	402		
航空运输辅助活动	563	573		4
管道运输业	57	366	1	2
管道运输业	570	366	1	2
装卸搬运和运输代理业	58	85893	23	349
装卸搬运	581	14419	20	301
运输代理业	582	71474	3	48
仓储业	59	29391	63	969
谷物、棉花等农产品仓储	591	9761	60	811
其他仓储业	599	19630	3	158
邮政业	60	14777	33	51
邮政基本服务	601	1233	31	46
快递服务	602	13544	2	5
住宿和餐饮业	H	**230530**	**64**	**1149**
住宿业	61	81095	33	706
旅游饭店	611	26276	23	338
一般旅馆	612	46849	9	335
其他住宿业	619	7970	1	33
餐饮业	62	149435	31	443
正餐服务	621	115960	24	359
快餐服务	622	10723	3	24
饮料及冷饮服务	623	7030	2	1
其他餐饮业	629	15722	2	59
信息传输、软件和信息技术服务业	I	**280125**	**29**	**63**
电信、广播电视和卫星传输服务	63	13448	20	44
电信	631	10205	18	31
广播电视传输服务	632	2924	2	11
卫星传输服务	633	319		2
互联网和相关服务	64	33801	4	9
互联网接入及相关服务	641	3836		2

单位：个

1978-1991年	1992-1995年	1996年	1997年	1998年	1999年	2000年	代码
5987	**6181**	**2018**	**2234**	**3854**	**3383**	**4797**	G
156	88	35	19	37	38	51	53
12	8	9	6	2	4	8	531
51	38	17	8	19	20	22	532
93	42	9	5	16	14	21	533
2564	2951	1021	1193	1818	1815	2545	54
413	878	270	314	404	344	401	541
491	357	145	153	312	237	363	542
1229	1317	429	542	851	967	1496	543
431	399	177	184	251	267	285	544
636	450	117	144	225	198	249	55
121	54	19	18	26	28	31	551
397	273	69	88	139	122	160	552
118	123	29	38	60	48	58	553
30	59	21	16	36	21	35	56
14	28	7	8	13	9	15	561
2	7	4	5	7	5	2	562
14	24	10	3	16	7	18	563
11	11		3	3	4	12	57
11	11		3	3	4	12	570
1104	1423	541	513	766	731	1137	58
631	356	112	95	161	125	218	581
473	1067	429	418	605	606	919	582
1394	1127	256	285	558	418	577	59
779	407	104	115	298	194	243	591
615	720	152	170	260	224	334	599
92	72	27	61	411	158	191	60
72	32	12	39	350	90	75	601
20	40	15	22	61	68	116	602
4872	**4709**	**1768**	**1886**	**2853**	**2836**	**4115**	H
3387	2668	921	976	1395	1294	1712	61
1248	1167	407	457	604	584	694	611
1879	1282	447	451	705	631	892	612
260	219	67	68	86	79	126	619
1485	2041	847	910	1458	1542	2403	62
1236	1732	699	732	1208	1278	1984	621
107	148	75	88	99	114	159	622
15	29	11	22	38	46	75	623
127	132	62	68	113	104	185	629
515	**1765**	**745**	**957**	**1572**	**2284**	**4004**	I
176	279	81	115	231	449	544	63
96	144	49	80	158	371	407	631
74	117	29	32	67	70	126	632
6	18	3	3	6	8	11	633
40	113	75	63	132	199	472	64
7	17	7	9	25	26	57	641

2-6 续表 8

行业中类	代码	企业单位数	1949年及以前	1950-1977年
互联网信息服务	642	24128	3	6
其他互联网服务	649	5837	1	1
软件和信息技术服务业	65	232876	5	10
软件开发	651	140675	3	3
信息系统集成服务	652	20963	1	4
信息技术咨询服务	653	39899		3
数据处理和存储服务	654	3839	1	
集成电路设计	655	3011		
其他信息技术服务业	659	24489		
金融业	**J**	**85730**	**55**	**555**
货币金融服务	66	31091	22	534
中央银行服务	661	126	7	10
货币银行服务	662	11177	13	518
非货币银行服务	663	19763	2	6
银行监管服务	664	25		
资本市场服务	67	28623	4	3
证券市场服务	671	2345	1	
期货市场服务	672	367		
证券期货监管服务	673	28		
资本投资服务	674	19965	2	2
其他资本市场服务	679	5918	1	1
保险业	68	15057	28	12
人身保险	681	5266	11	2
财产保险	682	5641	16	4
再保险	683	30		
养老金	684	176		2
保险经纪与代理服务	685	3002		1
保险监管服务	686	19		
其他保险活动	689	923	1	3
其他金融业	69	10959	1	6
金融信托与管理服务	691	2933	1	2
控股公司服务	692	1510		
非金融机构支付服务	693	435		
金融信息服务	694	1772		1
其他未列明金融业	699	4309		3
房地产业	**K**	**409795**	**52**	**2096**
房地产业	70	409795	52	2096
房地产开发经营	701	170428	6	52
物业管理	702	122856	7	126
房地产中介服务	703	77900	1	57
自有房地产经营活动	704	22368	29	1438
其他房地产业	709	16243	9	423
租赁和商务服务业	**L**	**1025732**	**94**	**1340**
租赁业	71	68518	3	81
机械设备租赁	711	66028	2	71

单位：个

1978-1991年	1992-1995年	1996年	1997年	1998年	1999年	2000年	代码
29	87	61	43	85	146	361	642
4	9	7	11	22	27	54	649
299	1373	589	779	1209	1636	2988	65
140	716	334	462	689	989	1847	651
40	175	73	100	172	190	405	652
70	287	91	116	190	269	422	653
3	12	8	8	21	23	37	654
3	24	13	8	23	20	43	655
43	159	70	85	114	145	234	659
1984	**1323**	**926**	**679**	**603**	**446**	**623**	**J**
1681	821	523	336	328	223	225	66
27	4	2	4	4	3	4	661
1577	640	471	268	183	149	131	662
75	177	50	64	141	71	89	663
2						1	664
62	294	85	85	106	101	209	67
22	45	15	14	10	13	27	671
2	98	24	3	1	1	2	672
							673
31	107	32	40	73	66	150	674
7	44	14	28	22	21	30	679
176	147	297	238	145	75	114	68
32	35	164	111	53	31	56	681
134	95	126	122	86	34	35	682
		1				1	683
5	2		1		1		684
2	7	1		4	3	19	685
	1						686
3	7	5	4	2	6	3	689
65	61	21	20	24	47	75	69
38	20	4	6	6	11	18	691
15	21	8	10	9	10	6	692
1	1	2		2	4	3	693
2	3	1		3	3	8	694
9	16	6	4	4	19	40	699
6231	**14398**	**3462**	**3998**	**6410**	**6500**	**9277**	**K**
6231	14398	3462	3998	6410	6500	9277	70
2001	8134	1507	1810	3269	2944	4490	701
818	2568	1102	1217	1771	2121	2739	702
277	724	235	341	473	631	945	703
2576	2201	451	467	630	585	769	704
559	771	167	163	267	219	334	709
7906	**13939**	**3967**	**5005**	**6691**	**8168**	**13385**	**L**
310	591	253	238	368	388	588	71
281	559	239	227	339	367	555	711

2-6 续表 9

行业中类	代码	企业单位数	1949年及以前	1950-1977年
文化及日用品出租	712	2490	1	10
商务服务业	72	957214	91	1259
企业管理服务	721	203576	67	889
法律服务	722	10595	1	6
咨询与调查	723	262146	6	35
广告业	724	195200	3	21
知识产权服务	725	8258		1
人力资源服务	726	53158	2	26
旅行社及相关服务	727	39370	5	35
安全保护服务	728	9058		5
其他商务服务业	729	175853	7	241
科学研究和技术服务业	**M**	**408386**	**30**	**827**
研究和试验发展	73	46996	1	120
自然科学研究和试验发展	731	4616		13
工程和技术研究和试验发展	732	27708		81
农业科学研究和试验发展	733	5731	1	19
医学研究和试验发展	734	8283		7
社会人文科学研究	735	658		
专业技术服务业	74	213054	20	588
气象服务	741	930		5
地震服务	742	230		1
海洋服务	743	391		
测绘服务	744	6231	2	5
质检技术服务	745	14567	3	22
环境与生态监测	746	3336	1	2
地质勘查	747	4808	1	56
工程技术	748	92203	9	351
其他专业技术服务业	749	90358	4	146
科技推广和应用服务业	75	148336	9	119
技术推广服务	751	120700	8	97
科技中介服务	752	8127	1	5
其他科技推广和应用服务业	759	19509		17
水利、环境和公共设施管理业	**N**	**54616**	**14**	**189**
水利管理业	76	4779	4	127
防洪除涝设施管理	761	491		13
水资源管理	762	1133	1	23
天然水收集与分配	763	672	1	57
水文服务	764	296	1	4
其他水利管理业	769	2187	1	30
生态保护和环境治理业	77	7263	1	22
生态保护	771	1211		21
环境治理业	772	6052	1	1
公共设施管理业	78	42574	9	40
市政设施管理	781	4817	2	11

单位：个

1978-1991年	1992-1995年	1996年	1997年	1998年	1999年	2000年	代码
29	32	14	11	29	21	33	712
7596	13348	3714	4767	6323	7780	12797	72
3798	4634	905	1464	1339	1337	2023	721
320	601	162	136	230	239	452	722
619	1990	627	730	1142	2171	3943	723
310	2076	785	1090	1478	1605	2512	724
15	69	22	33	35	52	60	725
413	454	129	118	231	245	472	726
592	979	303	336	570	700	1087	727
289	270	46	58	66	83	118	728
1240	2275	735	802	1232	1348	2130	729
3662	**6476**	**1855**	**1855**	**3046**	**3543**	**5524**	**M**
292	564	131	150	287	313	548	73
23	35	7	13	17	21	43	731
165	338	75	85	159	166	273	732
63	71	19	26	48	43	84	733
35	111	29	25	59	78	137	734
6	9	1	1	4	5	11	735
2590	4478	1354	1306	2082	2419	3620	74
21	44	5	15	12	22	44	741
1	5		1	4	3	6	742
6	24	3	5	2		6	743
56	119	35	21	53	62	114	744
218	363	115	92	151	182	241	745
23	42	14	7	19	22	33	746
157	164	22	33	59	63	75	747
1523	2614	761	692	1121	1300	1906	748
585	1103	399	440	661	765	1195	749
780	1434	370	399	677	811	1356	75
627	1096	301	313	522	659	1080	751
82	143	27	40	71	54	113	752
71	195	42	46	84	98	163	759
650	**1077**	**323**	**364**	**625**	**651**	**1078**	**N**
200	183	46	35	92	72	120	76
20	17	5	3	14	9	14	761
50	54	12	7	19	23	28	762
59	27	5	5	24	11	20	763
9	8	3	1	4	2	5	764
62	77	21	19	31	27	53	769
62	107	28	32	71	94	137	77
19	33	8	11	17	28	45	771
43	74	20	21	54	66	92	772
388	787	249	297	462	485	821	78
74	157	44	31	59	67	81	781

2-6 续表 10

行业中类	代码	企业单位数	1949年及以前	1950-1977年
环境卫生管理	782	4162	1	5
城乡市容管理	783	1208		
绿化管理	784	20921	2	11
公园和游览景区管理	785	11466	4	13
居民服务、修理和其他服务业	**O**	**220268**	**18**	**442**
居民服务业	79	79578	8	164
家庭服务	791	13936		3
托儿所服务	792	345		
洗染服务	793	3707	1	4
理发及美容服务	794	18166	3	52
洗浴服务	795	8335	1	17
保健服务	796	7413		2
婚姻服务	797	6522		2
殡葬服务	798	2977	1	19
其他居民服务业	799	18177	2	65
机动车、电子产品和日用产品修理业	80	87071	7	218
汽车、摩托车修理与维护	801	63148	7	184
计算机和办公设备维修	802	9820		3
家用电器修理	803	9878		9
其他日用产品修理业	809	4225		22
其他服务业	81	53619	3	60
清洁服务	811	26926	3	5
其他未列明服务业	819	26693		55
教育	**P**	**48867**	**7**	**116**
教育	82	48867	7	116
学前教育	821	6659	2	52
初等教育	822	589	3	12
中等教育	823	949	1	20
高等教育	824	216		2
特殊教育	825	288		
技能培训、教育辅助及其他教育	829	40166	1	30
卫生和社会工作	**Q**	**27151**	**57**	**802**
卫生	83	25068	56	792
医院	831	9279	37	276
社区医疗与卫生院	832	2772	6	235
门诊部(所)	833	10804	11	256
计划生育技术服务活动	834	77		1
妇幼保健院(所、站)	835	97		4
专科疾病防治院(所、站)	836	421		9
疾病预防控制中心	837	112	2	5
其他卫生活动	839	1506		6
社会工作	84	2083	1	10
提供住宿社会工作	841	1716		7
不提供住宿社会工作	842	367	1	3

单位：个

1978-1991年	1992-1995年	1996年	1997年	1998年	1999年	2000年	代码
28	60	28	18	26	50	87	782
5	8	3	6	10	11	13	783
123	326	91	129	210	216	393	784
158	236	83	113	157	141	247	785
2796	**3815**	**1339**	**1500**	**2336**	**2482**	**3576**	O
708	952	337	458	774	835	1233	79
29	35	18	20	54	56	111	791
5	1	2	2	2	2	7	792
36	62	23	34	60	54	77	793
120	160	70	90	182	233	316	794
100	133	82	102	172	193	251	795
13	34	6	27	41	39	91	796
10	32	18	24	38	44	54	797
122	214	48	67	72	59	80	798
273	281	70	92	153	155	246	799
1749	2358	858	851	1238	1305	1778	80
1480	1980	701	658	984	984	1317	801
48	99	58	76	88	128	174	802
124	180	75	92	125	139	206	803
97	99	24	25	41	54	81	809
339	505	144	191	324	342	565	81
98	219	73	100	174	191	311	811
241	286	71	91	150	151	254	819
491	**641**	**232**	**244**	**424**	**417**	**851**	P
491	641	232	244	424	417	851	82
126	114	51	64	96	83	215	821
13	8	4	11	15	11	19	822
35	24	11	7	23	18	44	823
9	7	1	2	1	5	8	824
4	5	3	1	2		4	825
304	483	162	159	287	300	561	829
1148	**667**	**258**	**174**	**346**	**338**	**544**	Q
1094	640	246	164	313	295	498	83
248	165	46	36	74	72	122	831
232	89	47	22	61	53	92	832
558	340	134	89	152	159	256	833
8	8	3		2	1	3	834
3	3	1	1	1	1		835
14	7	4	3	6	2	4	836
5	4	1	3	2	1	3	837
26	24	10	10	15	6	18	839
54	27	12	10	33	43	46	84
35	14	12	7	19	28	37	841
19	13		3	14	15	9	842

2-6 续表 11

行业中类	代码	企业单位数	1949年及以前	1950-1977年
文化、体育和娱乐业	R	**195950**	**67**	**680**
新闻和出版业	85	4733	21	82
新闻业	851	257		
出版业	852	4476	21	82
广播、电视、电影和影视录音制作业	86	14980	24	448
广播	861	507		2
电视	862	1198		2
电影和影视节目制作	863	6636	2	17
电影和影视节目发行	864	1004	2	46
电影放映	865	4833	20	379
录音制作	866	802		2
文化艺术业	87	39903	20	119
文艺创作与表演	871	9647	13	57
艺术表演场馆	872	679	5	33
图书馆与档案馆	873	363	2	2
文物及非物质文化遗产保护	874	729		7
博物馆	875	368		3
烈士陵园、纪念馆	876	63		1
群众文化活动	877	5446		10
其他文化艺术业	879	22608		6
体育	88	12069		2
体育组织	881	1412		
体育场馆	882	870		1
休闲健身活动	883	8513		1
其他体育	889	1274		
娱乐业	89	124265	2	29
室内娱乐活动	891	114028	2	22
游乐园	892	1431		3
彩票活动	893	114		
文化、娱乐、体育经纪代理	894	5124		1
其他娱乐业	899	3568		3
公共管理、社会保障和社会组织	S	**114**		
中国共产党机关	90			
中国共产党机关	900			
国家机构	91			
国家权力机构	911			
国家行政机构	912			
人民法院和人民检察院	913			
其他国家机构	919			
人民政协、民主党派	92			
人民政协	921			
民主党派	922			
社会保障	93	114		
社会保障	930	114		

单位：个

1978-1991年	1992-1995年	1996年	1997年	1998年	1999年	2000年	代码
1718	**1468**	**518**	**532**	**1065**	**1224**	**3077**	R
520	317	62	36	75	104	139	85
6	8	2	1	2	1	5	851
514	309	60	35	73	103	134	852
676	251	68	57	105	109	163	86
12	8	1	3	6		9	861
27	40	9	9	16	21	19	862
23	78	28	26	36	45	78	863
46	17	3	5	16	12	13	864
561	96	23	9	28	24	33	865
7	12	4	5	3	7	11	866
227	201	73	75	130	169	299	87
76	77	27	23	48	60	90	871
47	11	7	6	5	9	6	872
8	12	1		4	7	13	873
13	7	3	4	10	4	10	874
3	4	2	1	2	2	4	875
1	4	2	1		1	1	876
51	32	9	8	14	26	52	877
28	54	22	32	47	60	123	879
62	162	49	59	93	102	159	88
11	18	9	8	9	16	25	881
12	21	7	6	4	10	22	882
36	114	28	41	71	69	97	883
3	9	5	4	9	7	15	889
233	537	266	305	662	740	2317	89
176	424	224	266	581	654	2170	891
20	30	11	10	18	16	27	892
3	2	1	2	3	1	7	893
13	32	12	6	23	37	51	894
21	49	18	21	37	32	62	899
5	**2**	**1**	**1**	**3**	**2**	**8**	S
							90
							900
							91
							911
							912
							913
							919
							92
							921
							922
5	2	1	1	3	2	8	93
5	2	1	1	3	2	8	930

2-6 续表 12

行业中类	代码	2001年	2002年	2003年	2004年	2005年	2006年
总计	--	**227804**	**262079**	**332771**	**348681**	**395386**	**468250**
农、林、牧、渔业	A	**3983**	**3852**	**5211**	**4964**	**7580**	**8966**
农业	01	1240	1206	1587	1550	2198	2840
谷物种植	011	137	108	164	180	272	304
豆类、油料和薯类种植	012	31	29	34	32	63	81
棉、麻、糖、烟草种植	013	16	31	25	19	53	58
蔬菜、食用菌及园艺作物种植	014	575	614	744	719	879	1128
水果种植	015	240	207	306	311	450	655
坚果、含油果、香料和饮料作物种植	016	73	82	115	109	168	248
中药材种植	017	67	56	89	75	138	162
其他农业	019	101	79	110	105	175	204
林业	02	436	508	651	556	731	977
林木育种和育苗	021	312	392	479	384	494	667
造林和更新	022	48	63	86	84	109	146
森林经营和管护	023	63	37	62	65	79	122
木材和竹材采运	024	8	11	17	11	33	23
林产品采集	025	5	5	7	12	16	19
畜牧业	03	1322	1176	1647	1612	2768	3168
牲畜饲养	031	934	818	1183	1156	1928	2207
家禽饲养	032	308	259	344	357	633	734
狩猎和捕捉动物	033	6	12	3	4	14	13
其他畜牧业	039	74	87	117	95	193	214
渔业	04	374	363	475	465	688	713
水产养殖	041	358	339	460	448	659	685
水产捕捞	042	16	24	15	17	29	28
农、林、牧、渔服务业	05	611	599	851	781	1195	1268
农业服务业	051	447	427	610	528	775	900
林业服务业	052	56	40	78	61	84	100
畜牧服务业	053	76	86	105	99	139	180
渔业服务业	054	32	46	58	93	197	88
采矿业	B	**2788**	**2956**	**4629**	**5722**	**6729**	**7308**
煤炭开采和洗选业	06	671	690	1214	1431	1563	1239
烟煤和无烟煤开采洗选	061	640	649	1158	1366	1479	1162
褐煤开采洗选	062	18	18	27	30	46	38
其他煤炭采选	069	13	23	29	35	38	39
石油和天然气开采业	07	12	21	18	17	32	28
石油开采	071	8	16	14	12	20	13
天然气开采	072	4	5	4	5	12	15
黑色金属矿采选业	08	415	438	838	1379	1474	1349
铁矿采选	081	379	395	747	1266	1301	1189
锰矿、铬矿采选	082	23	24	63	77	106	93
其他黑色金属矿采选	089	13	19	28	36	67	67
有色金属矿采选业	09	317	371	497	622	821	1108
常用有色金属矿采选	091	211	250	345	441	573	838

单位：个

2007年	2008年	2009年	2010年	2011年	2012年	2013年	2014年	无开业年份	代码
471302	**531377**	**716665**	**919806**	**1078003**	**1182802**	**1347008**	**1318218**	**36729**	--
12223	**22039**	**36127**	**42672**	**60155**	**89279**	**107065**	**122807**	**3171**	A
4002	6895	12523	16375	24114	35764	47315	69477	1662	01
374	830	1970	1993	2580	3912	8875	17986	275	011
130	251	591	735	1003	1271	1463	2351	29	012
66	122	294	333	533	1097	1581	949	12	013
1663	2773	4739	6814	9799	12758	15472	20452	654	014
949	1575	2497	3085	5106	8352	10058	11965	232	015
329	544	970	1281	1783	2895	3197	4061	237	016
215	372	553	972	1812	3355	3566	5775	106	017
276	428	909	1162	1498	2124	3103	5938	117	019
1113	1606	2763	3400	5120	7898	8379	9292	400	02
717	1096	1988	2482	3817	5963	6296	7867	335	021
181	270	399	468	734	1137	1487	895	40	022
159	161	269	321	420	600	413	292	16	023
34	45	65	59	59	90	100	131	7	024
22	34	42	70	90	108	83	107	2	025
4437	8572	12540	13041	16811	26799	28735	24929	485	03
3104	6196	9127	8841	10773	18368	21003	17842	353	031
1040	1825	2637	3184	4638	6373	5771	4528	82	032
17	42	43	49	100	124	127	165		033
276	509	733	967	1300	1934	1834	2394	50	039
963	1670	2629	3184	6255	8404	9831	7825	305	04
939	1626	2554	3099	6088	8089	9513	7370	295	041
24	44	75	85	167	315	318	455	10	042
1708	3296	5672	6672	7855	10414	12805	11284	319	05
1223	2336	4077	4898	5799	7853	10259	9929	249	051
101	200	332	424	562	697	669	623	28	052
293	594	1007	984	1077	1386	1394	406	24	053
91	166	256	366	417	478	483	326	18	054
6590	**7469**	**7959**	**8122**	**8208**	**8308**	**6659**	**4095**	**556**	B
1075	1307	1400	1295	1266	1177	956	541	118	06
993	1207	1293	1160	1104	1011	812	340	103	061
39	42	40	48	41	36	32	22	6	062
43	58	67	87	121	130	112	179	9	069
27	36	41	40	44	56	46	55	5	07
19	20	24	26	27	33	24	29	1	071
8	16	17	14	17	23	22	26	4	072
1309	1488	1162	1271	1255	1037	772	424	84	08
1164	1353	1026	1147	1122	918	676	356	70	081
94	72	68	67	53	50	45	25	5	082
51	63	68	57	80	69	51	43	9	089
1009	820	746	683	778	774	523	286	121	09
764	599	527	490	530	564	354	202	87	091

2-6 续表 13

行业中类	代码	2001年	2002年	2003年	2004年	2005年	2006年
贵金属矿采选	092	77	74	100	113	125	158
稀有稀土金属矿采选	093	29	47	52	68	123	112
非金属矿采选业	10	1259	1334	1936	2135	2657	3303
土砂石开采	101	1033	1135	1651	1796	2306	2815
化学矿开采	102	39	51	60	95	84	125
采盐	103	18	10	20	24	37	25
石棉及其他非金属矿采选	109	169	138	205	220	230	338
开采辅助活动	11	74	66	91	97	115	192
煤炭开采和洗选辅助活动	111	10	12	10	21	13	24
石油和天然气开采辅助活动	112	50	41	61	60	75	139
其他开采辅助活动	119	14	13	20	16	27	29
其他采矿业	12	40	36	35	41	67	89
其他采矿业	120	40	36	35	41	67	89
制造业	**C**	**83079**	**95763**	**117651**	**115745**	**124667**	**148831**
农副食品加工业	13	4271	4531	5571	5479	6369	6801
谷物磨制	131	1121	1130	1435	1422	1623	1615
饲料加工	132	486	522	627	673	934	956
植物油加工	133	399	381	550	586	541	551
制糖业	134	47	29	50	38	36	40
屠宰及肉类加工	135	652	784	845	907	959	1068
水产品加工	136	477	487	544	433	569	592
蔬菜、水果和坚果加工	137	574	598	765	765	841	996
其他农副食品加工	139	515	600	755	655	866	983
食品制造业	14	1952	1880	2279	2242	2508	2879
焙烤食品制造	141	403	367	477	496	536	686
糖果、巧克力及蜜饯制造	142	214	215	231	223	243	322
方便食品制造	143	288	285	341	327	439	494
乳制品制造	144	100	105	128	114	134	107
罐头食品制造	145	142	153	193	195	211	209
调味品、发酵制品制造	146	324	309	369	347	339	417
其他食品制造	149	481	446	540	540	606	644
酒、饮料和精制茶制造业	15	1558	1728	1876	1860	2126	2377
酒的制造	151	624	646	749	655	707	793
饮料制造	152	581	664	681	714	805	900
精制茶加工	153	353	418	446	491	614	684
烟草制品业	16	15	6	20	14	13	25
烟叶复烤	161	5	2	8	8	6	8
卷烟制造	162	1	1	7	4	1	12
其他烟草制品制造	169	9	3	5	2	6	5
纺织业	17	4404	6184	7379	6269	6492	7626
棉纺织及印染精加工	171	1823	2805	3070	2585	2781	3163
毛纺织及染整精加工	172	309	353	403	352	327	401
麻纺织及染整精加工	173	53	62	118	87	86	90
丝绢纺织及印染精加工	174	195	213	289	234	236	244
化纤织造及印染精加工	175	375	617	945	650	498	678

单位：个

2007年	2008年	2009年	2010年	2011年	2012年	2013年	2014年	无开业年份	代码
141	135	148	121	154	138	110	56	25	092
104	86	71	72	94	72	59	28	9	093
2909	3428	4150	4308	4340	4683	3777	2146	195	10
2503	2963	3624	3781	3750	4005	3343	1789	151	101
91	149	114	105	125	188	105	68	12	102
18	20	20	22	18	12	5	5	1	103
297	296	392	400	447	478	324	284	31	109
159	260	267	279	293	332	353	329	10	11
20	39	34	57	49	50	49	88	3	111
111	172	161	151	157	202	220	142	3	112
28	49	72	71	87	80	84	99	4	119
102	130	193	246	232	249	232	314	23	12
102	130	193	246	232	249	232	314	23	120
138257	**138843**	**168844**	**212580**	**227990**	**226285**	**245634**	**196470**	**11350**	**C**
6429	7244	7761	8133	9064	10627	11206	6620	349	13
1446	1674	1670	1702	1855	2209	2631	868	35	131
762	836	1009	1099	1032	1056	926	736	38	132
529	784	809	774	859	956	1007	491	24	133
43	42	33	41	70	82	73	37	2	134
1092	1250	1252	1287	1434	1787	1585	967	59	135
551	530	573	702	728	825	881	866	69	136
1014	1031	1100	1190	1417	1642	1767	1228	53	137
992	1097	1315	1338	1669	2070	2336	1427	69	139
2832	3030	3116	3454	4760	5657	5291	4047	215	14
691	805	747	941	1599	1811	1739	1307	61	141
326	265	296	297	440	485	467	228	10	142
471	571	594	663	858	1133	1127	792	29	143
93	94	90	77	85	92	96	67	12	144
190	184	189	225	221	291	190	151	6	145
420	387	396	412	564	621	572	343	24	146
641	724	804	839	993	1224	1100	1159	73	149
2295	2459	2579	2810	3135	4174	4187	2395	349	15
649	730	677	770	836	1115	970	608	54	151
825	851	910	902	1133	1387	1323	1022	58	152
821	878	992	1138	1166	1672	1894	765	237	153
8	13	12	28	64	52	33	22		16
5	4	7	19	49	33	20	3		161
1	5	1	2	1	2	2	4		162
2	4	4	7	14	17	11	15		169
6439	5633	7100	9703	9979	8920	12313	9701	332	17
2394	2048	2498	3476	3240	2767	4431	2849	102	171
352	284	354	471	556	521	632	543	15	172
61	80	52	93	87	86	101	89	2	173
201	162	179	204	220	192	207	127	5	174
551	454	670	1049	1188	834	1049	699	18	175

2-6 续表 14

行业中类	代码	2001年	2002年	2003年	2004年	2005年	2006年
针织或钩针编织物及其制品制造	176	666	834	989	931	994	1265
家用纺织制成品制造	177	465	676	799	764	784	905
非家用纺织制成品制造	178	518	624	766	666	786	880
纺织服装、服饰业	18	4109	4758	5781	5737	6280	7485
机织服装制造	181	2760	3145	3938	4016	4382	5285
针织或钩针编织服装制造	182	773	948	1035	940	977	1173
服饰制造	183	576	665	808	781	921	1027
皮革、毛皮、羽毛及其制品和制鞋业	19	1743	1967	2332	2322	2684	3196
皮革鞣制加工	191	114	159	159	152	226	207
皮革制品制造	192	510	625	735	786	886	1038
毛皮鞣制及制品加工	193	95	119	132	133	186	256
羽毛(绒)加工及制品制造	194	105	87	100	90	108	119
制鞋业	195	919	977	1206	1161	1278	1576
木材加工和木、竹、藤、棕、草制品业	20	2043	2265	2966	3121	3784	4918
木材加工	201	712	677	951	1042	1436	1802
人造板制造	202	522	591	859	905	900	1288
木制品制造	203	571	693	805	860	1048	1345
竹、藤、棕、草等制品制造	204	238	304	351	314	400	483
家具制造业	21	1326	1457	1874	2087	2269	2891
木质家具制造	211	941	1002	1291	1420	1516	1941
竹、藤家具制造	212	26	22	19	30	32	44
金属家具制造	213	190	205	249	273	299	390
塑料家具制造	214	18	40	41	40	46	65
其他家具制造	219	151	188	274	324	376	451
造纸和纸制品业	22	2083	2452	2995	2850	2978	3574
纸浆制造	221	18	24	25	29	21	21
造纸	222	606	762	896	829	777	974
纸制品制造	223	1459	1666	2074	1992	2180	2579
印刷和记录媒介复制业	23	3329	3765	4741	4250	3945	4597
印刷	231	3085	3472	4369	3871	3580	4175
装订及印刷相关服务	232	231	287	355	366	357	406
记录媒介复制	233	13	6	17	13	8	16
文教、工美、体育和娱乐用品制造业	24	2635	3086	3734	3721	3975	4928
文教办公用品制造	241	324	366	421	425	425	447
乐器制造	242	86	79	96	120	103	107
工艺美术品制造	243	1633	1943	2317	2256	2550	3200
体育用品制造	244	208	270	299	372	339	438
玩具制造	245	339	359	534	476	494	645
游艺器材及娱乐用品制造	246	45	69	67	72	64	91
石油加工及炼焦	25	293	331	450	461	393	446
精炼石油产品制造	251	253	267	291	295	294	365
炼焦	252	40	64	159	166	99	81
化学原料和化学制品制造业	26	4938	5340	6438	6173	6680	7677
基础化学原料制造	261	741	860	1176	1110	1226	1382
肥料制造	262	392	467	538	601	689	727

单位：个

2007年	2008年	2009年	2010年	2011年	2012年	2013年	2014年	无开业年份	代码
1204	967	1253	1659	1765	1720	2022	1975	80	176
843	876	1049	1392	1588	1705	2532	2180	64	177
833	762	1045	1359	1335	1095	1339	1239	46	178
6927	6514	8740	13404	14249	13788	18247	13810	641	18
4966	4534	6049	9525	9904	8718	11696	7669	467	181
986	892	1293	1767	1747	1908	2569	1529	55	182
975	1088	1398	2112	2598	3162	3982	4612	119	183
2983	2884	3889	5916	6488	6264	9715	8667	571	19
155	150	155	225	251	245	275	206	9	191
1012	1023	1312	2051	2237	2386	3304	2246	83	192
222	191	362	425	489	557	879	590	10	193
103	103	123	155	202	194	207	180	7	194
1491	1417	1937	3060	3309	2882	5050	5445	462	195
4792	4845	5817	7341	7470	8308	9280	6502	224	20
1753	1917	2378	3176	3185	3860	4215	2473	75	201
1298	1125	1253	1461	1414	1316	1462	948	45	202
1292	1343	1620	2000	2083	2295	2621	2242	79	203
449	460	566	704	788	837	982	839	25	204
2686	2807	3543	4948	5308	6241	6784	5878	291	21
1796	1887	2418	3355	3695	4293	4665	4012	220	211
52	41	44	67	77	119	119	127	4	212
346	347	397	546	580	573	638	424	22	213
53	65	79	88	113	110	113	80	2	214
439	467	605	892	843	1146	1249	1235	45	219
3429	3175	4276	4970	4826	4922	5460	4328	200	22
29	25	41	44	34	35	35	44	4	221
915	843	1125	1269	1154	1193	1120	572	51	222
2485	2307	3110	3657	3638	3694	4305	3712	145	223
3663	3448	4225	4869	4737	4374	4015	2536	89	23
3328	3117	3826	4447	4310	3978	3547	2298	80	231
323	313	384	411	410	383	451	223	8	232
12	18	15	11	17	13	17	15	1	233
4448	4217	5408	7064	7805	8622	10058	7087	338	24
446	399	488	604	659	716	879	667	17	241
98	90	105	139	189	187	200	125	8	242
2822	2746	3540	4751	5070	5887	6936	4472	233	243
385	367	501	593	670	629	694	806	36	244
601	514	632	824	1001	996	1123	782	34	245
96	101	142	153	216	207	226	235	10	246
444	457	529	524	516	570	484	338	70	25
363	317	417	428	420	486	412	309	51	251
81	140	112	96	96	84	72	29	19	252
6293	6243	7120	7376	7503	7583	6732	4948	568	26
1165	1069	1145	1068	1119	1087	840	616	100	261
642	788	1086	966	962	1124	923	891	64	262

2-6 续表 15

行业中类	代码	2001年	2002年	2003年	2004年	2005年	2006年
农药制造	263	146	109	139	132	136	158
涂料、油墨、颜料及类似产品制造	264	1000	1129	1288	1203	1193	1279
合成材料制造	265	380	488	585	579	577	672
专用化学产品制造	266	1279	1427	1721	1649	1748	1992
炸药、火工及焰火产品制造	267	519	358	369	344	530	764
日用化学产品制造	268	481	502	622	555	581	703
医药制造业	27	922	999	1182	1130	1132	1144
化学药品原料药制造	271	124	153	177	164	161	180
化学药品制剂制造	272	147	144	150	128	134	107
中药饮片加工	273	87	116	158	176	178	137
中成药生产	274	190	203	235	221	136	146
兽用药品制造	275	93	83	78	111	125	139
生物药品制造	276	130	141	160	147	200	214
卫生材料及医药用品制造	277	151	159	224	183	198	221
化学纤维制造业	28	258	351	427	397	347	520
纤维素纤维原料及纤维制造	281	39	48	61	62	72	85
合成纤维制造	282	219	303	366	335	275	435
橡胶和塑料制品业	29	5656	6690	7677	7423	8141	10005
橡胶制品业	291	990	1100	1366	1299	1458	1667
塑料制品业	292	4666	5590	6311	6124	6683	8338
非金属矿物制品业	30	7247	7877	10588	9836	11103	14359
水泥、石灰和石膏制造	301	564	577	791	748	760	851
石膏、水泥制品及类似制品制造	302	1456	1722	2261	1902	2317	3161
砖瓦、石材等建筑材料制造	303	2888	3087	4347	3863	4654	6484
玻璃制造	304	93	118	149	189	210	237
玻璃制品制造	305	403	451	549	544	605	771
玻璃纤维和玻璃纤维增强塑料制品制造	306	204	239	311	326	325	372
陶瓷制品制造	307	505	557	651	625	653	757
耐火材料制品制造	308	562	542	755	822	802	833
石墨及其他非金属矿物制品制造	309	572	584	774	817	777	893
黑色金属冶炼和压延加工业	31	1609	1995	3000	2925	2817	2785
炼铁	311	62	82	164	138	150	106
炼钢	312	35	50	81	66	50	49
黑色金属铸造	313	801	997	1240	1244	1280	1333
钢压延加工	314	583	737	1166	1024	1076	1080
铁合金冶炼	315	128	129	349	453	261	217
有色金属冶炼和压延加工业	32	1104	1188	1384	1480	1648	2056
常用有色金属冶炼	321	232	209	293	328	383	486
贵金属冶炼	322	33	38	49	37	60	51
稀有稀土金属冶炼	323	52	45	61	76	96	83
有色金属合金制造	324	118	143	147	167	206	251
有色金属铸造	325	85	114	118	113	115	151
有色金属压延加工	326	584	639	716	759	788	1034
金属制品业	33	6506	7789	9312	9386	10216	12217
结构性金属制品制造	331	1991	2387	2968	2952	3212	3875

单位：个

2007年	2008年	2009年	2010年	2011年	2012年	2013年	2014年	无开业年份	代码
128	133	129	123	154	151	135	99	10	263
1057	1002	1188	1240	1200	1317	1281	815	128	264
635	605	704	868	906	881	870	643	85	265
1741	1720	1829	1933	1921	1843	1610	1158	118	266
339	302	246	352	386	300	206	78	3	267
586	624	793	826	855	880	867	648	60	268
908	945	1242	1376	1541	1618	1582	1060	136	27
154	144	161	176	176	160	146	115	20	271
83	86	120	114	124	116	110	98	12	272
124	152	173	232	396	367	389	212	25	273
123	112	144	162	161	177	194	108	14	274
83	62	116	105	79	122	51	33	4	275
199	226	287	318	343	373	411	240	38	276
142	163	241	269	262	303	281	254	23	277
407	284	363	591	610	402	447	349	30	28
65	61	67	119	109	79	93	70	3	281
342	223	296	472	501	323	354	279	27	282
9333	8663	10429	12607	12902	12561	13344	10384	528	29
1549	1509	1688	2121	2146	2135	2087	1951	78	291
7784	7154	8741	10486	10756	10426	11257	8433	450	292
12691	14677	17124	19826	22273	22296	22030	14090	945	30
758	950	1205	1168	1241	1076	958	686	49	301
2854	3466	4136	5211	5981	6368	5956	3044	151	302
5609	6757	7427	8140	9169	9463	9180	5945	473	303
215	227	284	444	443	434	498	369	20	304
707	669	859	1158	1272	1327	2155	1139	61	305
348	366	366	412	443	381	361	290	12	306
698	649	920	1136	1250	1221	1126	1247	77	307
698	700	858	891	945	837	649	325	47	308
804	893	1069	1266	1529	1189	1147	1045	55	309
2555	2555	2568	2715	2582	2162	1978	1168	123	31
126	131	135	125	120	90	73	34	10	311
48	67	76	86	77	71	71	53	3	312
1087	1012	1028	1035	973	714	653	304	46	313
1064	1080	1121	1280	1217	1136	1065	721	53	314
230	265	208	189	195	151	116	56	11	315
1907	1768	1805	2080	2323	2209	2079	1424	125	32
449	410	368	382	393	414	254	240	26	321
53	38	42	56	52	62	32	27	2	322
93	73	53	73	76	70	46	62	2	323
216	211	225	262	330	289	270	150	16	324
123	117	141	152	204	147	182	93	7	325
973	919	976	1155	1268	1227	1295	852	72	326
11568	11697	14559	18868	20329	20201	22643	19237	918	33
3950	4193	5291	6841	7268	7254	8070	5718	313	331

2-6 续表 16

行业中类	代码	2001年	2002年	2003年	2004年	2005年	2006年
金属工具制造	332	811	1020	1113	1113	1245	1408
集装箱及金属包装容器制造	333	218	289	305	353	352	379
金属丝绳及其制品制造	334	312	347	424	486	502	603
建筑、安全用金属制品制造	335	954	1113	1257	1282	1360	1791
金属表面处理及热处理加工	336	487	576	778	702	724	748
搪瓷制品制造	337	56	36	61	67	75	93
金属制日用品制造	338	596	697	803	801	889	1075
其他金属制品制造	339	1081	1324	1603	1630	1857	2245
通用设备制造业	34	7537	8953	10987	11399	11943	14128
锅炉及原动设备制造	341	352	408	482	515	507	537
金属加工机械制造	342	1218	1369	1779	1862	2055	2437
物料搬运设备制造	343	345	434	533	537	522	680
泵、阀门、压缩机及类似机械制造	344	1260	1537	1712	1750	1695	1977
轴承、齿轮和传动部件制造	345	675	778	975	960	971	1137
烘炉、风机、衡器、包装等设备制造	346	817	1004	1204	1220	1275	1389
文化、办公用机械制造	347	115	116	123	119	148	159
通用零部件制造	348	2391	2876	3597	3830	4137	5149
其他通用设备制造业	349	364	431	582	606	633	663
专用设备制造业	35	4764	5527	6965	7222	7759	9374
采矿、冶金、建筑专用设备制造	351	832	949	1247	1336	1490	1832
化工、木材、非金属加工专用设备制造	352	1227	1518	1983	2215	2367	2998
食品、饮料、烟草及饲料生产专用设备制造	353	213	191	247	210	229	257
印刷、制药、日化及日用品生产专用设备制造	354	313	363	464	439	448	498
纺织、服装和皮革加工专用设备制造	355	534	683	692	631	618	693
电子和电工机械专用设备制造	356	322	382	499	507	539	716
农、林、牧、渔专用机械制造	357	321	311	373	398	445	488
医疗仪器设备及器械制造	358	294	338	426	460	497	530
环保、社会公共服务及其他专用设备制造	359	708	792	1034	1026	1126	1362
汽车制造业	36	1862	2392	3018	2967	3012	3507
汽车整车制造	361	35	27	43	32	49	43
改装汽车制造	362	49	75	51	69	66	57
低速载货汽车制造	363	5	5	3	2	10	3
电车制造	364	9	7	7	15	17	27
汽车车身、挂车制造	365	28	39	52	67	56	51
汽车零部件及配件制造	366	1736	2239	2862	2782	2814	3326
铁路、船舶、航空航天和其他运输设备制造业	37	924	1104	1241	1319	1408	1739
铁路运输设备制造	371	133	137	154	143	164	171
城市轨道交通设备制造	372	1	5	3	4	7	9
船舶及相关装置制造	373	218	237	285	346	415	561
航空、航天器及设备制造	374	21	18	20	40	31	46
摩托车制造	375	287	353	383	411	428	430
自行车制造	376	222	304	326	304	297	408
非公路休闲车及零配件制造	377	15	23	33	29	26	50
潜水救捞及其他未列明运输设备制造	379	27	27	37	42	40	64
电气机械和器材制造业	38	4860	5555	6670	6483	6844	8537

单位：个

2007年	2008年	2009年	2010年	2011年	2012年	2013年	2014年	无开业年份	代码
1260	1304	1466	2239	2291	2194	2439	2026	130	332
354	343	414	511	472	484	440	336	18	333
514	460	648	652	644	1134	1720	1600	19	334
1642	1568	2058	2647	3077	2974	3769	2993	95	335
677	643	630	848	804	768	845	583	66	336
93	109	120	163	208	171	192	336	7	337
948	965	1307	1556	1797	1765	1862	1792	101	338
2130	2112	2625	3411	3768	3457	3306	3853	169	339
13900	13870	15942	21092	23047	19863	20849	19835	1048	34
499	506	638	738	835	772	647	678	34	341
2424	2547	3005	4339	4478	3850	3865	3625	242	342
625	580	715	918	935	779	893	695	61	343
1972	1815	2064	2484	2703	2274	2533	2237	148	344
1035	1019	964	1322	1415	1202	1260	1062	59	345
1369	1333	1499	1883	2122	1920	1919	1585	75	346
165	138	203	202	263	223	250	186	8	347
5071	5016	5495	7388	8231	6787	7682	6654	320	348
740	916	1359	1818	2065	2056	1800	3113	101	349
8645	8840	11647	15163	15888	15454	15504	14021	757	35
1614	1616	2049	2538	2580	2473	2136	1790	128	351
2876	2822	3303	4667	4949	4738	5134	3844	120	352
219	243	380	384	349	399	437	433	25	353
491	521	748	849	887	902	904	665	47	354
532	485	584	835	908	703	836	578	35	355
715	718	915	1337	1502	1415	1520	1212	181	356
465	555	797	1023	1076	1067	1029	930	40	357
443	466	602	781	810	876	857	739	37	358
1290	1414	2269	2749	2827	2881	2651	3830	144	359
3350	3137	3947	5403	5509	5059	5719	5307	333	36
44	24	53	64	65	59	73	90	4	361
57	58	70	85	79	95	68	57	2	362
2	6	5	6	9	6	6	4	1	363
22	14	52	60	58	75	84	139	6	364
67	69	102	141	90	80	61	99	5	365
3158	2966	3665	5047	5208	4744	5427	4918	315	366
1769	1737	2118	2555	2450	2291	2457	2205	161	37
187	162	220	259	208	169	183	131	6	371
7	13	6	9	25	19	13	25	2	372
590	683	784	874	830	716	547	707	56	373
63	52	68	96	105	83	88	117	3	374
403	377	419	557	527	535	652	400	56	375
414	351	463	552	539	570	745	641	35	376
45	36	58	68	61	69	139	70		377
60	63	100	140	155	130	90	114	3	379
8410	8455	10943	14038	15344	14514	14955	12613	813	38

2-6 续表 17

行业中类	代码	2001年	2002年	2003年	2004年	2005年	2006年
电机制造	381	574	597	749	792	752	872
输配电及控制设备制造	382	1660	1976	2351	2316	2249	2963
电线、电缆、光缆及电工器材制造	383	875	970	1146	1042	1224	1500
电池制造	384	162	160	219	205	258	292
家用电力器具制造	385	563	679	810	794	876	1026
非电力家用器具制造	386	133	153	178	175	271	330
照明器具制造	387	696	801	886	853	914	1115
其他电气机械及器材制造	389	197	219	331	306	300	439
计算机、通信和其他电子设备制造业	39	2488	2813	3239	3600	3823	4493
计算机制造	391	215	226	272	308	332	381
通信设备制造	392	259	282	302	289	310	344
广播电视设备制造	393	132	129	159	159	169	159
雷达及配套设备制造	394	6	6	14	4	19	14
视听设备制造	395	153	199	215	284	292	297
电子器件制造	396	407	398	495	571	585	673
电子元件制造	397	1042	1226	1379	1499	1573	1965
其他电子设备制造	399	274	347	403	486	543	660
仪器仪表制造业	40	1255	1314	1617	1546	1541	1812
通用仪器仪表制造	401	688	712	878	817	831	994
专用仪器仪表制造	402	216	234	304	277	248	323
钟表与计时仪器制造	403	70	76	92	90	107	103
光学仪器及眼镜制造	404	201	201	234	250	233	267
其他仪器仪表制造业	409	80	91	109	112	122	125
其他制造业	41	798	821	1037	1004	1231	1397
日用杂品制造	411	374	403	462	472	578	681
煤制品制造	412	159	112	158	152	180	186
其他未列明制造业	419	265	306	417	380	473	530
废弃资源综合利用业	42	232	277	401	513	610	609
金属废料和碎屑加工处理	421	130	173	234	324	351	346
非金属废料和碎屑加工处理	422	102	104	167	189	259	263
金属制品、机械和设备修理业	43	358	368	470	529	596	729
金属制品修理	431	23	25	38	26	31	43
通用设备修理	432	72	55	81	95	92	99
专用设备修理	433	52	49	64	74	74	89
铁路、船舶、航空航天等运输设备修理	434	95	111	115	127	175	239
电气设备修理	435	27	36	44	52	61	62
仪器仪表修理	436	9	9	13	16	18	11
其他机械和设备修理业	439	80	83	115	139	145	186
电力、热力、燃气及水生产和供应业	**D**	**2548**	**3143**	**4357**	**4284**	**4283**	**4513**
电力、热力生产和供应业	44	1771	2226	3271	3229	3168	3237
电力生产	441	1485	1934	2809	2857	2727	2838
电力供应	442	138	113	167	141	153	123
热力生产和供应	443	148	179	295	231	288	276
燃气生产和供应业	45	206	227	296	274	279	323
燃气生产和供应业	450	206	227	296	274	279	323

单位：个

2007年	2008年	2009年	2010年	2011年	2012年	2013年	2014年	无开业年份	代码
851	899	1081	1401	1513	1268	1050	1218	183	381
2734	2837	3643	4616	4980	4298	4548	4351	182	382
1434	1217	1449	1729	1790	1634	1762	1217	77	383
303	287	398	476	513	416	484	260	36	384
1003	1066	1362	1669	1955	1970	2112	2002	104	385
292	396	537	574	600	498	522	435	30	386
1374	1326	1790	2648	2845	3423	3591	1954	159	387
419	427	683	925	1148	1007	886	1176	42	389
4615	4605	6071	8347	8882	8840	9305	6034	648	39
416	443	572	772	865	959	978	591	27	391
386	370	521	652	662	637	620	516	28	392
170	161	217	252	268	308	250	124	3	393
9	6	13	21	16	15	16	12		394
313	280	354	467	484	469	490	198	16	395
689	723	959	1408	1472	1380	1496	877	53	396
1945	1858	2356	3257	3370	3307	3650	2317	171	397
687	764	1079	1518	1745	1765	1805	1399	350	399
1694	1617	2092	2515	2916	2990	3047	2241	127	40
904	809	1096	1275	1408	1360	1292	1105	66	401
305	301	369	445	498	510	452	318	17	402
106	117	124	149	269	292	262	66	8	403
250	243	301	424	495	509	790	446	24	404
129	147	202	222	246	319	251	306	12	409
1377	1351	1926	2512	2645	2990	3158	7133	320	41
639	553	704	845	949	903	1154	1188	43	411
202	210	222	211	221	215	213	206	12	412
536	588	1000	1456	1475	1872	1791	5739	265	419
716	768	827	1015	1215	1128	1065	937	66	42
387	426	438	545	683	569	476	352	27	421
329	342	389	470	532	559	589	585	39	422
744	905	1126	1337	1630	1605	1667	1553	35	43
48	55	71	77	100	90	87	95		431
111	119	146	187	229	203	212	221	3	432
88	126	169	187	238	251	272	164	8	433
245	309	389	449	501	463	411	356	13	434
57	54	79	118	114	125	146	100	2	435
14	11	30	23	30	30	22	28		436
181	231	242	296	418	443	517	589	9	439
3639	**3857**	**4332**	**4477**	**4373**	**4659**	**4245**	**3915**	**495**	**D**
2433	2355	2560	2610	2518	2602	2268	2419	332	44
2026	1897	2012	1963	1838	1936	1712	1917	298	441
111	127	152	162	202	187	141	161	8	442
296	331	396	485	478	479	415	341	26	443
301	380	493	555	570	729	707	607	63	45
301	380	493	555	570	729	707	607	63	450

2-6 续表 18

行业中类	代码	2001年	2002年	2003年	2004年	2005年	2006年
水的生产和供应业	46	571	690	790	781	836	953
自来水生产和供应	461	475	521	593	590	618	673
污水处理及其再生利用	462	68	141	164	160	184	240
其他水的处理、利用与分配	469	28	28	33	31	34	40
建筑业	**E**	**10766**	**11914**	**13449**	**14927**	**16534**	**18327**
房屋建筑业	47	3211	3146	2601	2829	3296	3736
房屋建筑业	470	3211	3146	2601	2829	3296	3736
土木工程建筑业	48	1876	2063	2607	2697	2951	3088
铁路、道路、隧道和桥梁工程建筑	481	726	785	1057	1064	1095	1185
水利和内河港口工程建筑	482	214	212	227	211	245	250
海洋工程建筑	483	5	3	5	6	11	8
工矿工程建筑	484	111	107	156	137	158	205
架线和管道工程建筑	485	334	310	377	443	402	423
其他土木工程建筑	489	486	646	785	836	1040	1017
建筑安装业	49	2189	2274	2685	2996	3234	3532
电气安装	491	713	745	801	877	917	976
管道和设备安装	492	536	566	649	732	784	832
其他建筑安装业	499	940	963	1235	1387	1533	1724
建筑装饰和其他建筑业	50	3490	4431	5556	6405	7053	7971
建筑装饰业	501	2647	3136	3948	4469	4901	5492
工程准备活动	502	300	498	679	779	778	849
提供施工设备服务	503	87	117	144	205	259	322
其他未列明建筑业	509	456	680	785	952	1115	1308
批发和零售业	**F**	**64148**	**74178**	**94469**	**98066**	**112458**	**137453**
批发业	51	40530	46922	60705	63571	71966	87595
农、林、牧产品批发	511	1983	2079	2445	2470	3411	3868
食品、饮料及烟草制品批发	512	3250	3400	4174	4154	4986	6548
纺织、服装及家庭用品批发	513	4599	5271	6793	7045	8600	10876
文化、体育用品及器材批发	514	1503	1702	2316	2529	2613	3015
医药及医疗器材批发	515	1253	1545	2106	2261	2651	2811
矿产品、建材及化工产品批发	516	13349	15621	20391	20899	22711	27963
机械设备、五金产品及电子产品批发	517	10856	13330	16924	17672	19458	23459
贸易经纪与代理	518	1090	1340	1748	2111	2483	2988
其他批发业	519	2647	2634	3808	4430	5053	6067
零售业	52	23618	27256	33764	34495	40492	49858
综合零售	521	2664	2592	3213	3082	3727	4552
食品、饮料及烟草制品专门零售	522	1912	2133	2524	2476	3294	4277
纺织、服装及日用品专门零售	523	2181	2415	3080	3179	3970	4851
文化、体育用品及器材专门零售	524	1535	1893	2341	2342	2667	3255
医药及医疗器材专门零售	525	1882	3025	3913	4099	4919	4978
汽车、摩托车、燃料及零配件专门零售	526	4348	5167	5813	5582	6124	7522
家用电器及电子产品专门零售	527	3778	4234	5727	6094	6910	8961
五金、家具及室内装饰材料专门零售	528	3256	3511	4365	4587	5400	7007
货摊、无店铺及其他零售业	529	2062	2286	2788	3054	3481	4455

单位：个

2007年	2008年	2009年	2010年	2011年	2012年	2013年	2014年	无开业年份	代码
905	1122	1279	1312	1285	1328	1270	889	100	46
607	695	786	809	836	837	766	438	43	461
251	379	429	423	366	386	398	324	51	462
47	48	64	80	83	105	106	127	6	469
17967	**20001**	**29000**	**37625**	**43965**	**46641**	**49733**	**74569**	**1861**	**E**
3345	3522	5345	6617	7103	8015	8184	10855	289	47
3345	3522	5345	6617	7103	8015	8184	10855	289	470
3068	3517	5212	6635	7714	8441	8597	11968	323	48
1139	1343	2048	2459	2710	3110	3206	4444	127	481
258	261	429	535	628	638	627	725	28	482
4	7	15	21	21	28	33	60	1	483
220	207	245	273	306	295	265	273	12	484
438	443	570	755	811	852	684	967	19	485
1009	1256	1905	2592	3238	3518	3782	5499	136	489
3410	3812	5236	6522	7365	7537	7353	12016	302	49
906	988	1341	1541	1825	1869	1661	2090	56	491
797	859	1075	1300	1505	1679	1643	2540	42	492
1707	1965	2820	3681	4035	3989	4049	7386	204	499
8144	9150	13207	17851	21783	22648	25599	39730	947	50
5761	6624	9472	13181	16268	17359	20119	28009	612	501
819	964	1223	1539	1707	1781	2075	2842	102	502
317	323	482	543	601	548	554	717	24	503
1247	1239	2030	2588	3207	2960	2851	8162	209	509
141950	**170165**	**247348**	**324659**	**392578**	**424291**	**490637**	**478566**	**8901**	**F**
92045	109242	158937	209857	247368	260869	283491	292283	5762	51
4188	6488	10120	11831	14178	17891	22000	10495	256	511
7736	10840	15519	20333	25971	32023	35300	28520	542	512
11508	12982	19607	26405	33499	35000	44728	48440	794	513
3068	3679	5028	6779	8422	8928	10920	10334	132	514
2483	2722	4346	5162	6238	7207	7308	6713	78	515
28859	33427	48319	65343	73001	69021	70553	72294	1839	516
24445	28027	39160	51150	59018	61278	63008	61599	993	517
3277	3689	5466	7668	9675	11959	13556	15030	528	518
6481	7388	11372	15186	17366	17562	16118	38858	600	519
49905	60923	88411	114802	145210	163422	207146	186283	3139	52
4070	5493	8240	10641	13126	15958	25618	29215	346	521
4644	6197	8306	11454	15951	20910	25527	16594	295	522
5117	6385	8578	12000	17935	19452	29448	20413	341	523
3439	3962	5342	6988	9232	10256	12684	8825	172	524
4373	5268	8569	10390	12081	12727	12013	12089	161	525
6975	7866	12217	15979	17301	19151	20970	18934	440	526
9466	11107	15797	18359	21762	23019	26356	17424	274	527
7260	8923	12066	16591	22037	25491	34576	24844	537	528
4561	5722	9296	12400	15785	16458	19954	37945	573	529

2-6 续表 19

行业中类	代码	2001年	2002年	2003年	2004年	2005年	2006年
交通运输、仓储和邮政业	G	**6395**	**7281**	**9085**	**11682**	**13960**	**14898**
铁路运输业	53	70	58	65	94	128	116
铁路旅客运输	531	14	7	8	13	19	17
铁路货物运输	532	30	31	36	51	45	45
铁路运输辅助活动	533	26	20	21	30	64	54
道路运输业	54	3658	4123	4795	5998	6437	7433
城市公共交通运输	541	517	521	518	561	481	466
公路旅客运输	542	559	550	518	491	507	558
道路货物运输	543	2213	2684	3250	4416	4889	5831
道路运输辅助活动	544	369	368	509	530	560	578
水上运输业	55	340	447	528	669	719	679
水上旅客运输	551	41	70	57	50	44	53
水上货物运输	552	224	294	331	477	502	463
水上运输辅助活动	553	75	83	140	142	173	163
航空运输业	56	51	49	65	79	68	96
航空客货运输	561	26	21	25	33	36	49
通用航空服务	562	8	9	10	20	16	13
航空运输辅助活动	563	17	19	30	26	16	34
管道运输业	57	6	6	11	13	10	14
管道运输业	570	6	6	11	13	10	14
装卸搬运和运输代理业	58	1441	1686	2372	3487	4941	4782
装卸搬运	581	283	268	380	423	450	541
运输代理业	582	1158	1418	1992	3064	4491	4241
仓储业	59	664	741	1030	1000	1246	1359
谷物、棉花等农产品仓储	591	252	202	276	276	354	418
其他仓储业	599	412	539	754	724	892	941
邮政业	60	165	171	219	342	411	419
邮政基本服务	601	18	19	19	16	30	19
快递服务	602	147	152	200	326	381	400
住宿和餐饮业	H	**4479**	**5021**	**6354**	**7032**	**8840**	**10527**
住宿业	61	1787	1997	2576	2855	3475	4381
旅游饭店	611	660	785	1020	1111	1229	1336
一般旅馆	612	994	1065	1385	1550	2010	2711
其他住宿业	619	133	147	171	194	236	334
餐饮业	62	2692	3024	3778	4177	5365	6146
正餐服务	621	2216	2468	3084	3394	4345	4980
快餐服务	622	203	214	243	287	388	385
饮料及冷饮服务	623	103	150	190	195	265	355
其他餐饮业	629	170	192	261	301	367	426
信息传输、软件和信息技术服务业	I	**4936**	**5365**	**7444**	**8873**	**9887**	**11462**
电信、广播电视和卫星传输服务	63	779	577	679	774	680	691
电信	631	609	453	524	626	478	503
广播电视传输服务	632	159	117	141	135	186	173
卫星传输服务	633	11	7	14	13	16	15
互联网和相关服务	64	545	633	1076	1222	1289	1637
互联网接入及相关服务	641	78	72	106	147	155	166

单位：个

2007年	2008年	2009年	2010年	2011年	2012年	2013年	2014年	无开业年份	代码
14818	**16970**	**22286**	**28563**	**29911**	**30934**	**35846**	**36158**	**903**	**G**
109	154	191	267	288	264	298	395	7	53
16	27	39	47	40	53	42	38		531
48	68	75	95	101	99	115	129	5	532
45	59	77	125	147	112	141	228	2	533
7467	8921	12076	14807	15993	16753	19257	20805	419	54
484	465	529	569	609	628	800	527	13	541
498	469	540	560	492	532	428	425	12	542
5894	7301	10238	12837	13952	14575	16980	18735	353	543
591	686	769	841	940	1018	1049	1118	41	544
730	656	799	838	801	730	757	1005	49	55
48	51	70	78	75	82	76	75	3	551
483	434	464	488	421	391	386	644	20	552
199	171	265	272	305	257	295	286	26	553
76	70	85	127	136	162	221	156	6	56
39	37	40	48	58	72	68	47	1	561
16	13	21	41	37	50	57	57	2	562
21	20	24	38	41	40	96	52	3	563
20	19	27	43	29	39	39	41	2	57
20	19	27	43	29	39	39	41	2	570
4530	4968	5890	7383	8426	9046	10467	9678	209	58
678	789	883	1034	1254	1364	1823	2191	39	581
3852	4179	5007	6349	7172	7682	8644	7487	170	582
1361	1422	1859	2452	2494	2435	2803	2696	182	59
422	514	616	788	705	619	701	589	18	591
939	908	1243	1664	1789	1816	2102	2107	164	599
525	760	1359	2646	1744	1505	2004	1382	29	60
21	31	27	94	55	40	44	52	1	601
504	729	1332	2552	1689	1465	1960	1330	28	602
11042	**13004**	**14221**	**18721**	**22054**	**27743**	**34639**	**22069**	**532**	**H**
4558	5205	4955	6465	7124	8316	9080	4960	269	61
1450	1523	1557	1886	2005	2426	2256	1368	142	611
2764	3239	2891	3901	4318	4882	5663	2746	99	612
344	443	507	678	801	1008	1161	846	28	619
6484	7799	9266	12256	14930	19427	25559	17109	263	62
5193	6137	7227	9559	11493	14845	19001	12568	198	621
486	580	716	906	1089	1434	1834	1123	18	622
341	414	457	594	739	983	1260	737	8	623
464	668	866	1197	1609	2165	3464	2681	39	629
11845	**13473**	**18132**	**22977**	**29167**	**34080**	**42781**	**47111**	**658**	**I**
597	859	900	951	974	1096	1045	883	24	63
444	634	714	672	752	838	837	744	23	631
138	206	168	255	195	234	176	113		632
15	19	18	24	27	24	32	26	1	633
1705	1762	2182	2884	3394	3981	4528	5750	106	64
192	172	239	322	391	482	610	545	9	641

2-6 续表 20

行业中类	代码	2001年	2002年	2003年	2004年	2005年	2006年
互联网信息服务	642	406	479	830	945	990	1304
其他互联网服务	649	61	82	140	130	144	167
软件和信息技术服务业	65	3612	4155	5689	6877	7918	9134
软件开发	651	2204	2558	3490	4278	4852	5721
信息系统集成服务	652	472	513	645	697	885	909
信息技术咨询服务	653	522	612	843	1048	1250	1405
数据处理和存储服务	654	32	52	78	105	108	138
集成电路设计	655	66	76	85	111	110	161
其他信息技术服务业	659	316	344	548	638	713	800
金融业	**J**	**843**	**1425**	**1866**	**1722**	**2570**	**2893**
货币金融服务	66	233	402	390	316	909	989
中央银行服务	661	4		2	4	2	3
货币银行服务	662	134	99	77	147	475	492
非货币银行服务	663	95	303	309	160	431	494
银行监管服务	664			2	5	1	
资本市场服务	67	274	271	362	380	423	561
证券市场服务	671	41	52	50	29	35	22
期货市场服务	672	5	1	8	6	3	5
证券期货监管服务	673	1	1	2		1	
资本投资服务	674	182	173	241	262	312	433
其他资本市场服务	679	45	44	61	83	72	101
保险业	68	239	668	979	878	1090	1104
人身保险	681	104	374	409	207	208	244
财产保险	682	77	218	268	283	524	533
再保险	683	1		5	5	1	
养老金	684	4		2	1	2	1
保险经纪与代理服务	685	42	49	229	313	295	265
保险监管服务	686		1	1			2
其他保险活动	689	11	26	65	69	60	59
其他金融业	69	97	84	135	148	148	239
金融信托与管理服务	691	31	27	39	30	33	51
控股公司服务	692	20	18	15	25	22	40
非金融机构支付服务	693	3	9	7	8	10	12
金融信息服务	694	16	5	20	17	29	41
其他未列明金融业	699	27	25	54	68	54	95
房地产业	**K**	**11517**	**12885**	**16057**	**16035**	**17736**	**20919**
房地产业	70	11517	12885	16057	16035	17736	20919
房地产开发经营	701	5453	5770	6845	6475	7774	9612
物业管理	702	3345	3881	4943	5159	5515	6249
房地产中介服务	703	1480	1728	2357	2584	2740	3277
自有房地产经营活动	704	845	1035	1251	1185	1065	999
其他房地产业	709	394	471	661	632	642	782
租赁和商务服务业	**L**	**14624**	**16793**	**22789**	**27646**	**32709**	**37536**
租赁业	71	865	877	1151	1395	1729	2090
机械设备租赁	711	818	828	1084	1334	1654	1988

单位：个

2007年	2008年	2009年	2010年	2011年	2012年	2013年	2014年	无开业年份	代码
1315	1369	1635	2139	2432	2758	2872	3747	86	642
198	221	308	423	571	741	1046	1458	11	649
9543	10852	15050	19142	24799	29003	37208	40478	528	65
5992	6620	9113	11614	15056	17795	21970	23973	256	651
976	1030	1472	1751	2227	2422	2509	3218	77	652
1407	1782	2610	3266	4310	5148	7933	6200	115	653
154	161	198	278	382	478	721	832	9	654
151	180	246	315	313	359	384	312	8	655
863	1079	1411	1918	2511	2801	3691	5943	63	659
3821	**4797**	**5569**	**7389**	**9807**	**10854**	**13007**	**11686**	**287**	**J**
1520	1697	2460	3193	3855	3988	3982	2428	36	66
4	3	2	5	6	4	8	13	1	661
743	857	524	781	829	656	683	721	9	662
773	837	1933	2406	3018	3328	3287	1688	26	663
		1	1	2		4	6		664
783	1001	1442	2354	3581	4383	6162	5524	173	67
46	60	108	164	268	375	515	426	7	671
4	14	11	25	26	29	54	45		672
	1		1	3	1	5	12		673
599	746	1076	1709	2622	2945	3853	4162	147	674
134	180	247	455	662	1033	1735	879	19	679
1215	1719	986	871	1062	1203	1052	743	16	68
318	726	363	354	458	433	356	212	5	681
544	604	246	219	306	468	426	266	7	682
1	6	1	2	1	2	1	2		683
51	38	5	10	12	27	5	7		684
256	264	300	224	225	194	182	124	3	685
	2	2	1	1	3	2	2	1	686
45	79	69	61	59	76	80	130		689
303	380	681	971	1309	1280	1811	2991	62	69
66	90	143	220	319	386	616	761	15	691
57	48	81	130	285	230	229	224	7	692
15	22	27	39	58	55	59	94	4	693
41	43	71	109	114	161	411	660	13	694
124	177	359	473	533	448	496	1252	23	699
23821	**20395**	**28822**	**39685**	**39788**	**34687**	**40406**	**33000**	**1618**	**K**
23821	20395	28822	39685	39788	34687	40406	33000	1618	70
11619	8564	12217	18305	16501	11953	12390	12114	623	701
6500	6867	8713	10865	11760	12012	12359	11759	460	702
4031	3431	6053	8188	8997	8508	13043	7582	217	703
790	834	822	911	1070	934	1135	302	44	704
881	699	1017	1416	1460	1280	1479	1243	274	709
40845	**49338**	**67213**	**89668**	**112857**	**131286**	**150158**	**168319**	**3456**	**L**
2179	2860	4562	6368	8133	9420	10927	12846	296	71
2093	2741	4407	6164	7861	9144	10480	12504	288	711

2-6 续表 21

行业中类	代码	2001年	2002年	2003年	2004年	2005年	2006年
文化及日用品出租	712	47	49	67	61	75	102
商务服务业	72	13759	15916	21638	26251	30980	35446
企业管理服务	721	2380	2804	3638	3629	4420	5215
法律服务	722	566	366	354	370	415	460
咨询与调查	723	3075	3929	5479	7390	9180	9979
广告业	724	2960	3340	4512	5882	6727	8052
知识产权服务	725	165	188	422	390	345	387
人力资源服务	726	606	777	1183	1578	1880	2240
旅行社及相关服务	727	1328	1168	1613	1870	1952	2115
安全保护服务	728	171	202	310	294	333	373
其他商务服务业	729	2508	3142	4127	4848	5728	6625
科学研究和技术服务业	**M**	**7015**	**8004**	**10211**	**11894**	**13632**	**15832**
研究和试验发展	73	668	706	925	1044	1174	1527
自然科学研究和试验发展	731	59	61	55	82	72	120
工程和技术研究和试验发展	732	334	348	484	566	659	901
农业科学研究和试验发展	733	96	98	109	107	145	175
医学研究和试验发展	734	166	192	267	267	279	304
社会人文科学研究	735	13	7	10	22	19	27
专业技术服务业	74	4605	5375	6882	8007	8718	9785
气象服务	741	51	61	79	54	49	44
地震服务	742	3	6	9	6	7	4
海洋服务	743	6	6	10	10	10	12
测绘服务	744	152	236	321	371	400	366
质检技术服务	745	281	377	569	708	804	1167
环境与生态监测	746	49	44	90	101	114	137
地质勘查	747	94	99	158	199	249	288
工程技术	748	2526	2948	3365	3932	4160	4302
其他专业技术服务业	749	1443	1598	2281	2626	2925	3465
科技推广和应用服务业	75	1742	1923	2404	2843	3740	4520
技术推广服务	751	1370	1490	1859	2210	2826	3585
科技中介服务	752	166	177	215	231	315	363
其他科技推广和应用服务业	759	206	256	330	402	599	572
水利、环境和公共设施管理业	**N**	**1238**	**1474**	**1973**	**1852**	**2050**	**2214**
水利管理业	76	118	122	158	173	166	201
防洪除涝设施管理	761	13	11	19	16	20	29
水资源管理	762	30	36	40	45	39	59
天然水收集与分配	763	20	18	37	26	30	33
水文服务	764	8	5	9	14	13	5
其他水利管理业	769	47	52	53	72	64	75
生态保护和环境治理业	77	140	183	251	240	282	352
生态保护	771	30	48	37	28	28	65
环境治理业	772	110	135	214	212	254	287
公共设施管理业	78	980	1169	1564	1439	1602	1661
市政设施管理	781	103	118	180	179	193	195

单位：个

2007年	2008年	2009年	2010年	2011年	2012年	2013年	2014年	无开业年份	代码
86	119	155	204	272	276	447	342	8	712
38666	46478	62651	83300	104724	121866	139231	155473	3160	72
6442	8098	10945	16672	22618	26532	33249	39329	1149	721
405	525	1013	933	765	788	757	720	11	722
10962	13361	17254	22282	28258	33355	41336	44224	819	723
8749	10059	13650	18133	22445	25560	25801	29056	394	724
365	417	561	797	876	1045	1081	920	12	725
2454	3220	3996	5164	6274	7898	7761	5857	180	726
1905	1910	2244	3334	3757	3965	4109	3356	137	727
379	455	557	724	1047	1019	1268	972	19	728
7005	8433	12431	15261	18684	21704	23869	31039	439	729
16316	**19722**	**27917**	**35946**	**44272**	**51213**	**58263**	**60068**	**1263**	**M**
1531	1833	2845	4026	5256	6004	6660	10185	206	73
117	164	249	389	472	542	558	1476	28	731
877	1047	1635	2326	3128	3534	4071	6343	113	732
163	215	351	449	581	769	781	1277	41	733
353	374	579	799	1007	1084	1171	938	22	734
21	33	31	63	68	75	79	151	2	735
9556	10456	14139	18165	22087	24268	27111	24959	484	74
51	49	49	72	53	56	40	53	1	741
5	8	8	6	19	24	27	77		742
13	21	23	22	39	51	62	60		743
304	314	407	472	543	560	533	771	14	744
806	775	1056	1219	1253	1404	1362	1353	46	745
128	171	241	318	368	428	464	511	9	746
332	404	345	372	465	421	383	335	34	747
4119	4371	6029	7810	9535	10247	11132	7256	194	748
3798	4343	5981	7874	9812	11077	13108	14543	186	749
5229	7433	10933	13755	16929	20941	24492	24924	573	75
4185	6203	9093	11396	14031	17658	21110	18485	496	751
422	483	538	664	884	991	969	1154	19	752
622	747	1302	1695	2014	2292	2413	5285	58	759
2330	**2775**	**4014**	**4615**	**5465**	**6218**	**6555**	**6253**	**619**	**N**
174	235	319	334	424	464	459	538	15	76
21	17	31	30	35	52	42	58	2	761
58	59	82	88	96	90	120	70	4	762
17	32	42	38	34	41	48	43	4	763
10	18	24	19	35	37	27	34	1	764
68	109	140	159	224	244	222	333	4	769
339	420	559	612	739	812	842	893	45	77
60	53	82	102	149	138	116	85	8	771
279	367	477	510	590	674	726	808	37	772
1817	2120	3136	3669	4302	4942	5254	4822	559	78
239	249	385	458	444	490	509	524	25	781

2-6 续表 22

行业中类	代码	2001年	2002年	2003年	2004年	2005年	2006年
环境卫生管理	782	87	94	121	139	185	158
城乡市容管理	783	16	20	27	24	41	38
绿化管理	784	513	590	799	714	726	748
公园和游览景区管理	785	261	347	437	383	457	522
居民服务、修理和其他服务业	O	**4211**	**4796**	**6561**	**7168**	**8112**	**9369**
居民服务业	79	1421	1682	2360	2639	2962	3228
家庭服务	791	142	144	223	320	322	369
托儿所服务	792	12	4	10	9	10	19
洗染服务	793	75	117	122	135	143	159
理发及美容服务	794	391	573	696	727	888	892
洗浴服务	795	241	303	467	504	519	511
保健服务	796	121	127	238	240	279	318
婚姻服务	797	64	77	90	119	177	227
殡葬服务	798	89	87	135	140	142	129
其他居民服务业	799	286	250	379	445	482	604
机动车、电子产品和日用产品修理业	80	2069	2233	3086	3192	3534	4279
汽车、摩托车修理与维护	801	1553	1682	2281	2307	2499	3057
计算机和办公设备维修	802	206	230	355	392	431	507
家用电器修理	803	229	237	345	369	435	558
其他日用产品修理业	809	81	84	105	124	169	157
其他服务业	81	721	881	1115	1337	1616	1862
清洁服务	811	375	506	610	750	913	1111
其他未列明服务业	819	346	375	505	587	703	751
教育	P	**811**	**1078**	**1316**	**1806**	**2365**	**2398**
教育	82	811	1078	1316	1806	2365	2398
学前教育	821	145	211	204	206	271	278
初等教育	822	17	23	42	21	32	29
中等教育	823	40	49	39	49	59	60
高等教育	824	10	8	6	8	6	11
特殊教育	825	2	6	4	11	13	18
技能培训、教育辅助及其他教育	829	597	781	1021	1511	1984	2002
卫生和社会工作	Q	**566**	**699**	**1052**	**1155**	**1430**	**1577**
卫生	83	529	659	1002	1113	1377	1515
医院	831	157	258	374	494	574	589
社区医疗与卫生院	832	90	90	97	111	136	132
门诊部(所)	833	248	272	490	439	569	676
计划生育技术服务活动	834			2	3	7	9
妇幼保健院(所、站)	835	2		2	2	4	6
专科疾病防治院(所、站)	836	8	14	16	16	26	27
疾病预防控制中心	837	2	4	1	4	6	4
其他卫生活动	839	22	21	20	44	55	72
社会工作	84	37	40	50	42	53	62
提供住宿社会工作	841	27	32	42	31	37	50
不提供住宿社会工作	842	10	8	8	11	16	12

单位：个

2007年	2008年	2009年	2010年	2011年	2012年	2013年	2014年	无开业年份	代码
193	267	310	341	419	522	511	477	35	782
30	47	90	103	110	130	143	130	203	783
817	937	1484	1866	2214	2604	2727	2576	105	784
538	620	867	901	1115	1196	1364	1115	191	785
9160	**11034**	**14467**	**18127**	**21938**	**25337**	**30304**	**30854**	**526**	**O**
3148	3919	4828	6386	8150	9974	12640	10599	173	79
399	590	831	1180	1520	2181	2881	2477	31	791
15	25	25	27	33	39	36	60		792
173	182	191	246	402	493	587	322	9	793
813	1083	1097	1388	2012	2310	2848	1213	9	794
485	525	492	583	613	701	855	472	13	795
303	391	519	778	876	1001	1301	654	14	796
277	256	387	541	745	1025	1292	1007	16	797
122	143	158	185	219	205	261	266	14	798
561	724	1128	1458	1730	2019	2579	4128	67	799
3931	4556	5691	7150	8446	9386	11425	7580	151	80
2783	3189	4048	5099	5945	6736	8036	5525	113	801
541	608	717	857	1029	1099	1310	845	19	802
441	539	656	836	1056	1097	1375	744	11	803
166	220	270	358	416	454	704	466	8	809
2081	2559	3948	4591	5342	5977	6239	12675	202	81
1299	1521	1960	2300	2836	3419	3638	4408	106	811
782	1038	1988	2291	2506	2558	2601	8267	96	819
2070	**2556**	**3199**	**4341**	**4849**	**6190**	**7127**	**5217**	**121**	**P**
2070	2556	3199	4341	4849	6190	7127	5217	121	82
264	416	408	600	621	677	651	891	13	821
23	22	32	43	33	37	54	84	1	822
38	36	57	72	60	52	63	89	3	823
8	9	13	11	13	21	29	28		824
7	19	17	29	25	37	38	42	1	825
1730	2054	2672	3586	4097	5366	6292	4083	103	829
1324	**1570**	**1450**	**1848**	**2223**	**2792**	**2951**	**2127**	**53**	**Q**
1268	1475	1343	1698	2053	2557	2691	1656	34	83
446	525	536	626	843	1011	1083	669	18	831
132	155	125	198	159	200	198	110	2	832
552	674	552	724	853	1107	1081	602	10	833
2	1	7	3	3	1	7	6		834
7	3	5	7	8	12	16	8	1	835
15	25	21	20	41	51	57	35		836
8	8	4	9	6	9	14	7		837
106	84	93	111	140	166	235	219	3	839
56	95	107	150	170	235	260	471	19	84
53	78	87	128	140	205	222	407	18	841
3	17	20	22	30	30	38	64	1	842

2-6 续表 23

行业中类	代码	2001年	2002年	2003年	2004年	2005年	2006年
文化、体育和娱乐业	R	**3853**	**5448**	**8293**	**8104**	**9835**	**13223**
新闻和出版业	85	123	127	173	187	227	181
新闻业	851	4	4	9	10	9	12
出版业	852	119	123	164	177	218	169
广播、电视、电影和影视录音制作业	86	196	245	313	454	523	628
广播	861	12	8	11	14	21	14
电视	862	34	30	43	46	85	76
电影和影视节目制作	863	86	108	144	248	257	314
电影和影视节目发行	864	17	32	27	42	51	46
电影放映	865	33	46	68	70	79	124
录音制作	866	14	21	20	34	30	54
文化艺术业	87	354	361	519	631	898	1080
文艺创作与表演	871	117	103	171	162	220	291
艺术表演场馆	872	8	14	13	14	16	24
图书馆与档案馆	873	4	11	10	4	10	19
文物及非物质文化遗产保护	874	13	9	17	15	27	20
博物馆	875	6	2	7	13	16	15
烈士陵园、纪念馆	876	2	2	3		5	4
群众文化活动	877	49	58	88	98	170	168
其他文化艺术业	879	155	162	210	325	434	539
体育	88	204	254	396	374	542	605
体育组织	881	18	27	51	42	60	71
体育场馆	882	23	25	33	29	46	42
休闲健身活动	883	150	182	284	270	397	451
其他体育	889	13	20	28	33	39	41
娱乐业	89	2976	4461	6892	6458	7645	10729
室内娱乐活动	891	2818	4281	6637	6175	7276	10246
游乐园	892	32	24	35	45	38	47
彩票活动	893	4	8	1	3	4	3
文化、娱乐、体育经纪代理	894	79	88	138	159	226	287
其他娱乐业	899	43	60	81	76	101	146
公共管理、社会保障和社会组织	S	**4**	**4**	**4**	**4**	**9**	**4**
中国共产党机关	90						
中国共产党机关	900						
国家机构	91						
国家权力机构	911						
国家行政机构	912						
人民法院和人民检察院	913						
其他国家机构	919						
人民政协、民主党派	92						
人民政协	921						
民主党派	922						
社会保障	93	4	4	4	4	9	4
社会保障	930	4	4	4	4	9	4

单位：个

2007年	2008年	2009年	2010年	2011年	2012年	2013年	2014年	无开业年份	代码
13281	**13365**	**15759**	**17784**	**18397**	**21996**	**20994**	**14911**	**358**	**R**
161	273	304	324	342	423	341	189	2	85
5	14	17	26	26	30	33	33		851
156	259	287	298	316	393	308	156	2	852
624	716	953	1318	1649	1899	1859	1673	29	86
12	24	31	47	48	60	72	89	3	861
57	67	75	106	86	95	79	171	5	862
325	339	494	596	736	925	966	754	11	863
52	60	85	85	100	112	82	53		864
149	190	211	407	594	604	551	526	8	865
29	36	57	77	85	103	109	80	2	866
1449	1848	2778	3814	4686	6412	7175	6445	140	87
312	420	707	812	1097	1549	1679	1507	29	871
33	25	58	56	69	90	61	69		872
17	12	24	32	22	50	53	44	2	873
32	31	34	52	65	113	116	121	6	874
13	21	35	43	39	54	49	28	6	875
1	4	8	5	4	5	3	5	1	876
211	254	376	547	620	835	1100	647	23	877
830	1081	1536	2267	2770	3716	4114	4024	73	879
650	753	900	1012	1173	1358	1660	1451	49	88
82	101	99	110	140	144	173	194	4	881
55	45	65	71	86	71	85	108	3	882
461	542	654	718	806	971	1195	937	38	883
52	65	82	113	141	172	207	212	4	889
10397	9775	10824	11316	10547	11904	9959	5153	138	89
9880	9218	10123	10416	9417	10648	8603	3678	93	891
51	88	100	125	129	162	198	212	10	892
4	6	8	10	14	12	9	9		893
280	292	359	453	594	600	632	750	12	894
182	171	234	312	393	482	517	504	23	899
3	**4**	**6**	**7**	**6**	**9**	**4**	**23**	**1**	**S**
									90
									900
									91
									911
									912
									913
									919
									92
									921
									922
3	4	6	7	6	9	4	23	1	93
3	4	6	7	6	9	4	23	1	930

2-7 按地区、开业(成立)

地区	企业单位数	1949年及以前	1950-1977年	1978-1991年	1992-1995年	1996年	1997年	1998年	1999年	2000年	2001年
全国	**10617154**	**2879**	**50337**	**153957**	**201478**	**67328**	**73882**	**120854**	**122716**	**186842**	**227804**
北京	619279	50	1084	7361	14187	4166	4740	7389	8859	12803	16645
天津	240190	72	555	3475	5892	1814	1936	2704	2759	4098	4796
河北	388801	218	2356	4388	4933	2128	2238	3965	3972	6786	7767
山西	171179	169	2090	3281	2611	920	1091	1918	1880	2372	2700
内蒙古	134578	48	719	1154	1072	515	656	1221	1274	1974	2268
辽宁	401336	334	2413	9782	10383	2920	3358	5730	6385	8468	9734
吉林	113983	163	1016	2238	1696	703	753	1533	1582	2648	3326
黑龙江	132421	237	1538	3208	2967	1089	944	1946	1933	3395	3472
上海	403109	92	606	5631	16734	4483	5061	6935	7432	10320	13264
江苏	1184337	157	2853	17495	20569	6229	7301	15201	12248	20327	26364
浙江	1080455	134	2262	12508	20986	7681	8185	11804	13705	20237	22870
安徽	363443	62	1561	3396	3781	1503	1824	2294	2331	3979	4737
福建	457591	88	2730	6348	9976	3569	3504	5299	5540	8482	9067
江西	222139	48	2124	3087	2280	858	867	1560	1588	3192	4031
山东	819061	178	2334	8669	11198	3963	4337	8163	8575	13081	17139
河南	399985	239	3711	7198	6691	3496	2890	6359	5707	9404	10902
湖北	429641	90	2059	5358	4982	2199	2253	3678	3531	5992	7864
湖南	277672	78	2003	4832	4522	1648	1620	3349	3054	5742	7602
广东	1102077	102	3143	20706	30056	7755	9183	11757	13905	18748	23503
广西	230232	28	2445	3033	3274	926	1037	1540	1496	2167	2664
海南	43752	5	648	1012	1236	285	303	450	467	640	836
重庆	316677	26	782	2698	3643	1291	1753	2510	1903	2991	3620
四川	260661	35	2096	5346	6293	2385	2607	4349	3965	5987	7184
贵州	147403	30	1235	1299	1368	490	719	1070	1095	1675	1763
云南	192072	26	1432	2379	2602	1142	1233	1864	1683	2371	2719
西藏	9030	6	200	202	144	59	58	105	104	168	163
陕西	207718	104	2201	3839	3529	1518	1667	2988	2429	3681	4580
甘肃	93913	40	986	1998	1857	735	819	1339	1220	1974	2423
青海	29731	5	241	356	286	149	161	341	327	587	669
宁夏	33919	3	204	419	427	221	231	410	387	632	610
新疆	110769	12	710	1261	1303	488	553	1083	1380	1921	2522

时间分组的企业法人单位数

单位：个

2002年	2003年	2004年	2005年	2006年	2007年	2008年	2009年	2010年	2011年	2012年	2013年	2014年	无开业年份
262079	**332771**	**348681**	**395386**	**468250**	**471302**	**531377**	**716665**	**919806**	**1078003**	**1182802**	**1347008**	**1318218**	**36729**
19164	23607	27760	30976	31918	35935	41729	51065	58520	65274	68515	70684	15902	946
5754	7383	7716	8728	10906	11277	13199	16511	20958	26345	26105	28342	27994	871
8861	10388	11523	13168	16815	15512	18244	28052	33426	40882	44919	58474	48328	1458
3311	4396	5158	5833	6969	7157	8010	9928	11524	14274	16420	17104	41204	859
2466	3179	3739	4592	6043	6416	7247	9826	12953	14307	14777	15788	21933	411
10892	13838	15235	16798	19088	19330	21245	27334	38134	39670	37028	33497	47437	2303
3053	3975	4118	5579	6590	6240	6153	9010	11240	13285	13095	12069	3748	170
3457	4201	4315	5418	5902	6178	8078	11086	13135	13888	15346	14964	5482	242
17080	21763	24602	25727	22653	19232	20778	26814	32273	33090	34140	30113	24019	267
33880	42673	38919	42471	53983	53891	55226	80149	114464	120138	122758	117030	176248	3763
29050	34013	32352	35038	44457	45563	46314	61935	78928	93347	93871	175660	183683	5872
6017	7925	8759	9910	13625	14746	17722	22868	32152	38761	44033	51148	67200	3109
9979	13807	14824	16891	20251	19675	23351	31676	41450	48069	48484	46760	63224	4547
4314	5428	5288	6881	8038	7178	9000	14519	20090	22652	28806	21899	47739	672
18931	24631	24579	28478	34280	32782	39017	53575	67854	75014	78813	95568	166986	916
10327	13726	13915	19614	22252	19768	26997	33446	37612	38898	40691	45098	20499	545
8715	10957	11535	13373	14473	14815	20001	27400	34323	40416	48002	83708	63270	647
7158	10044	10324	12671	14516	13498	14487	21445	29756	32532	35675	38839	2105	172
27044	35085	39620	42378	51678	53952	54216	74960	93624	117084	131249	153803	83373	5153
3326	4177	4518	5368	6449	7402	7877	12801	16588	25613	36968	34883	45465	187
950	1270	1365	1596	1904	2094	2431	2845	4699	4947	5321	5993	2303	152
3810	5360	5310	5892	6853	8943	9501	12314	24035	47626	51884	53085	60572	275
7844	9847	9940	11079	13985	13982	16266	20108	23189	26943	29305	27732	9597	597
2016	2678	3067	3631	5063	5444	6575	8345	10513	13390	33552	30493	11275	617
3085	4282	4821	5404	6903	6636	8932	12869	15231	18409	22219	21157	44171	502
202	251	292	375	439	468	413	585	695	978	1428	1613	75	7
4479	5609	5984	7460	9108	9290	11957	16513	20050	23797	25730	22516	18123	566
2541	2990	2972	3400	4075	4113	5438	6708	8404	10043	12522	14809	2346	161
725	819	843	863	1043	1305	1392	1748	2307	3142	3533	4106	4731	52
741	1018	1110	996	1243	1390	1646	2409	2987	3527	4449	5541	3245	73
2907	3451	4178	4798	6748	7090	7935	7821	8692	11662	13164	14532	5941	617

2-8 按开业(成立)时间、营业状态分组的企业法人单位数

单位：个

开业(成立)时间	企业单位数	营业	停业(歇业)	筹建	当年关闭	当年破产	其他
总计	**10617154**	**9143955**	**590281**	**616545**	**150157**	**12462**	**103754**
1949年及以前	2879	2537	251	3	51	5	32
1950-1977年	50337	42352	5879	24	948	300	834
1978-1991年	153957	132230	16126	143	3006	534	1918
1992-1995年	201478	177680	17630	178	3575	338	2077
1996年	67328	60242	5067	60	1191	137	631
1997年	73882	66658	5164	81	1200	123	656
1998年	120854	107376	8795	983	2305	255	1140
1999年	122716	110256	8467	111	2269	231	1382
2000年	186842	166561	13469	206	4069	422	2115
2001年	227804	205074	15286	258	4487	440	2259
2002年	262079	237527	16686	289	4681	444	2452
2003年	332771	300441	22086	499	6058	543	3144
2004年	348681	315863	22292	710	6032	512	3272
2005年	395386	355306	27067	893	7808	691	3621
2006年	468250	420585	32215	1362	8880	785	4423
2007年	471302	421907	32901	2208	8742	712	4832
2008年	531377	469911	37276	7320	9909	929	6032
2009年	716665	637789	46049	10942	12684	1012	8189
2010年	919806	815269	61112	15378	16404	1212	10431
2011年	1078003	939513	64968	46305	16044	1159	10014
2012年	1182802	1024129	65180	65317	15897	999	11280
2013年	1347008	1078664	50621	195605	11124	505	10489
2014年	1318218	1056085	15694	230941	2793	174	12531
无开业年份	36729			36729			

2-9 按行业(中类)、营业状态分组的企业法人单位数

(2014年) 单位：个

行业中类	代码	企业单位数	营业	停业(歇业)	筹建	当年关闭	当年破产	其他
总计	--	**10617154**	**9143955**	**590281**	**616545**	**150157**	**12462**	**103754**
农、林、牧、渔业	A	**547263**	**457596**	**27784**	**47833**	**5442**	**730**	**7878**
农业	01	233898	190980	11948	24941	2107	238	3684
谷物种植	011	40912	34549	1802	3607	237	35	682
豆类、油料和薯类种植	012	8215	6780	427	770	82	7	149
棉、麻、糖、烟草种植	013	5439	4714	265	289	60	8	103
蔬菜、食用菌及园艺作物种植	014	81509	66196	4856	8593	835	75	954
水果种植	015	47034	38709	2178	4928	388	46	785
坚果、含油果、香料和饮料作物种植	016	16587	13047	789	2237	199	24	291
中药材种植	017	17472	13602	828	2531	155	22	334
其他农业	019	16730	13383	803	1986	151	21	386
林业	02	46901	37767	2701	5078	546	50	759
林木育种和育苗	021	34483	27564	1961	4089	347	29	493
造林和更新	022	6622	5346	384	655	95	12	130
森林经营和管护	023	4074	3425	242	227	71	7	102
木材和竹材采运	024	954	798	68	59	16	1	12
林产品采集	025	768	634	46	48	17	1	22
畜牧业	03	152186	131874	7032	9593	1585	257	1845
牲畜饲养	031	106570	92278	4546	7267	1035	160	1284
家禽饲养	032	33732	29333	1846	1668	401	75	409
狩猎和捕捉动物	033	733	651	24	34	8	2	14
其他畜牧业	039	11151	9612	616	624	141	20	138
渔业	04	46046	39326	2411	3245	511	53	500
水产养殖	041	44298	37884	2298	3087	502	50	477
水产捕捞	042	1748	1442	113	158	9	3	23
农、林、牧、渔服务业	05	68232	57649	3692	4976	693	132	1090
农业服务业	051	52267	43891	2889	4075	524	89	799
林业服务业	052	4404	3604	249	376	56	11	108
畜牧服务业	053	8183	7206	395	343	81	23	135
渔业服务业	054	3378	2948	159	182	32	9	48
采矿业	B	**101658**	**75763**	**15514**	**5675**	**3185**	**470**	**1051**
煤炭开采和洗选业	06	20533	15218	3202	983	733	91	306
烟煤和无烟煤开采洗选	061	18852	13974	2990	824	691	86	287
褐煤开采洗选	062	591	465	66	34	18	2	6
其他煤炭采选	069	1090	779	146	125	24	3	13
石油和天然气开采业	07	588	478	42	59	3	1	5
石油开采	071	370	313	28	23	3		3
天然气开采	072	218	165	14	36		1	2
黑色金属矿采选业	08	16077	10870	3711	801	475	93	127
铁矿采选	081	14328	9755	3319	675	411	74	94
锰矿、铬矿采选	082	978	624	236	43	40	13	22
其他黑色金属矿采选	089	771	491	156	83	24	6	11
有色金属矿采选业	09	11109	7137	2492	923	379	62	116

2-9 续表 1 单位：个

行业中类	代码	企业单位数						
			营业	停业(歇业)	筹建	当年关闭	当年破产	其他
常用有色金属矿采选	091	7751	4924	1771	637	290	43	86
贵金属矿采选	092	2196	1389	514	210	52	10	21
稀有稀土金属矿采选	093	1162	824	207	76	37	9	9
非金属矿采选业	10	48083	38186	5451	2377	1445	203	421
土砂石开采	101	40957	32908	4466	1839	1235	173	336
化学矿开采	102	1689	1265	259	111	36	7	11
采盐	103	548	492	32	10	11	3	
石棉及其他非金属矿采选	109	4889	3521	694	417	163	20	74
开采辅助活动	11	3125	2476	288	242	75	6	38
煤炭开采和洗选辅助活动	111	528	355	89	51	21	2	10
石油和天然气开采辅助活动	112	1868	1598	107	119	32	2	10
其他开采辅助活动	119	729	523	92	72	22	2	18
其他采矿业	12	2143	1398	328	290	75	14	38
其他采矿业	120	2143	1398	328	290	75	14	38
制造业	**C**	**2616422**	**2255342**	**162193**	**129201**	**45510**	**5169**	**19007**
农副食品加工业	13	118957	103825	6974	4500	2180	363	1115
谷物磨制	131	26940	24445	1200	488	489	119	199
饲料加工	132	13951	12064	861	579	295	37	115
植物油加工	133	10815	9268	659	393	245	49	201
制糖业	134	866	736	61	38	19	5	7
屠宰及肉类加工	135	19590	17310	1015	752	309	48	156
水产品加工	136	11005	9198	884	578	185	17	143
蔬菜、水果和坚果加工	137	17024	14741	1147	685	298	41	112
其他农副食品加工	139	18766	16063	1147	987	340	47	182
食品制造业	14	55474	47812	3295	2802	981	171	413
焙烤食品制造	141	14712	12957	704	699	213	33	106
糖果、巧克力及蜜饯制造	142	5463	4839	300	172	100	21	31
方便食品制造	143	9690	8476	503	454	163	30	64
乳制品制造	144	1806	1532	144	75	35	7	13
罐头食品制造	145	3465	2943	264	125	74	18	41
调味品、发酵制品制造	146	7505	6558	434	296	145	22	50
其他食品制造	149	12833	10507	946	981	251	40	108
酒、饮料和精制茶制造业	15	44540	38324	2831	2232	726	130	297
酒的制造	151	14894	12628	1180	671	269	42	104
饮料制造	152	14998	12887	936	811	233	41	90
精制茶加工	153	14648	12809	715	750	224	47	103
烟草制品业	16	454	409	18	12	3	1	11
烟叶复烤	161	212	186	9	4	3		10
卷烟制造	162	100	95	4	1			
其他烟草制品制造	169	142	128	5	7		1	1
纺织业	17	125279	108328	8660	4524	2763	313	691
棉纺织及印染精加工	171	46750	40806	3169	1348	1011	153	263
毛纺织及染整精加工	172	7276	6138	632	216	209	32	49
麻纺织及染整精加工	173	1408	1190	128	39	39	3	9

2-9 续表 2

单位：个

行业中类	代码	企业单位数	营业	停业(歇业)	筹建	当年关闭	当年破产	其他
丝绢纺织及印染精加工	174	3678	3101	374	85	90	9	19
化纤织造及印染精加工	175	11411	9935	854	364	210	16	32
针织或钩针编织物及其制品制造	176	20717	17717	1400	875	581	37	107
家用纺织制成品制造	177	18528	15778	1224	999	363	41	123
非家用纺织制成品制造	178	15511	13663	879	598	260	22	89
纺织服装、服饰业	18	145913	123672	10700	6407	3677	256	1201
机织服装制造	181	97600	82526	7398	4075	2582	181	838
针织或钩针编织服装制造	182	21389	18244	1654	793	517	32	149
服饰制造	183	26924	22902	1648	1539	578	43	214
皮革、毛皮、羽毛及其制品和制鞋业	19	69782	58954	4842	3548	1531	161	746
皮革鞣制加工	191	3353	2592	398	113	193	10	47
皮革制品制造	192	22302	19341	1258	1006	519	43	135
毛皮鞣制及制品加工	193	5022	4213	322	342	112	7	26
羽毛(绒)加工及制品制造	194	2248	1845	202	129	46	10	16
制鞋业	195	36857	30963	2662	1958	661	91	522
木材加工和木、竹、藤、棕、草制品业	20	81168	71034	4683	2944	1679	250	578
木材加工	201	32224	28570	1756	978	594	91	235
人造板制造	202	16905	15009	833	444	454	74	91
木制品制造	203	23224	19987	1514	1097	424	47	155
竹、藤、棕、草等制品制造	204	8815	7468	580	425	207	38	97
家具制造业	21	55923	48159	3063	3163	997	89	452
木质家具制造	211	38354	32984	2107	2258	648	60	297
竹、藤家具制造	212	912	749	63	57	29	3	11
金属家具制造	213	6251	5391	371	320	108	16	45
塑料家具制造	214	1053	897	78	42	23	2	11
其他家具制造	219	9353	8138	444	486	189	8	88
造纸和纸制品业	22	61963	54125	3589	2501	1192	125	431
纸浆制造	221	534	432	42	27	24	3	6
造纸	222	16047	13782	1163	504	421	60	117
纸制品制造	223	45382	39911	2384	1970	747	62	308
印刷和记录媒介复制业	23	75046	69344	2942	1338	897	109	416
印刷	231	68140	62958	2631	1247	822	102	380
装订及印刷相关服务	232	6639	6153	296	82	69	6	33
记录媒介复制	233	267	233	15	9	6	1	3
文教、工美、体育和娱乐用品制造业	24	88489	75729	5630	4523	1733	131	743
文教办公用品制造	241	8850	7633	600	400	142	6	69
乐器制造	242	2080	1831	90	102	31	3	23
工艺美术品制造	243	57122	48735	3749	2879	1156	100	503
体育用品制造	244	7519	6379	442	509	112	9	68
玩具制造	245	10904	9467	637	449	266	13	72
游艺器材及娱乐用品制造	246	2014	1684	112	184	26		8
石油加工及炼焦	25	7623	6049	723	582	169	34	66
精炼石油产品制造	251	6082	4910	516	479	112	17	48
炼焦	252	1541	1139	207	103	57	17	18

2-9 续表 3 单位：个

行业中类	代码	企业单位数	营业	停业(歇业)	筹建	当年关闭	当年破产	其他
化学原料和化学制品制造业	26	113977	96442	8346	5764	2224	313	888
基础化学原料制造	261	18534	15306	1612	985	428	66	137
肥料制造	262	12566	9976	1248	866	296	65	115
农药制造	263	2688	2246	205	134	59	18	26
涂料、油墨、颜料及类似产品制造	264	20756	17817	1445	955	355	30	154
合成材料制造	265	11305	9632	641	721	186	21	104
专用化学产品制造	266	29603	25265	2140	1370	553	80	195
炸药、火工及焰火产品制造	267	6402	5953	233	64	113	13	26
日用化学产品制造	268	12123	10247	822	669	234	20	131
医药制造业	27	21457	17971	1234	1684	314	52	202
化学药品原料药制造	271	2922	2421	197	195	74	10	25
化学药品制剂制造	272	2534	2168	147	158	33	1	27
中药饮片加工	273	3277	2671	154	372	37	11	32
中成药生产	274	3392	2928	179	204	54	4	23
兽用药品制造	275	1674	1490	102	52	14	9	7
生物药品制造	276	3972	3120	278	454	56	7	57
卫生材料及医药用品制造	277	3686	3173	177	249	46	10	31
化学纤维制造业	28	6723	5710	458	343	151	24	37
纤维素纤维原料及纤维制造	281	1220	1009	88	82	28	6	7
合成纤维制造	282	5503	4701	370	261	123	18	30
橡胶和塑料制品业	29	158700	138595	9271	7138	2460	237	999
橡胶制品业	291	27652	24529	1368	1128	399	50	178
塑料制品业	292	131048	114066	7903	6010	2061	187	821
非金属矿物制品业	30	246035	210264	17145	10884	4985	813	1944
水泥、石灰和石膏制造	301	15823	12861	1428	640	630	111	153
石膏、水泥制品及类似制品制造	302	57162	49805	3523	2380	839	141	474
砖瓦、石材等建筑材料制造	303	105430	89858	7323	4647	2433	371	798
玻璃制造	304	4382	3699	269	280	91	8	35
玻璃制品制造	305	14375	12359	834	801	234	38	109
玻璃纤维和玻璃纤维增强塑料制品制造	306	5755	5107	321	189	86	12	40
陶瓷制品制造	307	14387	12234	1028	745	203	48	129
耐火材料制品制造	308	13021	11202	1154	353	197	28	87
石墨及其他非金属矿物制品制造	309	15700	13139	1265	849	272	56	119
黑色金属冶炼和压延加工业	31	41423	35262	3508	1228	1020	142	263
炼铁	311	1806	1308	298	63	99	14	24
炼钢	312	1048	840	120	61	18	2	7
黑色金属铸造	313	18110	15888	1285	348	432	46	111
钢压延加工	314	17021	14478	1404	661	334	49	95
铁合金冶炼	315	3438	2748	401	95	137	31	26
有色金属冶炼和压延加工业	32	28890	23989	2478	1411	691	81	240
常用有色金属冶炼	321	5734	4309	824	306	196	29	70
贵金属冶炼	322	797	636	74	37	27	3	20
稀有稀土金属冶炼	323	1165	937	129	50	39	3	7
有色金属合金制造	324	3506	2997	223	192	66	2	26

2-9 续表 4 单位：个

行业中类	代码	企业单位数	营业	停业(歇业)	筹建	当年关闭	当年破产	其他
有色金属铸造	325	2241	1938	172	93	23	4	11
有色金属压延加工	326	15447	13172	1056	733	340	40	106
金属制品业	33	222238	191429	13740	11719	3510	297	1543
结构性金属制品制造	331	73799	63316	4731	3911	1142	105	594
金属工具制造	332	25563	22125	1501	1202	525	47	163
集装箱及金属包装容器制造	333	6549	5773	387	265	77	6	41
金属丝绳及其制品制造	334	11473	10016	651	553	199	19	35
建筑、安全用金属制品制造	335	32128	27416	2287	1773	431	39	182
金属表面处理及热处理加工	336	12538	10823	807	599	249	13	47
搪瓷制品制造	337	1987	1603	133	217	19	3	12
金属制日用品制造	338	19267	16409	1161	1202	312	27	156
其他金属制品制造	339	38934	33948	2082	1997	556	38	313
通用设备制造业	34	246951	215199	14029	12837	3166	313	1407
锅炉及原动设备制造	341	10239	8828	655	511	136	26	83
金属加工机械制造	342	43807	37892	2443	2462	628	76	306
物料搬运设备制造	343	10851	9514	527	626	104	7	73
泵、阀门、压缩机及类似机械制造	344	34001	29750	2030	1639	366	47	169
轴承、齿轮和传动部件制造	345	17644	15700	892	709	220	36	87
烘炉、风机、衡器、包装等设备制造	346	24371	21413	1257	1280	256	20	145
文化、办公用机械制造	347	2846	2502	151	134	35	1	23
通用零部件制造	348	84591	73933	5089	3930	1178	83	378
其他通用设备制造业	349	18601	15667	985	1546	243	17	143
专用设备制造业	35	166834	144260	9042	10046	2110	223	1153
采矿、冶金、建筑专用设备制造	351	28038	24328	1560	1511	379	59	201
化工、木材、非金属加工专用设备制造	352	49084	43250	2370	2565	543	44	312
食品、饮料、烟草及饲料生产专用设备制造	353	5164	4450	318	278	63	3	52
印刷、制药、日化及日用品生产专用设备制造	354	10038	8644	618	536	162	15	63
纺织、服装和皮革加工专用设备制造	355	11379	9947	717	484	157	16	58
电子和电工机械专用设备制造	356	13587	11520	705	1066	180	12	104
农、林、牧、渔专用机械制造	357	10900	9440	599	576	174	37	74
医疗仪器设备及器械制造	358	9609	8230	491	689	100	9	90
环保、社会公共服务及其他专用设备制造	359	29035	24451	1664	2341	352	28	199
汽车制造业	36	62546	53801	3249	4301	691	91	413
汽车整车制造	361	890	736	39	83	10	4	18
改装汽车制造	362	1195	1073	57	36	17	2	10
低速载货汽车制造	363	106	80	13	7	3	1	2
电车制造	364	612	490	26	84	6	1	5
汽车车身、挂车制造	365	1109	957	56	73	15	1	7
汽车零部件及配件制造	366	58634	50465	3058	4018	640	82	371
铁路、船舶、航空航天和其他运输设备制造业	37	30208	25515	2053	1820	533	50	237
铁路运输设备制造	371	3205	2830	171	138	32	2	32
城市轨道交通设备制造	372	170	138	9	15	3		5
船舶及相关装置制造	373	8988	7369	751	567	210	13	78
航空、航天器及设备制造	374	967	794	40	117	7	1	8

2-9 续表 5

单位：个

行业中类	代码	企业单位数	营业	停业(歇业)	筹建	当年关闭	当年破产	其他
摩托车制造	375	7967	7058	432	322	91	11	53
自行车制造	376	6927	5628	527	555	160	16	41
非公路休闲车及零配件制造	377	799	690	48	46	7	1	7
潜水救捞及其他未列明运输设备制造	379	1185	1008	75	60	23	6	13
电气机械和器材制造业	38	159576	136306	9857	9663	2413	197	1140
电机制造	381	16024	13388	957	1186	336	19	138
输配电及控制设备制造	382	53281	46978	2834	2565	559	65	280
电线、电缆、光缆及电工器材制造	383	23081	20127	1399	1044	351	34	126
电池制造	384	5058	4063	368	418	126	23	60
家用电力器具制造	385	20366	16585	1597	1650	363	18	153
非电力家用器具制造	386	5610	4515	451	478	99	9	58
照明器具制造	387	26946	22789	1779	1642	458	25	253
其他电气机械及器材制造	389	9210	7861	472	680	121	4	72
计算机、通信和其他电子设备制造业	39	86373	75341	3909	5150	1243	95	635
计算机制造	391	7940	7088	296	402	84	11	59
通信设备制造	392	7213	6300	356	387	98	7	65
广播电视设备制造	393	3153	2855	142	99	41		16
雷达及配套设备制造	394	207	187	6	9	3	1	1
视听设备制造	395	5119	4566	218	234	62	7	32
电子器件制造	396	13354	11666	534	844	198	18	94
电子元件制造	397	34622	30200	1727	1850	577	37	231
其他电子设备制造	399	14765	12479	630	1325	180	14	137
仪器仪表制造业	40	34225	30198	1767	1653	351	19	237
通用仪器仪表制造	401	17435	15523	850	778	157	10	117
专用仪器仪表制造	402	5826	5143	288	286	52	4	53
钟表与计时仪器制造	403	2390	2140	112	84	39	2	13
光学仪器及眼镜制造	404	5664	4876	348	353	60	1	26
其他仪器仪表制造业	409	2910	2516	169	152	43	2	28
其他制造业	41	32760	27164	1948	2829	522	44	253
日用杂品制造	411	11482	9932	727	561	187	13	62
煤制品制造	412	3151	2556	346	119	80	15	35
其他未列明制造业	419	18127	14676	875	2149	255	16	156
废弃资源综合利用业	42	11177	8650	1132	899	343	30	123
金属废料和碎屑加工处理	421	5897	4516	630	450	216	12	73
非金属废料和碎屑加工处理	422	5280	4134	502	449	127	18	50
金属制品、机械和设备修理业	43	15718	13482	1077	756	255	15	133
金属制品修理	431	938	815	67	32	16	3	5
通用设备修理	432	2230	1926	181	85	20	2	16
专用设备修理	433	2221	1900	144	109	33	1	34
铁路、船舶、航空航天等运输设备修理	434	4670	3872	387	259	115	3	34
电气设备修理	435	1242	1092	76	49	15		10
仪器仪表修理	436	307	285	12	6	1		3
其他机械和设备修理业	439	4110	3592	210	216	55	6	31
电力、热力、燃气及水生产和供应业	**D**	**77815**	**68573**	**2589**	**5177**	**695**	**85**	**696**

2-9 续表 6

单位：个

行业中类	代码	企业单位数	营业	停业(歇业)	筹建	当年关闭	当年破产	其他
电力、热力生产和供应业	44	50789	44752	1711	3359	462	55	450
电力生产	441	41192	36191	1338	2905	374	40	344
电力供应	442	4264	3901	123	131	41	4	64
热力生产和供应	443	5333	4660	250	323	47	11	42
燃气生产和供应业	45	6881	5720	254	777	52	9	69
燃气生产和供应业	450	6881	5720	254	777	52	9	69
水的生产和供应业	46	20145	18101	624	1041	181	21	177
自来水生产和供应	461	14937	13924	343	428	129	19	94
污水处理及其再生利用	462	4161	3310	226	525	39	1	60
其他水的处理、利用与分配	469	1047	867	55	88	13	1	23
建筑业	**E**	**464930**	**391496**	**27771**	**32971**	**7591**	**396**	**4705**
房屋建筑业	47	93480	80650	4551	5645	1677	117	840
房屋建筑业	470	93480	80650	4551	5645	1677	117	840
土木工程建筑业	48	81659	68242	5008	6331	1142	71	865
铁路、道路、隧道和桥梁工程建筑	481	31062	26198	1789	2376	378	23	298
水利和内河港口工程建筑	482	7163	6071	413	505	98	7	69
海洋工程建筑	483	248	197	19	28	4		
工矿工程建筑	484	3632	3138	215	189	53	4	33
架线和管道工程建筑	485	9554	8290	482	506	184	8	84
其他土木工程建筑	489	30000	24348	2090	2727	425	29	381
建筑安装业	49	80559	69207	4450	4893	1248	66	695
电气安装	491	20524	17977	1011	1013	345	12	166
管道和设备安装	492	18199	15755	999	970	301	15	159
其他建筑安装业	499	41836	35475	2440	2910	602	39	370
建筑装饰和其他建筑业	50	209232	173397	13762	16102	3524	142	2305
建筑装饰业	501	153924	128740	9659	11298	2511	96	1620
工程准备活动	502	18172	13836	2166	1565	419	16	170
提供施工设备服务	503	5546	4642	360	392	103	6	43
其他未列明建筑业	509	31590	26179	1577	2847	491	24	472
批发和零售业	**F**	**3510668**	**3065892**	**175427**	**185249**	**46634**	**3123**	**34343**
批发业	51	2178369	1881884	117606	124640	29694	1869	22676
农、林、牧产品批发	511	123694	108218	6537	4855	1416	209	2459
食品、饮料及烟草制品批发	512	218262	189455	10639	11978	2527	202	3461
纺织、服装及家庭用品批发	513	290748	251302	14569	19307	3468	131	1971
文化、体育用品及器材批发	514	76021	67028	3487	4132	782	25	567
医药及医疗器材批发	515	59708	54185	1920	2620	527	32	424
矿产品、建材及化工产品批发	516	634118	536458	43202	35705	11788	780	6185
机械设备、五金产品及电子产品批发	517	524678	466876	21872	26779	5158	229	3764
贸易经纪与代理	518	86680	71087	5703	7032	1518	92	1248
其他批发业	519	164460	137275	9677	12232	2510	169	2597
零售业	52	1332299	1184008	57821	60609	16940	1254	11667
综合零售	521	152428	133788	7514	7212	2111	253	1550
食品、饮料及烟草制品专门零售	522	136422	120436	6595	6002	1784	164	1441
纺织、服装及日用品专门零售	523	148418	129999	7096	7775	2181	122	1245

2-9 续表 7

单位：个

行业中类	代码	企业单位数	营业	停业(歇业)	筹建	当年关闭	当年破产	其他
文化、体育用品及器材专门零售	524	82431	72997	3879	3693	1082	55	725
医药及医疗器材专门零售	525	107452	100785	2466	2518	1035	67	581
汽车、摩托车、燃料及零配件专门零售	526	172677	154901	6674	7804	1994	156	1148
家用电器及电子产品专门零售	527	190089	173029	6728	6437	2251	153	1491
五金、家具及室内装饰材料专门零售	528	192641	168934	10055	9166	2557	144	1785
货摊、无店铺及其他零售业	529	149741	129139	6814	10002	1945	140	1701
交通运输、仓储和邮政业	**G**	**311134**	**271252**	**16300**	**16525**	**3851**	**330**	**2876**
铁路运输业	53	3028	2597	180	150	30	3	68
铁路旅客运输	531	465	391	34	21	4		15
铁路货物运输	532	1167	989	75	69	11		23
铁路运输辅助活动	533	1396	1217	71	60	15	3	30
道路运输业	54	163981	143324	8637	8308	2155	184	1373
城市公共交通运输	541	10925	10252	285	209	91	7	81
公路旅客运输	542	9562	8885	296	189	104	13	75
道路货物运输	543	131357	113702	7300	7329	1797	150	1079
道路运输辅助活动	544	12137	10485	756	581	163	14	138
水上运输业	55	12027	10390	731	622	154	24	106
水上旅客运输	551	1210	1073	69	40	16	3	9
水上货物运输	552	7447	6513	430	319	101	18	66
水上运输辅助活动	553	3370	2804	232	263	37	3	31
航空运输业	56	1671	1455	64	120	16	1	15
航空客货运输	561	696	625	29	29	6		7
通用航空服务	562	402	321	15	61	2	1	2
航空运输辅助活动	563	573	509	20	30	8		6
管道运输业	57	366	315	14	30	3		4
管道运输业	570	366	315	14	30	3		4
装卸搬运和运输代理业	58	85893	75248	4132	4653	987	59	814
装卸搬运	581	14419	12360	941	755	227	20	116
运输代理业	582	71474	62888	3191	3898	760	39	698
仓储业	59	29391	24262	2149	2197	355	46	382
谷物、棉花等农产品仓储	591	9761	8513	654	315	130	28	121
其他仓储业	599	19630	15749	1495	1882	225	18	261
邮政业	60	14777	13661	393	445	151	13	114
邮政基本服务	601	1233	1170	25	11	16		11
快递服务	602	13544	12491	368	434	135	13	103
住宿和餐饮业	**H**	**230530**	**208142**	**9442**	**7681**	**3375**	**310**	**1580**
住宿业	61	81095	73625	3177	2785	882	103	523
旅游饭店	611	26276	23335	1128	1238	312	51	212
一般旅馆	612	46849	43181	1700	1182	493	47	246
其他住宿业	619	7970	7109	349	365	77	5	65
餐饮业	62	149435	134517	6265	4896	2493	207	1057
正餐服务	621	115960	104679	4863	3408	2045	182	783
快餐服务	622	10723	9772	390	336	149	5	71
饮料及冷饮服务	623	7030	6376	250	241	106	6	51
其他餐饮业	629	15722	13690	762	911	193	14	152

2-9　续表 8　　　　单位：个

行业中类	代码	企　业 单位数	营业	停业 (歇业)	筹建	当年 关闭	当年 破产	其他
信息传输、软件和信息技术服务业	I	**280125**	**242535**	**12526**	**19615**	**2939**	**94**	**2416**
电信、广播电视和卫星传输服务	63	13448	12264	487	360	150	6	181
电信	631	10205	9281	356	299	113	3	153
广播电视传输服务	632	2924	2710	108	45	31	3	27
卫星传输服务	633	319	273	23	16	6		1
互联网和相关服务	64	33801	29486	1444	2147	407	15	302
互联网接入及相关服务	641	3836	3395	172	198	43	2	26
互联网信息服务	642	24128	21108	1047	1472	292	9	200
其他互联网服务	649	5837	4983	225	477	72	4	76
软件和信息技术服务业	65	232876	200785	10595	17108	2382	73	1933
软件开发	651	140675	121380	6312	10429	1434	39	1081
信息系统集成服务	652	20963	18390	904	1273	230	7	159
信息技术咨询服务	653	39899	33789	2090	3223	411	16	370
数据处理和存储服务	654	3839	3275	152	329	49	1	33
集成电路设计	655	3011	2616	148	197	27	1	22
其他信息技术服务业	659	24489	21335	989	1657	231	9	268
金融业	J	**85730**	**74081**	**3809**	**6208**	**704**	**51**	**877**
货币金融服务	66	31091	28963	683	1039	189	14	203
中央银行服务	661	126	120		2			4
货币银行服务	662	11177	10853	67	153	31	1	72
非货币银行服务	663	19763	17968	616	881	158	13	127
银行监管服务	664	25	22		3			
资本市场服务	67	28623	21867	2408	3508	360	23	457
证券市场服务	671	2345	2040	77	172	11		45
期货市场服务	672	367	337	10	14	1	1	4
证券期货监管服务	673	28	25	1	2			
资本投资服务	674	19965	14885	1838	2666	263	18	295
其他资本市场服务	679	5918	4580	482	654	85	4	113
保险业	68	15057	14554	170	202	51	4	76
人身保险	681	5266	5144	34	49	13	1	25
财产保险	682	5641	5523	30	59	14	1	14
再保险	683	30	28		1			1
养老金	684	176	156	11	5			4
保险经纪与代理服务	685	3002	2872	62	31	19	1	17
保险监管服务	686	19	10	2	4			3
其他保险活动	689	923	821	31	53	5	1	12
其他金融业	69	10959	8697	548	1459	104	10	141
金融信托与管理服务	691	2933	2332	160	373	25	4	39
控股公司服务	692	1510	1197	69	213	9	1	21
非金融机构支付服务	693	435	372	17	42	2	1	1
金融信息服务	694	1772	1346	91	296	25	1	13
其他未列明金融业	699	4309	3450	211	535	43	3	67

2-9 续表 9

单位：个

行业中类	代码	企业单位数	营业	停业(歇业)	筹建	当年关闭	当年破产	其他
房地产业	K	**409795**	**343541**	**27859**	**24296**	**6047**	**378**	**7674**
房地产业	70	409795	343541	27859	24296	6047	378	7674
房地产开发经营	701	170428	140982	11521	9674	3131	212	4908
物业管理	702	122856	105678	6369	8339	1209	75	1186
房地产中介服务	703	77900	66621	5251	4017	1232	41	738
自有房地产经营活动	704	22368	18316	2794	574	237	30	417
其他房地产业	709	16243	11944	1924	1692	238	20	425
租赁和商务服务业	L	**1025732**	**858901**	**62252**	**78872**	**13332**	**629**	**11746**
租赁业	71	68518	57798	4233	4830	958	82	617
机械设备租赁	711	66028	55628	4115	4697	920	78	590
文化及日用品出租	712	2490	2170	118	133	38	4	27
商务服务业	72	957214	801103	58019	74042	12374	547	11129
企业管理服务	721	203576	156966	16332	23694	2658	125	3801
法律服务	722	10595	9896	292	224	88	2	93
咨询与调查	723	262146	217398	16579	21844	3392	105	2828
广告业	724	195200	171785	9113	10092	2667	92	1451
知识产权服务	725	8258	7481	263	383	64		67
人力资源服务	726	53158	44021	4101	3393	965	71	607
旅行社及相关服务	727	39370	34156	1947	2484	453	22	308
安全保护服务	728	9058	8149	277	444	100	8	80
其他商务服务业	729	175853	151251	9115	11484	1987	122	1894
科学研究和技术服务业	M	**408386**	**346747**	**20888**	**32054**	**4152**	**212**	**4333**
研究和试验发展	73	46996	36668	3116	6055	458	20	679
自然科学研究和试验发展	731	4616	3506	244	758	43	3	62
工程和技术研究和试验发展	732	27708	21956	1656	3489	242	9	356
农业科学研究和试验发展	733	5731	4262	491	777	91	7	103
医学研究和试验发展	734	8283	6404	683	971	75	1	149
社会人文科学研究	735	658	540	42	60	7		9
专业技术服务业	74	213054	184745	9710	14363	2259	98	1879
气象服务	741	930	874	25	14	12		5
地震服务	742	230	205	7	8	3	1	6
海洋服务	743	391	329	22	30	4		6
测绘服务	744	6231	5670	181	278	55	2	45
质检技术服务	745	14567	12727	587	1015	120	5	113
环境与生态监测	746	3336	2784	165	308	35	4	40
地质勘查	747	4808	3882	400	363	76	3	84
工程技术	748	92203	80601	4348	5405	1063	47	739
其他专业技术服务业	749	90358	77673	3975	6942	891	36	841
科技推广和应用服务业	75	148336	125334	8062	11636	1435	94	1775
技术推广服务	751	120700	102408	6400	9334	1089	74	1395
科技中介服务	752	8127	6622	631	627	127	5	115
其他科技推广和应用服务业	759	19509	16304	1031	1675	219	15	265
水利、环境和公共设施管理业	N	**54616**	**43932**	**4057**	**5304**	**648**	**44**	**631**
水利管理业	76	4779	4028	289	314	59	5	84
防洪除涝设施管理	761	491	403	45	26	7		10

2-9　续表 10　　　　单位：个

行业中类	代码	企业单位数	营业	停业(歇业)	筹建	当年关闭	当年破产	其他
水资源管理	762	1133	936	78	82	21	1	15
天然水收集与分配	763	672	583	33	36	3	1	16
水文服务	764	296	265	13	11	2		5
其他水利管理业	769	2187	1841	120	159	26	3	38
生态保护和环境治理业	77	7263	5972	447	680	89	4	71
生态保护	771	1211	1057	58	60	18		18
环境治理业	772	6052	4915	389	620	71	4	53
公共设施管理业	78	42574	33932	3321	4310	500	35	476
市政设施管理	781	4817	4010	333	350	55	3	66
环境卫生管理	782	4162	3451	266	338	51	4	52
城乡市容管理	783	1208	840	66	279	11	3	9
绿化管理	784	20921	17229	1609	1613	240	16	214
公园和游览景区管理	785	11466	8402	1047	1730	143	9	135
居民服务、修理和其他服务业	**O**	**220268**	**195231**	**10101**	**10038**	**2902**	**202**	**1794**
居民服务业	79	79578	70078	3981	3648	1158	69	644
家庭服务	791	13936	11770	894	946	187	12	127
托儿所服务	792	345	311	14	14	2	1	3
洗染服务	793	3707	3350	154	112	62	6	23
理发及美容服务	794	18166	16810	611	387	251	10	97
洗浴服务	795	8335	7521	425	170	147	8	64
保健服务	796	7413	6724	294	241	116	5	33
婚姻服务	797	6522	5627	376	385	84	9	41
殡葬服务	798	2977	2627	122	169	28	1	30
其他居民服务业	799	18177	15338	1091	1224	281	17	226
机动车、电子产品和日用产品修理业	80	87071	79708	3321	2442	998	80	522
汽车、摩托车修理与维护	801	63148	58047	2307	1689	704	60	341
计算机和办公设备维修	802	9820	8897	409	311	118	7	78
家用电器修理	803	9878	8991	394	295	131	9	58
其他日用产品修理业	809	4225	3773	211	147	45	4	45
其他服务业	81	53619	45445	2799	3948	746	53	628
清洁服务	811	26926	22998	1588	1734	359	30	217
其他未列明服务业	819	26693	22447	1211	2214	387	23	411
教育	**P**	**48867**	**43274**	**2102**	**2317**	**574**	**31**	**569**
教育	82	48867	43274	2102	2317	574	31	569
学前教育	821	6659	6219	114	132	66	5	123
初等教育	822	589	542	13	17	4		13
中等教育	823	949	815	61	31	21	1	20
高等教育	824	216	188	16	9	3		
特殊教育	825	288	260	10	13	1		4
技能培训、教育辅助及其他教育	829	40166	35250	1888	2115	479	25	409
卫生和社会工作	**Q**	**27151**	**25112**	**691**	**902**	**196**	**18**	**232**
卫生	83	25068	23555	518	619	170	18	188
医院	831	9279	8717	144	307	50	9	52
社区医疗与卫生院	832	2772	2661	36	28	16	2	29

2-9 续表 11 单位：个

行业中类	代码	企业单位数	营业	停业(歇业)	筹建	当年关闭	当年破产	其他
门诊部(所)	833	10804	10228	243	174	90	3	66
计划生育技术服务活动	834	77	73		2			2
妇幼保健院(所、站)	835	97	89	2	5			1
专科疾病防治院(所、站)	836	421	387	16	10	3	1	4
疾病预防控制中心	837	112	103	4	4			1
其他卫生活动	839	1506	1297	73	89	11	3	33
社会工作	84	2083	1557	173	283	26		44
提供住宿社会工作	841	1716	1274	127	260	22		33
不提供住宿社会工作	842	367	283	46	23	4		11
文化、体育和娱乐业	**R**	**195950**	**176448**	**8970**	**6624**	**2377**	**190**	**1341**
新闻和出版业	85	4733	4372	172	88	58	3	40
新闻业	851	257	226	11	11	3		6
出版业	852	4476	4146	161	77	55	3	34
广播、电视、电影和影视录音制作业	86	14980	12836	946	887	166	20	125
广播	861	507	442	20	29	7	2	7
电视	862	1198	1014	56	102	11	1	14
电影和影视节目制作	863	6636	5473	528	494	89	6	46
电影和影视节目发行	864	1004	885	59	38	10	2	10
电影放映	865	4833	4305	250	190	37	8	43
录音制作	866	802	717	33	34	12	1	5
文化艺术业	87	39903	33914	2432	2792	325	17	423
文艺创作与表演	871	9647	8409	507	530	93	5	103
艺术表演场馆	872	679	594	40	31	3	2	9
图书馆与档案馆	873	363	320	14	20	4		5
文物及非物质文化遗产保护	874	729	602	37	70	8	1	11
博物馆	875	368	276	35	44	5	1	7
烈士陵园、纪念馆	876	63	53	4	5	1		
群众文化活动	877	5446	4557	394	385	31	2	77
其他文化艺术业	879	22608	19103	1401	1707	180	6	211
体育	88	12069	10110	883	776	187	10	103
体育组织	881	1412	1166	109	98	19		20
体育场馆	882	870	745	55	48	10	1	11
休闲健身活动	883	8513	7188	598	531	127	8	61
其他体育	889	1274	1011	121	99	31	1	11
娱乐业	89	124265	115216	4537	2081	1641	140	650
室内娱乐活动	891	114028	106915	3841	1111	1509	132	520
游乐园	892	1431	1145	112	141	17	1	15
彩票活动	893	114	100	4	7	1	1	1
文化、娱乐、体育经纪代理	894	5124	4241	304	460	59	4	56
其他娱乐业	899	3568	2815	276	362	55	2	58
公共管理、社会保障和社会组织	**S**	**114**	**97**	**6**	**3**	**3**		**5**
社会保障	93	114	97	6	3	3		5
社会保障	930	114	97	6	3	3		5

2-10　按地区、营业状态分组的企业法人单位数

(2014年)　　单位：个

地区	企业单位数	营业	停业(歇业)	筹建	当年关闭	当年破产	其他
全国	**10617154**	**9143955**	**590281**	**616545**	**150157**	**12462**	**103754**
北京	619279	549512	49154	11917	3812	85	4799
天津	240190	183036	19044	26826	7073	216	3995
河北	388801	325625	27713	26478	5360	631	2994
山西	171179	151293	9662	8311	910	153	850
内蒙古	134578	116047	8498	7556	1148	277	1052
辽宁	401336	323694	42829	24749	6601	621	2842
吉林	113983	101608	7238	2879	1088	272	898
黑龙江	132421	117567	8540	3069	1360	248	1637
上海	403109	355070	8454	34529	1020	21	4015
江苏	1184337	1014899	69241	71378	19895	745	8179
浙江	1080455	877960	91589	88052	18351	658	3845
安徽	363443	277851	29469	42339	9460	836	3488
福建	457591	364502	26830	47358	11382	736	6783
江西	222139	198208	6554	10397	4177	264	2539
山东	819061	756598	23959	24101	8094	1326	4983
河南	399985	372989	10358	8357	3464	959	3858
湖北	429641	382139	17338	18127	3397	476	8164
湖南	277672	253759	10249	4363	5213	821	3267
广东	1102077	970463	40167	59562	16143	742	15000
广西	230232	195707	12671	9445	8430	288	3691
海南	43752	34079	3282	4301	332	39	1719
重庆	316677	292204	7783	12441	2176	171	1902
四川	260661	234451	11081	9931	2615	359	2224
贵州	147403	123536	9626	10922	1576	367	1376
云南	192072	152600	11745	20656	1490	123	5458
西藏	9030	8327	260	253	60	14	116
陕西	207718	188033	7430	7802	2639	276	1538
甘肃	93913	81674	5276	4874	927	335	827
青海	29731	22798	2467	3957	168	75	266
宁夏	33919	28608	2469	1554	731	108	449
新疆	110769	89118	9305	10061	1065	220	1000

2-11 按行业(大类)、控股情况分组的企业法人单位数

(2014年)　　单位：个

行业大类	代码	企业单位数	国有控股	集体控股	私人控股	港澳台商控股	外商控股	其他
总计	--	**10617154**	**263348**	**248221**	**9027688**	**98661**	**97793**	**881443**
农、林、牧、渔业	A	**547263**	**7398**	**15101**	**412583**	**921**	**475**	**110785**
农业	01	233898	2506	6385	173906	489	237	50375
林业	02	46901	1970	1547	36888	106	64	6326
畜牧业	03	152186	1015	3054	118193	139	94	29691
渔业	04	46046	493	1125	38144	105	36	6143
农、林、牧、渔服务业	05	68232	1414	2990	45452	82	44	18250
采矿业	B	**101658**	**3815**	**4034**	**86853**	**222**	**196**	**6538**
煤炭开采和洗选业	06	20533	1909	1223	16344	32	37	988
石油和天然气开采业	07	588	165	26	307	7	11	72
黑色金属矿采选业	08	16077	318	523	14410	32	25	769
有色金属矿采选业	09	11109	559	525	9129	46	51	799
非金属矿采选业	10	48083	614	1620	42281	92	61	3415
开采辅助活动	11	3125	205	69	2591	10	10	240
其他采矿业	12	2143	45	48	1791	3	1	255
制造业	C	**2616422**	**30754**	**52908**	**2292856**	**53755**	**49105**	**137044**
农副食品加工业	13	118957	2529	2332	102367	1012	1476	9241
食品制造业	14	55474	928	914	47766	972	1130	3764
酒、饮料和精制茶制造业	15	44540	915	1455	37235	454	672	3809
烟草制品业	16	454	163	32	140			119
纺织业	17	125279	894	1654	113215	3162	1814	4540
纺织服装、服饰业	18	145913	678	1728	127898	5485	3427	6697
皮革、毛皮、羽毛及其制品和制鞋业	19	69782	219	803	61370	2679	1496	3215
木材加工和木、竹、藤、棕、草制品业	20	81168	608	1032	73673	608	492	4755
家具制造业	21	55923	185	559	49953	1103	899	3224
造纸和纸制品业	22	61963	422	1367	55366	1336	629	2843
印刷和记录媒介复制业	23	75046	1714	3418	64368	873	415	4258
文教、工美、体育和娱乐用品制造业	24	88489	490	1281	76376	3618	2405	4319
石油加工及炼焦	25	7623	374	248	6260	103	126	512
化学原料和化学制品制造业	26	113977	2431	3290	96570	2564	2973	6149
医药制造业	27	21457	744	498	17284	495	703	1733
化学纤维制造业	28	6723	104	101	5902	240	166	210
橡胶和塑料制品业	29	158700	856	2913	140354	4327	2878	7372
非金属矿物制品业	30	246035	3239	6824	216275	1967	1776	15954
黑色金属冶炼和压延加工业	31	41423	689	1394	36862	411	429	1638
有色金属冶炼和压延加工业	32	28890	821	706	24924	509	472	1458

2-11 续表 1

单位：个

行业大类	代码	企业单位数	国有控股	集体控股	私人控股	港澳台商控股	外商控股	其他
金属制品业	33	222238	1310	4369	199625	3526	2834	10574
通用设备制造业	34	246951	2206	5151	222729	2822	4229	9814
专用设备制造业	35	166834	2134	2843	146710	2860	3750	8537
汽车制造业	36	62546	1153	1219	53543	1063	2703	2865
铁路、船舶、航空航天和其他运输设备制造业	37	30208	840	773	26141	463	677	1314
电气机械和器材制造业	38	159576	1527	2893	140031	4182	3576	7367
计算机、通信和其他电子设备制造业	39	86373	1152	811	69544	4930	5085	4851
仪器仪表制造业	40	34225	589	834	28880	1108	1163	1651
其他制造业	41	32760	256	467	28617	673	457	2290
废弃资源综合利用业	42	11177	185	233	9663	120	139	837
金属制品、机械和设备修理业	43	15718	399	766	13215	90	114	1134
电力、热力、燃气及水生产和供应业	D	**77815**	**14228**	**8173**	**48148**	**753**	**549**	**5964**
电力、热力生产和供应业	44	50789	8766	4498	33514	365	196	3450
燃气生产和供应业	45	6881	756	195	4805	227	185	713
水的生产和供应业	46	20145	4706	3480	9829	161	168	1801
建筑业	E	**464930**	**14071**	**13269**	**401155**	**827**	**622**	**34986**
房屋建筑业	47	93480	3367	5709	77217	103	102	6982
土木工程建筑业	48	81659	6419	2935	65962	124	107	6112
建筑安装业	49	80559	1889	2233	70148	189	185	5915
建筑装饰和其他建筑业	50	209232	2396	2392	187828	411	228	15977
批发和零售业	F	**3510668**	**55676**	**62666**	**3066559**	**15188**	**20560**	**290019**
批发业	51	2178369	34161	33187	1904766	12132	17798	176325
零售业	52	1332299	21515	29479	1161793	3056	2762	113694
交通运输、仓储和邮政业	G	**311134**	**17982**	**9465**	**253585**	**2225**	**1592**	**26285**
铁路运输业	53	3028	727	191	1738	5	7	360
道路运输业	54	163981	6675	5034	137526	529	295	13922
水上运输业	55	12027	1048	774	8995	92	68	1050
航空运输业	56	1671	349	29	1058	20	27	188
管道运输业	57	366	96	11	212	4	9	34
装卸搬运和运输代理业	58	85893	2380	2123	73065	1017	619	6689
仓储业	59	29391	5494	1139	19091	539	552	2576
邮政业	60	14777	1213	164	11900	19	15	1466
住宿和餐饮业	H	**230530**	**9339**	**6655**	**192248**	**2168**	**2045**	**18075**
住宿业	61	81095	7009	3968	62400	703	494	6521
餐饮业	62	149435	2330	2687	129848	1465	1551	11554

2-11 续表 2 单位：个

行业大类	代码	企业单位数	国有控股	集体控股	私人控股	港澳台商控股	外商控股	其他
信息传输、软件和信息技术服务业	I	**280125**	**6938**	**2193**	**241707**	**3608**	**4891**	**20788**
电信、广播电视和卫星传输服务	63	13448	3673	425	7576	267	174	1333
互联网和相关服务	64	33801	555	224	29902	158	157	2805
软件和信息技术服务业	65	232876	2710	1544	204229	3183	4560	16650
金融业	J	**85730**	**13124**	**4677**	**54384**	**721**	**959**	**11865**
货币金融服务	66	31091	6016	2788	16661	445	431	4750
资本市场服务	67	28623	1621	450	23320	120	103	3009
保险业	68	15057	4812	1274	5815	79	368	2709
其他金融业	69	10959	675	165	8588	77	57	1397
房地产业	K	**409795**	**21925**	**16490**	**322596**	**6555**	**3242**	**38987**
房地产业	70	409795	21925	16490	322596	6555	3242	38987
租赁和商务服务业	L	**1025732**	**32752**	**30196**	**856630**	**7278**	**8216**	**90660**
租赁业	71	68518	1025	844	59499	334	238	6578
商务服务业	72	957214	31727	29352	797131	6944	7978	84082
科学研究和技术服务业	M	**408386**	**16329**	**9061**	**335585**	**2761**	**3878**	**40772**
研究和试验发展	73	46996	1481	849	39208	579	980	3899
专业技术服务业	74	213054	11921	4855	175639	1427	1768	17444
科技推广和应用服务业	75	148336	2927	3357	120738	755	1130	19429
水利、环境和公共设施管理业	N	**54616**	**5557**	**2481**	**40770**	**324**	**203**	**5281**
水利管理业	76	4779	1129	438	2569	13	16	614
生态保护和环境治理业	77	7263	607	172	5533	75	85	791
公共设施管理业	78	42574	3821	1871	32668	236	102	3876
居民服务、修理和其他服务业	O	**220268**	**3703**	**5752**	**190775**	**556**	**607**	**18875**
居民服务业	79	79578	1255	2138	68916	249	261	6759
机动车、电子产品和日用产品修理业	80	87071	1366	2415	76518	182	182	6408
其他服务业	81	53619	1082	1199	45341	125	164	5708
教育	P	**48867**	**1597**	**1315**	**39710**	**140**	**162**	**5943**
教育	82	48867	1597	1315	39710	140	162	5943
卫生和社会工作	Q	**27151**	**1285**	**1263**	**20360**	**72**	**73**	**4098**
卫生	83	25068	1148	1118	18930	54	70	3748
社会工作	84	2083	137	145	1430	18	3	350
文化、体育和娱乐业	R	**195950**	**6831**	**2510**	**171148**	**587**	**418**	**14456**
新闻和出版业	85	4733	2185	260	1849	10	12	417
广播、电视、电影和影视录音制作业	86	14980	2244	463	10899	110	40	1224
文化艺术业	87	39903	1437	775	34256	84	61	3290
体育	88	12069	353	235	10198	187	165	931
娱乐业	89	124265	612	777	113946	196	140	8594
公共管理、社会保障和社会组织	S	**114**	**44**	**12**	**36**			**22**
社会保障	93	114	44	12	36			22

2-12 按地区、控股情况分组的企业法人单位数

(2014年) 单位：个

地区	企业单位数	国有控股	集体控股	私人控股	港澳台商控股	外商控股	其他
全国	**10617154**	**263348**	**248221**	**9027688**	**98661**	**97793**	**881443**
北京	619279	17075	19404	549595	5750	8885	18570
天津	240190	7959	6011	185836	1781	4190	34413
河北	388801	8721	9997	327961	603	959	40560
山西	171179	8851	5380	146882	152	179	9735
内蒙古	134578	4742	2497	110810	133	163	16233
辽宁	401336	12448	15707	337847	1848	4672	28814
吉林	113983	4755	3111	90941	183	471	14522
黑龙江	132421	7192	4878	97232	256	379	22484
上海	403109	10539	9577	339861	11866	19649	11617
江苏	1184337	15767	17475	1073275	11567	16641	49612
浙江	1080455	11759	22088	1018210	7661	9178	11559
安徽	363443	10036	6591	314518	812	957	30529
福建	457591	11143	9281	379362	8872	4337	44596
江西	222139	8101	5224	180354	1109	565	26786
山东	819061	14662	14722	705251	2471	7373	74582
河南	399985	10473	10499	309559	589	492	68373
湖北	429641	11102	9072	338056	1013	891	69507
湖南	277672	8317	7291	235630	774	551	25109
广东	1102077	19916	26427	895004	37546	13405	109779
广西	230232	6952	5099	195924	724	497	21036
海南	43752	2252	1259	32538	336	216	7151
重庆	316677	5925	4198	273251	649	604	32050
四川	260661	9041	7287	215705	723	912	26993
贵州	147403	6004	4258	124259	198	171	12513
云南	192072	6235	5168	151594	403	435	28237
西藏	9030	916	711	6533	16	22	832
陕西	207718	8476	7593	175329	326	602	15392
甘肃	93913	4217	3806	72043	85	84	13678
青海	29731	1618	917	22797	43	63	4293
宁夏	33919	1107	489	29820	36	43	2424
新疆	110769	7047	2204	91711	136	207	9464

2-13 按行业(大类)、地区分组的

(2014年)

行业大类	代码	企业单位数	北京	天津	河北	山西	内蒙古
总计	--	**263348**	**17075**	**7959**	**8721**	**8851**	**4742**
农、林、牧、渔业	A	**7398**	**129**	**63**	**236**	**202**	**246**
农业	01	2506	46	22	101	56	89
林业	02	1970	27	4	58	91	32
畜牧业	03	1015	28	16	29	27	63
渔业	04	493	13	12	7	2	4
农、林、牧、渔服务业	05	1414	15	9	41	26	58
采矿业	B	**3815**	**21**	**17**	**157**	**708**	**168**
煤炭开采和洗选业	06	1909	4		63	647	84
石油和天然气开采业	07	165	4	3	3	8	10
黑色金属矿采选业	08	318	5		45	15	17
有色金属矿采选业	09	559	1		12	14	29
非金属矿采选业	10	614	3	6	27	11	18
开采辅助活动	11	205	4	8	6	12	5
其他采矿业	12	45			1	1	5
制造业	C	**30754**	**1407**	**1311**	**1183**	**961**	**494**
农副食品加工业	13	2529	48	35	50	86	30
食品制造业	14	928	35	37	31	31	20
酒、饮料和精制茶制造业	15	915	31	20	26	33	22
烟草制品业	16	163	1	1	4	1	2
纺织业	17	894	22	77	41	15	12
纺织服装、服饰业	18	678	23	31	24	13	11
皮革、毛皮、羽毛及其制品和制鞋业	19	219	6	12	5	6	4
木材加工和木、竹、藤、棕、草制品业	20	608	4	9	5	2	20
家具制造业	21	185	7	9	14	2	2
造纸和纸制品业	22	422	13	28	9	2	7
印刷和记录媒介复制业	23	1714	141	40	69	70	31
文教、工美、体育和娱乐用品制造业	24	490	24	27	5	6	1
石油加工及炼焦	25	374	11	11	22	28	15
化学原料和化学制品制造业	26	2431	75	100	110	108	49
医药制造业	27	744	55	36	18	13	8
化学纤维制造业	28	104	2	6	6	7	1
橡胶和塑料制品业	29	856	41	66	36	30	7
非金属矿物制品业	30	3239	106	76	155	118	57
黑色金属冶炼和压延加工业	31	689	16	53	45	25	17
有色金属冶炼和压延加工业	32	821	18	17	24	27	45

国有控股企业法人单位数

单位：个

辽宁	吉林	黑龙江	上海	江苏	浙江	安徽	福建	江西	山东	代码
12448	**4755**	**7192**	**10539**	**15767**	**11759**	**10036**	**11143**	**8101**	**14662**	--
303	**382**	**468**	**81**	**234**	**216**	**274**	**398**	**483**	**250**	A
104	67	204	40	91	68	119	113	79	106	01
93	196	144	7	28	54	49	181	236	18	02
38	57	46	16	16	24	14	23	31	32	03
31	20	11	10	32	22	31	19	35	32	04
37	42	63	8	67	48	61	62	102	62	05
109	**83**	**91**	**1**	**49**	**24**	**114**	**101**	**143**	**225**	B
28	24	40		6		42	25	48	114	06
1	16	10	1	3		2		1	31	07
18	5			3	4	17	11	5	22	08
12	19	11		4	4	17	18	47	30	09
28	13	17		27	15	26	46	35	18	10
18	6	12		6		5	1	4	9	11
4		1			1	5		3	1	12
1916	**515**	**926**	**1137**	**1776**	**768**	**1103**	**997**	**998**	**1807**	C
101	36	115	17	84	50	175	111	92	103	13
47	15	41	36	50	22	24	47	32	60	14
24	14	37	9	36	33	29	43	42	71	15
6	6	7	2	6	3	6	11	4	17	16
53	6	18	21	77	26	29	18	30	66	17
51	6	9	24	74	31	29	36	45	41	18
17	1	3	10	7	5	8	18	11	14	19
23	44	64	6	11	4	15	32	54	20	20
7	2	11	8	5	1	5	16	12	10	21
25	9	11	12	7	4	5	25	18	33	22
111	27	40	66	83	41	54	79	64	86	23
15	1	11	37	22	10	16	50	16	27	24
49	5	17	7	14	6	6	7	8	35	25
124	22	55	98	135	71	73	54	58	197	26
37	24	29	54	38	21	23	14	20	36	27
7	3	2	4	15	7	3	1	1	7	28
50	11	21	31	40	19	29	17	27	57	29
154	69	105	70	135	119	116	105	163	173	30
68	12	12	20	26	21	21	18	9	36	31
41	3	13	12	30	9	21	14	49	29	32

2-13 续表 1

行业大类	代码	企业单位数	北京	天津	河北	山西	内蒙古
金属制品业	33	1310	71	89	67	27	15
通用设备制造业	34	2206	102	106	85	66	43
专用设备制造业	35	2134	130	119	114	94	28
汽车制造业	36	1153	58	40	39	17	9
铁路、船舶、航空航天和其他运输设备制造业	37	840	57	46	20	18	4
电气机械和器材制造业	38	1527	68	70	77	39	14
计算机、通信和其他电子设备制造业	39	1152	121	74	28	9	3
仪器仪表制造业	40	589	85	42	19	16	2
其他制造业	41	256	9	16	7	12	2
废弃资源综合利用业	42	185	11	3	10	12	1
金属制品、机械和设备修理业	43	399	16	15	18	28	12
电力、热力、燃气及水生产和供应业	**D**	**14228**	**158**	**164**	**648**	**479**	**596**
电力、热力生产和供应业	44	8766	95	100	384	249	440
燃气生产和供应业	45	756	19	24	38	51	10
水的生产和供应业	46	4706	44	40	226	179	146
建筑业	**E**	**14071**	**680**	**488**	**546**	**471**	**168**
房屋建筑业	47	3367	192	104	98	121	39
土木工程建筑业	48	6419	214	187	310	228	84
建筑安装业	49	1889	120	89	54	58	29
建筑装饰和其他建筑业	50	2396	154	108	84	64	16
批发和零售业	**F**	**55676**	**3063**	**1704**	**1994**	**2483**	**874**
批发业	51	34161	1919	1171	1328	1482	478
零售业	52	21515	1144	533	666	1001	396
交通运输、仓储和邮政业	**G**	**17982**	**564**	**609**	**617**	**583**	**453**
铁路运输业	53	727	18	11	23	56	85
道路运输业	54	6675	208	148	233	251	106
水上运输业	55	1048	5	60	37	1	
航空运输业	56	349	15	6	8	7	24
管道运输业	57	96	5	5	3	2	2
装卸搬运和运输代理业	58	2380	169	162	76	25	41
仓储业	59	5494	138	179	211	221	146
邮政业	60	1213	6	38	26	20	49
住宿和餐饮业	**H**	**9339**	**1023**	**205**	**385**	**286**	**152**
住宿业	61	7009	788	142	312	204	107
餐饮业	62	2330	235	63	73	82	45

单位：个

辽宁	吉林	黑龙江	上海	江苏	浙江	安徽	福建	江西	山东	代码
91	8	32	62	80	22	46	31	39	78	33
223	33	85	94	174	55	71	48	44	151	34
179	31	48	94	149	31	71	41	41	140	35
86	63	23	71	63	14	63	17	32	63	36
60	11	35	41	75	21	18	23	12	60	37
124	15	34	62	118	41	53	46	23	73	38
49	16	12	59	113	40	47	36	19	56	39
44	11	12	51	53	18	10	7	7	26	40
2	4	6	7	35	6	9	13	8	20	41
12	3	6	11	8	6	5	12	11	7	42
36	4	12	41	13	11	23	7	7	15	43
474	**315**	**492**	**83**	**384**	**598**	**484**	**590**	**462**	**709**	D
296	217	357	38	184	310	250	374	311	438	44
27	16	14	15	31	41	29	7	26	49	45
151	82	121	30	169	247	205	209	125	222	46
917	**308**	**434**	**418**	**825**	**462**	**546**	**466**	**425**	**1022**	E
205	78	119	84	125	51	120	101	110	194	47
411	149	172	150	373	302	263	215	184	495	48
156	48	102	63	129	47	72	45	54	128	49
145	33	41	121	198	62	91	105	77	205	50
2642	**902**	**1688**	**2215**	**3425**	**1769**	**1841**	**2559**	**1719**	**3296**	F
1773	532	1028	1383	2369	1109	1086	1786	1158	2030	51
869	370	660	832	1056	660	755	773	561	1266	52
889	**485**	**724**	**624**	**1088**	**845**	**864**	**851**	**595**	**952**	G
39	23	54	6	15	7	19	20	15	41	53
279	119	215	191	375	388	321	355	213	349	54
46	1	20	69	103	99	34	92	23	75	55
13	9	12	13	14	15	9	18	5	20	56
2		3	4	9	1	2		3	22	57
162	28	36	175	210	135	71	150	32	150	58
299	271	349	154	312	167	354	169	253	238	59
49	34	35	12	50	33	54	47	51	57	60
411	**175**	**250**	**392**	**503**	**344**	**250**	**297**	**270**	**507**	H
310	129	198	266	317	275	180	245	223	302	61
101	46	52	126	186	69	70	52	47	205	62

2-13 续表 2

行业大类	代码	企业单位数	北京	天津	河北	山西	内蒙古
信息传输、软件和信息技术服务业	I	**6938**	**769**	**154**	**140**	**133**	**151**
电信、广播电视和卫星传输服务	63	3673	90	47	95	88	117
互联网和相关服务	64	555	78	8	7	8	8
软件和信息技术服务业	65	2710	601	99	38	37	26
金融业	J	**13124**	**630**	**386**	**369**	**331**	**348**
货币金融服务	66	6016	159	269	140	134	162
资本市场服务	67	1621	218	46	68	28	14
保险业	68	4812	122	26	139	160	163
其他金融业	69	675	131	45	22	9	9
房地产业	K	**21925**	**2133**	**812**	**377**	**514**	**174**
房地产业	70	21925	2133	812	377	514	174
租赁和商务服务业	L	**32752**	**2859**	**909**	**916**	**757**	**370**
租赁业	71	1025	78	110	40	34	14
商务服务业	72	31727	2781	799	876	723	356
科学研究和技术服务业	M	**16329**	**1768**	**618**	**505**	**409**	**216**
研究和试验发展	73	1481	184	55	42	22	16
专业技术服务业	74	11921	877	444	387	347	175
科技推广和应用服务业	75	2927	707	119	76	40	25
水利、环境和公共设施管理业	N	**5557**	**205**	**108**	**243**	**154**	**119**
水利管理业	76	1129	18	19	47	44	24
生态保护和环境治理业	77	607	27	7	28	21	14
公共设施管理业	78	3821	160	82	168	89	81
居民服务、修理和其他服务业	O	**3703**	**302**	**214**	**120**	**96**	**79**
居民服务业	79	1255	107	72	41	30	28
机动车、电子产品和日用产品修理业	80	1366	124	43	51	33	18
其他服务业	81	1082	71	99	28	33	33
教育	P	**1597**	**125**	**40**	**53**	**29**	**30**
教育	82	1597	125	40	53	29	30
卫生和社会工作	Q	**1285**	**43**	**21**	**42**	**31**	**27**
卫生	83	1148	30	17	33	27	25
社会工作	84	137	13	4	9	4	2
文化、体育和娱乐业	R	**6831**	**1196**	**134**	**190**	**224**	**76**
新闻和出版业	85	2185	767	42	49	60	17
广播、电视、电影和影视录音制作业	86	2244	164	28	81	91	31
文化艺术业	87	1437	134	29	36	66	19
体育	88	353	72	16	8	5	2
娱乐业	89	612	59	19	16	2	7
公共管理、社会保障和社会组织	S	**44**		**2**			**1**
社会保障	93	44		2			1

单位：个

辽宁	吉林	黑龙江	上海	江苏	浙江	安徽	福建	江西	山东	代码
291	**167**	**180**	**289**	**439**	**239**	**268**	**231**	**154**	**408**	I
134	127	129	42	164	112	186	121	97	193	63
16	12	16	20	52	23	16	26	12	28	64
141	28	35	227	223	104	66	84	45	187	65
440	**267**	**424**	**341**	**667**	**580**	**778**	**378**	**562**	**763**	J
195	146	236	86	281	197	402	164	300	320	66
56	14	30	142	91	139	71	53	43	75	67
176	99	143	76	259	212	270	148	186	345	68
13	8	15	37	36	32	35	13	33	23	69
861	**202**	**397**	**1795**	**1420**	**1168**	**793**	**1131**	**516**	**1072**	K
861	202	397	1795	1420	1168	793	1131	516	1072	70
1301	**320**	**430**	**1686**	**2719**	**2694**	**1330**	**1787**	**806**	**1733**	L
35	9	10	54	61	31	32	46	37	61	71
1266	311	420	1632	2658	2663	1298	1741	769	1672	72
985	**250**	**283**	**675**	**1040**	**923**	**718**	**662**	**407**	**899**	M
98	21	26	91	130	56	48	62	20	82	73
695	199	215	436	694	693	604	521	320	661	74
192	30	42	148	216	174	66	79	67	156	75
203	**103**	**111**	**228**	**399**	**561**	**207**	**273**	**158**	**321**	N
47	34	24	21	63	105	34	60	18	71	76
22	8	22	21	46	43	31	17	10	42	77
134	61	65	186	290	413	142	196	130	208	78
213	**71**	**90**	**187**	**227**	**136**	**122**	**130**	**139**	**216**	O
92	30	41	56	90	58	39	47	41	77	79
98	16	36	90	87	35	43	49	43	65	80
23	25	13	41	50	43	40	34	55	74	81
92	**33**	**49**	**41**	**118**	**87**	**66**	**59**	**42**	**83**	P
92	33	49	41	118	87	66	59	42	83	82
123	**43**	**58**	**24**	**45**	**27**	**30**	**23**	**32**	**57**	Q
118	41	53	24	38	12	26	17	27	51	83
5	2	5		7	15	4	6	5	6	84
267	**134**	**93**	**322**	**409**	**317**	**248**	**210**	**190**	**342**	R
100	45	31	129	86	75	46	46	43	76	85
72	41	25	88	112	116	110	73	83	144	86
60	38	20	49	103	82	58	38	49	83	87
19	3	4	24	40	19	7	26	3	12	88
16	7	13	32	68	25	27	27	12	27	89
11		**4**			**1**					S
11		4			1					93

2-13 续表 3

行业大类	代码	河南	湖北	湖南	广东	广西	海南
总计	--	**10473**	**11102**	**8317**	**19916**	**6952**	**2252**
农、林、牧、渔业	A	**214**	**392**	**209**	**360**	**312**	**209**
农业	01	75	143	55	134	108	54
林业	02	32	68	35	77	118	97
畜牧业	03	47	30	30	50	26	23
渔业	04	10	63	36	33	17	12
农、林、牧、渔服务业	05	50	88	53	66	43	23
采矿业	B	**245**	**70**	**149**	**86**	**98**	**9**
煤炭开采和洗选业	06	174	12	80	1	15	1
石油和天然气开采业	07	6	2		2	1	2
黑色金属矿采选业	08	5	8	7	10	17	
有色金属矿采选业	09	39	5	36	24	34	3
非金属矿采选业	10	12	36	22	39	26	3
开采辅助活动	11	8	7	3	9	1	
其他采矿业	12	1		1	1	4	
制造业	C	**1189**	**1493**	**1104**	**2532**	**883**	**239**
农副食品加工业	13	140	141	98	277	156	84
食品制造业	14	21	26	21	89	28	10
酒、饮料和精制茶制造业	15	35	41	24	59	31	13
烟草制品业	16	8	9	12	8	3	1
纺织业	17	38	60	43	79	20	3
纺织服装、服饰业	18	28	28	22	67	6	2
皮革、毛皮、羽毛及其制品和制鞋业	19	7	13	7	46	2	
木材加工和木、竹、藤、棕、草制品业	20	12	26	27	37	58	14
家具制造业	21	3	7		29		3
造纸和纸制品业	22	19	19	21	64	23	3
印刷和记录媒介复制业	23	64	82	43	127	57	17
文教、工美、体育和娱乐用品制造业	24	13	10	77	68	7	4
石油加工及炼焦	25	11	10	8	20	6	1
化学原料和化学制品制造业	26	105	88	66	146	65	17
医药制造业	27	29	24	27	59	20	5
化学纤维制造业	28	2	2	1	5	2	2
橡胶和塑料制品业	29	18	38	14	111	24	9
非金属矿物制品业	30	155	134	146	183	116	19
黑色金属冶炼和压延加工业	31	17	30	24	40	23	2
有色金属冶炼和压延加工业	32	58	15	43	44	38	2

单位：个

重庆	四川	贵州	云南	西藏	陕西	甘肃	青海	宁夏	新疆	代码
5925	**9041**	**6004**	**6235**	**916**	**8476**	**4217**	**1618**	**1107**	**7047**	--
158	**214**	**130**	**217**	**18**	**162**	**153**	**57**	**58**	**570**	A
46	36	51	94	7	48	71	22	29	228	01
17	82	42	73	1	32	20	10	8	40	02
38	46	21	16	3	34	41	18	9	123	03
9	7	2	3		4			3	13	04
48	43	14	31	7	44	21	7	9	166	05
58	**138**	**189**	**143**	**22**	**193**	**78**	**50**	**16**	**260**	B
25	28	139	51		105	26	16	12	99	06
16	23	1			8	3	1		7	07
2	19	6	12	3	12	4	5		41	08
1	34	13	48	14	25	23	7		35	09
10	26	27	27	5	14	6	15	2	54	10
4	7	2	4		26	15	1	2	20	11
	1	1	1		3	1	5		4	12
663	**1056**	**717**	**594**	**69**	**1220**	**526**	**149**	**107**	**914**	C
44	61	70	37	12	61	41	17	7	150	13
16	25	19	12	2	40	12	3	6	70	14
16	52	54	28	3	25	24	2	3	35	15
6	7	6	16		5	2		2	1	16
9	25	6	8	1	44	14	1		32	17
5	15	8	10		14	3	5	3	14	18
6	2	2	2		1	3			1	19
7	17	37	26	12	9	4	1		8	20
4	3	7			8	4			6	21
9	10	4	8	1	13	4		4	12	22
24	62	42	41	6	50	36	7	8	46	23
5	4	9	3	3	6	7	4		2	24
3	12	4	5		21	11	1	1	19	25
59	102	96	74	4	98	46	36	11	89	26
23	31	7	16	7	34	16	4	1	15	27
	5		1		3	3			6	28
11	17	19	11		28	14		4	56	29
49	130	92	93	15	100	76	12	17	181	30
18	27	20	25		20	12	5	3	24	31
24	26	25	50		62	34	22	8	18	32

2-13 续表 4

行业大类	代码	河南	湖北	湖南	广东	广西	海南
金属制品业	33	42	77	31	150	13	4
通用设备制造业	34	82	122	63	128	50	2
专用设备制造业	35	109	98	75	130	51	3
汽车制造业	36	30	143	48	35	25	
铁路、船舶、航空航天和其他运输设备制造业	37	20	46	27	74	11	3
电气机械和器材制造业	38	64	69	71	156	21	4
计算机、通信和其他电子设备制造业	39	22	48	27	187	12	5
仪器仪表制造业	40	14	31	14	35	4	1
其他制造业	41	5	30	8	21	3	
废弃资源综合利用业	42	5	8	9	14	4	1
金属制品、机械和设备修理业	43	13	18	7	44	4	5
电力、热力、燃气及水生产和供应业	D	**533**	**678**	**746**	**795**	**500**	**116**
电力、热力生产和供应业	44	307	404	464	504	313	69
燃气生产和供应业	45	27	29	21	36	4	8
水的生产和供应业	46	199	245	261	255	183	39
建筑业	E	**510**	**689**	**554**	**968**	**266**	**127**
房屋建筑业	47	90	153	132	297	67	46
土木工程建筑业	48	298	346	314	329	112	41
建筑安装业	49	58	83	55	148	26	8
建筑装饰和其他建筑业	50	64	107	53	194	61	32
批发和零售业	F	**3006**	**2432**	**1473**	**5220**	**1585**	**344**
批发业	51	1632	1208	786	3416	992	163
零售业	52	1374	1224	687	1804	593	181
交通运输、仓储和邮政业	G	**1027**	**710**	**518**	**1370**	**460**	**148**
铁路运输业	53	40	27	33	26	19	7
道路运输业	54	317	279	240	536	138	48
水上运输业	55	8	64	23	180	23	23
航空运输业	56	7	10	10	22	6	3
管道运输业	57	2	2	1	2	1	
装卸搬运和运输代理业	58	63	74	35	271	55	30
仓储业	59	499	183	115	265	191	25
邮政业	60	91	71	61	68	27	12
住宿和餐饮业	H	**362**	**353**	**276**	**633**	**213**	**124**
住宿业	61	268	221	212	496	166	112
餐饮业	62	94	132	64	137	47	12

单位：个

重庆	四川	贵州	云南	西藏	陕西	甘肃	青海	宁夏	新疆	代码
23	47	28	25	2	52	17	2	3	36	33
57	62	41	21		120	36	10	8	24	34
42	73	33	22		112	37	2	4	33	35
77	47	15	17		42	5	2		9	36
35	30	16	5		64	4		1	3	37
32	51	19	17		97	39	7	8	15	38
23	75	14	8		45	3	1			39
32	15	7	4		21	5		1	2	40
1	8	5	4		11	1	1		2	41
1	7	4	4		1	4	1	2	2	42
2	8	8	1	1	13	9	3	2	3	43
380	**977**	**511**	**563**	**112**	**475**	**411**	**147**	**148**	**500**	D
175	552	305	336	95	282	317	109	114	377	44
42	95	16	21	3	18	14		6	19	45
163	330	190	206	14	175	80	38	28	104	46
326	**513**	**315**	**300**	**61**	**516**	**231**	**99**	**89**	**331**	E
102	149	110	73	33	144	57	18	24	131	47
140	222	136	141	24	220	119	62	51	127	48
28	82	23	32		66	31	13	9	33	49
56	60	46	54	4	86	24	6	5	40	50
970	**1493**	**1143**	**1147**	**232**	**1896**	**832**	**256**	**177**	**1296**	F
559	909	652	553	68	934	440	127	104	986	51
411	584	491	594	164	962	392	129	73	310	52
412	**612**	**328**	**280**	**89**	**470**	**265**	**127**	**63**	**360**	G
9	28	14	14	2	27	17	12	6	14	53
191	290	169	132	41	196	100	60	16	171	54
33	21	2				3	2	1		55
8	20	12	12	10	17	7	3	4	10	56
2	3	2	2		7	3			6	57
55	45	16	19	4	34	8	4	4	41	58
45	160	81	54	20	155	103	32	23	82	59
69	45	32	47	12	34	24	14	9	36	60
184	**340**	**185**	**270**	**56**	**389**	**192**	**55**	**28**	**229**	H
118	272	150	227	55	298	153	50	21	192	61
66	68	35	43	1	91	39	5	7	37	62

2-13 续表 5

行业大类	代码	河南	湖北	湖南	广东	广西	海南
信息传输、软件和信息技术服务业	I	**311**	**299**	**266**	**442**	**101**	**33**
电信、广播电视和卫星传输服务	63	224	166	210	183	74	18
互联网和相关服务	64	32	27	25	45	6	
软件和信息技术服务业	65	55	106	31	214	21	15
金融业	J	**550**	**453**	**480**	**712**	**345**	**75**
货币金融服务	66	270	214	199	261	156	35
资本市场服务	67	44	33	38	129	22	6
保险业	68	216	193	225	281	157	31
其他金融业	69	20	13	18	41	10	3
房地产业	K	**551**	**852**	**621**	**1902**	**566**	**366**
房地产业	70	551	852	621	1902	566	366
租赁和商务服务业	L	**802**	**1118**	**906**	**2735**	**798**	**195**
租赁业	71	41	41	18	60	35	16
商务服务业	72	761	1077	888	2675	763	179
科学研究和技术服务业	M	**470**	**716**	**399**	**988**	**407**	**111**
研究和试验发展	73	32	58	45	123	23	8
专业技术服务业	74	370	531	297	756	306	90
科技推广和应用服务业	75	68	127	57	109	78	13
水利、环境和公共设施管理业	N	**173**	**245**	**186**	**287**	**144**	**30**
水利管理业	76	41	65	41	40	34	3
生态保护和环境治理业	77	24	37	26	40	11	4
公共设施管理业	78	108	143	119	207	99	23
居民服务、修理和其他服务业	O	**98**	**173**	**77**	**253**	**77**	**25**
居民服务业	79	33	39	32	67	21	7
机动车、电子产品和日用产品修理业	80	32	50	26	123	29	12
其他服务业	81	33	84	19	63	27	6
教育	P	**51**	**73**	**40**	**127**	**28**	**18**
教育	82	51	73	40	127	28	18
卫生和社会工作	Q	**161**	**92**	**77**	**57**	**27**	**17**
卫生	83	152	82	75	54	26	16
社会工作	84	9	10	2	3	1	1
文化、体育和娱乐业	R	**220**	**255**	**235**	**446**	**139**	**66**
新闻和出版业	85	45	63	47	124	25	20
广播、电视、电影和影视录音制作业	86	88	82	106	161	80	23
文化艺术业	87	56	67	56	77	17	13
体育	88	4	11	3	25	8	7
娱乐业	89	27	32	23	59	9	3
公共管理、社会保障和社会组织	S		**9**	**1**	**3**	**3**	
社会保障	93		9	1	3	3	

单位：个

重庆	四川	贵州	云南	西藏	陕西	甘肃	青海	宁夏	新疆	代码
222	**312**	**133**	**195**	**34**	**245**	**108**	**53**	**33**	**138**	I
144	223	100	134	32	164	91	41	29	98	63
16	22	7	8	2	21	5	3	1	5	64
62	67	26	53		60	12	9	3	35	65
671	**582**	**264**	**409**	**65**	**367**	**349**	**95**	**81**	**362**	J
408	258	130	196	48	185	188	56	43	178	66
48	44	44	36	2	27	12	9	15	24	67
199	254	82	167	13	147	141	23	21	138	68
16	26	8	10	2	8	8	7	2	22	69
510	**577**	**597**	**445**	**25**	**699**	**235**	**104**	**71**	**439**	K
510	577	597	445	25	699	235	104	71	439	70
658	**1182**	**782**	**790**	**77**	**646**	**295**	**192**	**78**	**881**	L
22	31	23	17	5	21	9	5	1	28	71
636	1151	759	773	72	625	286	187	77	853	72
301	**454**	**300**	**400**	**27**	**506**	**251**	**149**	**71**	**421**	M
27	42	28	28	2	47	27	9	3	26	73
234	361	237	323	25	386	208	125	57	347	74
40	51	35	49		73	16	15	11	48	75
163	**207**	**133**	**151**	**5**	**211**	**80**	**23**	**28**	**98**	N
42	42	46	32	1	45	18	5	7	38	76
21	23	3	25	1	19	5	3	2	4	77
100	142	84	94	3	147	57	15	19	56	78
82	**93**	**85**	**107**	**10**	**113**	**47**	**16**	**10**	**95**	O
25	29	38	27	3	36	14	5	2	28	79
33	45	29	33	6	53	21	6	5	32	80
24	19	18	47	1	24	12	5	3	35	81
26	**53**	**45**	**64**	**5**	**40**	**22**	**10**	**6**	**42**	P
26	53	45	64	5	40	22	10	6	42	82
30	**41**	**31**	**21**	**4**	**46**	**24**	**5**	**5**	**21**	Q
26	38	29	21	4	40	24	5	3	14	83
4	3	2			6			2	7	84
110	**196**	**115**	**139**	**5**	**280**	**118**	**30**	**38**	**87**	R
34	52	29	24	1	66	22	2	9	10	85
34	80	48	39	2	118	46	15	15	48	86
27	33	27	54	1	76	40	6	9	14	87
7	3	4	6		8		3		4	88
8	28	7	16	1	12	10	4	5	11	89
1	**1**	**1**			**2**		**1**		**3**	S
1	1	1			2		1		3	93

2-14 按行业(大类)、营业状态分组的国有控股企业法人单位数

(2014年)

单位：个

行业大类	代码	企 业单位数	营业	停业(歇业)	筹建	当年关闭	当年破产	其他
总计	--	**263348**	**232195**	**17591**	**6489**	**2924**	**562**	**3587**
农、林、牧、渔业	A	**7398**	**6624**	**419**	**215**	**46**	**8**	**86**
农业	01	2506	2265	109	98	10	1	23
林业	02	1970	1842	73	31	9		15
畜牧业	03	1015	870	75	44	8	2	16
渔业	04	493	432	42	9	2		8
农、林、牧、渔服务业	05	1414	1215	120	33	17	5	24
采矿业	B	**3815**	**2951**	**406**	**302**	**48**	**12**	**96**
煤炭开采和洗选业	06	1909	1420	203	186	19	7	74
石油和天然气开采业	07	165	148	2	11	2		2
黑色金属矿采选业	08	318	250	44	17	1		6
有色金属矿采选业	09	559	436	66	40	6	3	8
非金属矿采选业	10	614	514	62	20	14	2	2
开采辅助活动	11	205	152	22	25	3		3
其他采矿业	12	45	31	7	3	3		1
制造业	C	**30754**	**25425**	**3360**	**759**	**584**	**195**	**431**
农副食品加工业	13	2529	2124	291	39	29	10	36
食品制造业	14	928	707	159	17	21	9	15
酒、饮料和精制茶制造业	15	915	752	107	20	14	7	15
烟草制品业	16	163	153	7	1	1		1
纺织业	17	894	608	200	9	36	21	20
纺织服装、服饰业	18	678	560	74	20	13	2	9
皮革、毛皮、羽毛及其制品和制鞋业	19	219	150	47	5	7	3	7
木材加工和木、竹、藤、棕、草制品业	20	608	475	97	9	15	3	9
家具制造业	21	185	142	31	5	5	1	1
造纸和纸制品业	22	422	297	83	6	24	1	11
印刷和记录媒介复制业	23	1714	1528	129	6	26	9	16
文教、工美、体育和娱乐用品制造业	24	490	401	60	10	7		12
石油加工及炼焦	25	374	310	28	25	1	3	7
化学原料和化学制品制造业	26	2431	1984	281	86	40	16	24
医药制造业	27	744	642	63	16	9	2	12
化学纤维制造业	28	104	81	17	2	3	1	
橡胶和塑料制品业	29	856	703	98	16	17	7	15
非金属矿物制品业	30	3239	2627	374	82	87	24	45
黑色金属冶炼和压延加工业	31	689	565	80	15	13	2	14
有色金属冶炼和压延加工业	32	821	698	67	24	18	7	7

2-14 续表 1

单位：个

行业大类	代码	企 业 单位数	营业	停业 (歇业)	筹建	当年 关闭	当年 破产	其他
金属制品业	33	1310	1107	126	39	22	4	12
通用设备制造业	34	2206	1820	268	45	33	18	22
专用设备制造业	35	2134	1775	206	68	34	16	35
汽车制造业	36	1153	1024	57	36	19	3	14
铁路、船舶、航空航天和其他运输设备制造业	37	840	722	56	34	13	3	12
电气机械和器材制造业	38	1527	1241	167	48	35	12	24
计算机、通信和其他电子设备制造业	39	1152	1005	81	30	10	9	17
仪器仪表制造业	40	589	512	40	13	14		10
其他制造业	41	256	206	23	12	11	2	2
废弃资源综合利用业	42	185	157	6	17	3		2
金属制品、机械和设备修理业	43	399	349	37	4	4		5
电力、热力、燃气及水生产和供应业	**D**	**14228**	**12976**	**310**	**723**	**78**	**13**	**128**
电力、热力生产和供应业	44	8766	7951	208	464	54	6	83
燃气生产和供应业	45	756	661	17	67	3	2	6
水的生产和供应业	46	4706	4364	85	192	21	5	39
建筑业	**E**	**14071**	**12514**	**730**	**377**	**265**	**21**	**164**
房屋建筑业	47	3367	2993	192	68	79	5	30
土木工程建筑业	48	6419	5775	281	186	94	8	75
建筑安装业	49	1889	1693	91	36	36	5	28
建筑装饰和其他建筑业	50	2396	2053	166	87	56	3	31
批发和零售业	**F**	**55676**	**48393**	**5019**	**746**	**695**	**151**	**672**
批发业	51	34161	29339	3399	459	417	86	461
零售业	52	21515	19054	1620	287	278	65	211
交通运输、仓储和邮政业	**G**	**17982**	**16387**	**853**	**350**	**148**	**31**	**213**
铁路运输业	53	727	654	17	30	2	2	22
道路运输业	54	6675	6181	270	116	50	5	53
水上运输业	55	1048	934	55	41	10	2	6
航空运输业	56	349	317	8	20			4
管道运输业	57	96	87	3	5			1
装卸搬运和运输代理业	58	2380	2165	116	53	17	6	23
仓储业	59	5494	4886	361	81	57	16	93
邮政业	60	1213	1163	23	4	12		11
住宿和餐饮业	**H**	**9339**	**8418**	**604**	**90**	**132**	**21**	**74**
住宿业	61	7009	6369	433	60	90	15	42
餐饮业	62	2330	2049	171	30	42	6	32

2-14 续表 2

单位：个

行业大类	代码	企业单位数	营业	停业(歇业)	筹建	当年关闭	当年破产	其他
信息传输、软件和信息技术服务业	I	**6938**	**6488**	**188**	**104**	**49**	**4**	**105**
电信、广播电视和卫星传输服务	63	3673	3480	58	29	29	2	75
互联网和相关服务	64	555	524	18	6	1	1	5
软件和信息技术服务业	65	2710	2484	112	69	19	1	25
金融业	J	**13124**	**12631**	**174**	**202**	**37**	**2**	**78**
货币金融服务	66	6016	5868	30	63	14		41
资本市场服务	67	1621	1407	91	87	13		23
保险业	68	4812	4737	23	30	9	1	12
其他金融业	69	675	619	30	22	1	1	2
房地产业	K	**21925**	**19274**	**1381**	**430**	**258**	**41**	**541**
房地产业	70	21925	19274	1381	430	258	41	541
租赁和商务服务业	L	**32752**	**28220**	**2385**	**1270**	**294**	**36**	**547**
租赁业	71	1025	887	75	31	8	5	19
商务服务业	72	31727	27333	2310	1239	286	31	528
科学研究和技术服务业	M	**16329**	**14900**	**748**	**380**	**128**	**9**	**164**
研究和试验发展	73	1481	1282	98	61	14	2	24
专业技术服务业	74	11921	11134	381	226	78	5	97
科技推广和应用服务业	75	2927	2484	269	93	36	2	43
水利、环境和公共设施管理业	N	**5557**	**4833**	**297**	**292**	**38**	**1**	**96**
水利管理业	76	1129	974	67	56	8	1	23
生态保护和环境治理业	77	607	532	28	35	4		8
公共设施管理业	78	3821	3327	202	201	26		65
居民服务、修理和其他服务业	O	**3703**	**3247**	**240**	**114**	**41**	**6**	**55**
居民服务业	79	1255	1100	75	48	13		19
机动车、电子产品和日用产品修理业	80	1366	1210	101	22	15	4	14
其他服务业	81	1082	937	64	44	13	2	22
教育	P	**1597**	**1405**	**96**	**30**	**20**		**46**
教育	82	1597	1405	96	30	20		46
卫生和社会工作	Q	**1285**	**1215**	**36**	**7**	**12**	**3**	**12**
卫生	83	1148	1109	14	5	10	3	7
社会工作	84	137	106	22	2	2		5
文化、体育和娱乐业	R	**6831**	**6253**	**343**	**97**	**51**	**8**	**79**
新闻和出版业	85	2185	2111	44	10	10		10
广播、电视、电影和影视录音制作业	86	2244	2013	159	25	17	6	24
文化艺术业	87	1437	1276	73	43	14	1	30
体育	88	353	316	22	8	5		2
娱乐业	89	612	537	45	11	5	1	13
公共管理、社会保障和社会组织	S	**44**	**41**	**2**	**1**			
社会保障	93	44	41	2	1			

2-15 按地区、营业状态分组的国有控股企业法人单位数

(2014年) 单位：个

地区	企业单位数	营业	停业(歇业)	筹建	当年关闭	当年破产	其他
全国	**263348**	**232195**	**17591**	**6489**	**2924**	**562**	**3587**
北京	17075	15478	1192	123	147	11	124
天津	7959	6719	696	230	147	22	145
河北	8721	7309	870	263	121	31	127
山西	8851	7638	746	327	47	19	74
内蒙古	4742	4342	170	143	21	13	53
辽宁	12448	10068	1721	270	191	55	143
吉林	4755	4358	248	53	44	17	35
黑龙江	7192	6543	416	72	61	23	77
上海	10539	9975	273	113	32		146
江苏	15767	13760	1147	522	173	5	160
浙江	11759	10176	948	478	112	1	44
安徽	10036	8451	730	528	161	30	136
福建	11143	9398	906	407	203	17	212
江西	8101	7329	406	131	107	14	114
山东	14662	13550	571	251	98	19	173
河南	10473	9658	381	153	79	30	172
湖北	11102	9922	670	151	135	25	199
湖南	8317	7621	322	77	112	56	129
广东	19916	17031	1695	424	280	26	460
广西	6952	5804	620	109	200	20	199
海南	2252	1899	201	62	33	7	50
重庆	5925	5493	155	144	32	4	97
四川	9041	8269	400	163	96	10	103
贵州	6004	5091	507	213	56	25	112
云南	6235	5525	325	245	33	8	99
西藏	916	867	24	14	3		8
陕西	8476	7697	445	196	94	22	22
甘肃	4217	3759	221	127	41	19	50
青海	1618	1392	91	98	11	8	18
宁夏	1107	1005	41	33	15	1	12
新疆	7047	6068	453	369	39	24	94